세계미래보고서
2026-2036

The Millennium Project

세계미래보고서 2026-2036

이미 시작된 AGI, 미래 지도를 다시 그리다

박영숙·제롬 글렌 지음

STATE OF THE FUTURE

교보문고

〈State of the Future〉를 만드는 사람들

밀레니엄 프로젝트
글로벌 미래 연구 싱크탱크

　미국 워싱턴 소재 밀레니엄 프로젝트 The Millennium Project는 글로벌 미래를 연구하는 그룹으로, 유엔을 비롯해 유엔 산하의 각 연구기관 및 다양한 국제기구와 긴밀한 협조를 통해 인류의 지속 가능성을 위한 문제해결 방안을 연구하고 있다.

　밀레니엄 프로젝트는 1988년 유엔의 새천년 미래예측 프로젝트를 기반으로 해 1996년 비정부기구 non-governmental organization, NGO로 창립되었다. 1996~2007년 유엔대학교 United Nations University, UNU 미국위원회의 후원을 받다가 2008년에는 유엔경제사회이사회 산하 유엔협회세계연맹 World Federation of Nations Associations, WFUNA 소속으로 활동했으며, 2009년 독립적 국제 비영리기구로 전환되었다.

　전 세계 77개 지부, 각 분야 4,500여 명의 학자 및 전문가를 이사로 두고 국제사회에 필요한 장기 비전을 제시하고 그에 따른 기회와 위기를 분석하며 필요한 정책 및 전략을 제안하고 보고함으로써, 과학적 미래예측을 통해 미래사회의 위험을 사전에 경고하는 일을 하고 있다.

밀레니엄 프로젝트 네트워크 (알파벳순)

아르헨티나 Argentina
- Miguel Angel Gutierrez
  Latin American Center for Globalization & Prospective
  Buenos Aires, Argentina

호주 Australia
- Anita Kelleher
  Designer Futures
  Inglewood, Australia

아제르바이잔 Azerbaijan
- Reyhan Huseynova
  Azerbaijan Future Studies Society
  Baku, Azerbaijan
- Ali M. Abbasov
  Minister of Comm. & IT
  Baku, Azerbaijan

볼리비아 Bolivia
- Veronica Agreda
  Franz Tamayo University
  La Paz and Santa Cruz, Bolivia

브라질 Brazil
- Arnoldo Joséde Hoyos and Rosa Alegria
  São Paulo Catholic University
  São Paulo, Brazil

벨기에 Brussels-Area
- Philippe Destatte
  The Destree Institute
  Namur, Belgium

캐나다 Canada
- David Harries
  Foresight Canada
  Kingston, ON, Canada

중앙유럽 Central Europe
- Pavel Novacek, Ivan Klinec, Norbert Kolos
  Charles University
  Prague, Czech Republic; Bratislava, Slovak Republic, Warsaw, Poland

칠레 Chile
- Hèctor Casanueva
  Vice President for Research and Development
  Pedro de Valdivia University
  Santiago de Chile, Chile

중국 China
- Zhouying Jin
  Chinese Academy of Social Sciences
  Beijing, China
- Rusong Wang
  Chinese Academy of Sciences
  Beijing, China

콜롬비아 Colombia
- Francisco José Mojica
  Universidad Externado de Colombia
  Bogotá, Colombia

도미니카 공화국 Dominican Republic
- Yarima Sosa
  Fundación Global Democracia & Desarrollo, FUNGLODE
  Santo Domingo, Dominican Republic

이집트 Egypt
- Kamal Zaki Mahmoud Sheer
  Egyptian-Arab Futures Research Association
  Cairo, Egypt

핀란드 Finland
- Juha Kaskinen
  Finland Futures Academy, Futures Research Centre
  Turku, Finland

프랑스 France
- Saphia Richou
  Prospective-Foresight Network
  Paris, France

독일 Germany
- Cornelia Daheim
  Z_punkt GmbH The Foresight Company
  Cologne, Germany

그리스 Greece
- Stavros Mantzanakis
  Emetris, SA
  Thessaloniki, Greece

쿠웨이트 Gulf Region
- Ali Ameen
  Office of the Prime Minister
  Kuwait City, Kuwait

인도 India
- Mohan K. Tikku
  Futurist / Journalist
  New Delhi, India

이란 Iran
- Mohsen Bahrami
  Amir Kabir University of Technology
  Tehran, Iran

이스라엘 Israel
- Yair Sharan and Aharon Hauptman
  Interdisciplinary Center for Technological Analysis & Forecasting
  Tel Aviv University Tel Aviv, Israel

이탈리아 Italy
- Enrico Todisco
Sapienza University of Rome
Rome, Italy
- Antonio Pacinelli
University G. d'Annunzio
Pescara, Italy

일본 Japan
- Shinji Matsumoto
CSP Corporation
Tokyo, Japan

케냐 Kenya
- Katindi Sivi Njonjo
Institute of Economic Affairs
Nairobi, Kenya

말레이시아 Malaysia
- Theva Nithy
Universiti Sains Malaysia
Penang, Malaysia

멕시코 Mexico
- Concepción Olavarrieta
Nodo Mexicano. El Proyecto Del Milenio, A.C.
Mexico City, Mexico

몬테네그로 Montenegro
- Milan Maric Director of S&T Montenegro
Podgorica, Montenegro

뉴질랜드 New Zealand
- Wendy McGuinness
Sustainable Future Institute
Wellington, New Zealand

페루 Peru
- Julio Paz
IPAE
Lima, Peru
- Fernando Ortega
CONCYTEC
Lima, Peru

루마니아 Romania
- Adrian Pop
National School of Political Studies and Public Administration Faculty of Political Sciences
Bucharest, Romania

러시아 Russia
- Nadezhda Gaponenko
Russian Institute for Economy, Policy and Law
Moscow, Russia

세르비아 Serbia
- Miodrag Ivkoviá
Serbian Association for Information Society
Belgrade, Serbia

남아프리카공화국 South Africa
- Geci Karuri-Sebina
Ministry of the Treasury
Pretoria, South Africa

동남부 유럽 Southeast Europe
- Blaz Golob
Centre for e-Governance Development for South East Europe
Ljubljana, Slovenia

대한민국 South Korea
- Young sook Park
Seoul, South Korea

스페인 Spain
- IbonZugasti
PROSPEKTIKER, S.A.
Donostia-San Sebastian, Spain

터키 Turkey
- Ufuk Tarhan
All Futurists Association
Istanbul, Turkey

아랍 에미리트 United Arab Emirates
- Hind Almualla
Knowledge and Human Development Authority
Dubai, UAE

영국 United Kingdom
- Martin Rhisiart
Centre for Research in Futures & Innovation
Wales, Pontypridd, United Kingdom

미국 USA
- John J. Gottsman
Clarity Group
Silicon Valley, Palo Alto CA, USA

베네수엘라 Venezuela
- José Cordeiro
Sociedad Mundial del Futuro Venezuela
Caracas, Venezuela

예술/미디어 네트워크 Arts/Media-Node
- Kate McCallum
c3: Center for Conscious Creativity
Los Angeles, California
- Joonmo 킬로와트on
Fourthirtythree Inc.
Seoul, South Korea

사이버 네트워크 Experimental Cyber-Node
- Frank Catanzaro
Arcturus Research & Design Group
Maui, Hawaii

머리글

AGI, 인류에게 축배인가 독배인가

오랜 시간 미래학자로 활동하면서 다양한 사람들을 만나왔다. 그럴 때마다 많은 질문을 받곤 했는데, 사람들이 미래학자에게 가장 흔히 하는 질문을 정리해 보았다.

"내 직업은 앞으로도 존재할까?"
기술 발전과 자동화, 인공지능의 확산으로 어떤 직업이 사라지고, 어떤 직업이 새로 생길지에 대한 궁금증이 매우 많았다.

"AI와 로봇은 인간의 삶을 어떻게 바꿀까?"
AI가 인간의 일상, 교육, 산업, 사회 구조를 어떻게 변화시킬지, 그리고 인간과 기계의 역할이 어떻게 달라질지 궁금해했다.

"기후변화와 환경 문제는 우리 미래에 어떤 영향을 미칠까?"

기후 위기, 환경오염, 에너지 전환 등 지구의 환경 변화가 개인과 사회에 미치는 영향에 대한 관심도 높았다.

"인구 변화는 어떤 사회적 변화를 가져올까?"

고령화, 저출생, 인구 감소, 도시화, 이주 등 인구구조의 변화가 미래 사회에 미치는 영향에 대한 질문도 많았다.

"미래의 교육과 인간에게 필요한 역량은 무엇인가?"

AI 시대에 인간이 갖춰야 할 능력과 미래 교육의 방향, 평생학습의 중요성 등도 자주 묻는 주제다.

"불확실성 속에서 어떻게 준비하고 살아가야 하는가?"

변화의 속도가 빨라질수록 불확실성이 커지기 때문에 미래를 대비하고 불안에 대처하는 전략을 알고 싶어 했다.

이처럼 일반인들이 미래학자에게 가장 자주 묻는 질문들은 보통 개인의 삶, 사회의 변화, 기술 발전, 그리고 인류의 장기적인 미래와 관련된 주제에 집중해 있다. 질문을 보면 사람들은 불확실한 미래에 대한 불안과 호기심을 동시에 가지고 있음을 알 수 있다.

흥미로운 사실은 미래에 대한 정보를 반드시 알고 싶어 하지 않는 경우도 많다는 것이다. 독일의 연구에 따르면 많은 사람이 죽음과 같은 부정적인 미래에 관해서는 알려 하지 않는 '고의적 무지' 경향을 강하게 보인다고 한다.

　희망이 담긴 질문이든, 불안과 걱정이 담긴 질문이든 내가 대답할 수 있는 확실한 한 가지는 모든 것이 AGI에 달려 있다는 것이다. AGI는 범용 인공지능(Artificial General Intelligence)의 약자로, 특정 문제뿐 아니라 주어진 모든 상황에서 생각과 학습을 하고 창작할 수 있는 능력이 있는 인공지능을 말한다. 즉 인간이 할 수 있는 어떠한 지적인 업무도 성공적으로 해낼 수 있는 기계의 지능이다. 이는 평범한 인간 이상의 능력과 지능을 갖춘 시스템의 탄생을 뜻한다.

　AGI라는 용어는 AI 분야의 세계적 석학이자 로봇 과학자인 벤 거즐 박사가 대중화한 것이다. 나는 그와 10년 전쯤 《인공지능혁명 2030》이라는 책을 함께 쓰면서 AGI 시대를 논의하곤 했다.

　역사적으로 인공지능을 연구한 학자들의 초기 목표는 인간의 지능 수준을 갖춘 기계나 시스템을 만드는 것이었다. 그런데 이제는 인간 수준은 물론 그 이상의 성능을 보여주는 기계 및 시스템이 인공지능 연구의 주요 목표다. 이는 SF 작가들이 자주 다루는 소재이기도 하다. 상상에서나 가능했던 일이 이미 현실이 된 상황이다.

　AGI가 일상이 되면 이는 다시 ASI로 이어질 것이다. 인공 초지능(Artificial Super Intelligence)의 약자인 ASI는 최첨단 인지 기능과 인간의 능력을 뛰어넘는 사고 체계를 가진 시스템을 말한다. 현재 지구상에서 가장 지능적인 존재는 인간이다. 하지만 ASI 시대가 오면 이야기는 달라진다. 인간의 모든 지적 능력을 넘어서기에 인류가 이제껏 직면해 온 난제를 해결해줄 것이다. 다만 ASI가 인간의 통제를 벗어나면 사회 인프라를 흔들고 인류에 적대감을 보일 수도 있다.

최악의 경우 ASI가 인간을 지배할지도 모른다.

앞서 사람들이 미래에 관해 궁금해한 질문에 관한 답은 우리 안에 있다. AI 시대의 정점을 지나 AGI 시대를 눈앞에 둔 인류가 어떻게 대처하느냐에 따라 우리가 맞이할 미래는 송두리째 바뀔 것이기 때문이다. 개인은 물론 국가적으로 또 세계적으로 준비해 나간다면 AGI는 삶을 더 유용하고 의미 있게 만들어줄 축배가 될 것이다. 그러나 AGI의 놀라운 기술이 가져올 새로운 자본주의와 권력을 제대로 관리하거나 통제하지 못하면 인류는 AGI라는 독배를 마시고 끝내 종말을 맞이할지도 모른다.

지금 우리 앞에는 AGI라는 축배와 독배의 갈림길이 있다. 어느 길을 선택할 것인가?

차례

머리글 8

PART 1.
AI가 인간을 이긴다, AGI의 출현

1. AGI로 멸종 위기에 처한 인류　　　　　　　　　　19
2. AGI란 무엇인가?　　　　　　　　　　　　　　　24
3. 인류는 AI에 얼마나 대응할 수 있을까?　　　　　　28
4. 온화한 특이점이 온다　　　　　　　　　　　　　37
5. AI는 5년 안에 인간을 뛰어넘는다　　　　　　　　44
6. AGI는 인류를 구할까?　　　　　　　　　　　　　49
7. AGI 시대, ASI 시대에 인류가 직면할 위험　　　　59
8. AGI가 모든 것을 바꿔놓을 핵심 기술　　　　　　64

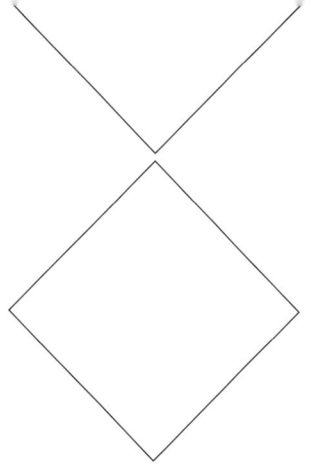

PART 2.
인간 vs 로봇, 누가 세상을 바꿀 것인가

1.	로봇의 미래는 인간을 넘어선다	73
2.	로봇에 투자하는 빅테크 기업들	81
3.	가정용 휴머노이드 로봇의 침략	87
4.	로봇은 우리가 낳지 않는 아이들을 대체할까?	97
5.	어린아이처럼 행동하는 로봇	107
6.	수술하는 로봇	110
7.	집 짓는 로봇	119
8.	우주 활동 로봇	124
9.	전쟁 로봇	130
10.	상상을 뛰어넘는 미래의 로봇들	135

PART 3.
AI 쇼크, 그 많던 일자리는 어디로 사라졌을까?

1.	노동자, 로봇과 나란히 일하다	143
2.	노동의 종말	148
3.	구조조정의 원인은 AI	157
4.	AI 시대, 인간은 어디로 가야 하는가	164
5.	일의 종말 넘어 새로운 삶의 시작	170
6.	부상하는 일자리, 소멸하는 일자리	176

PART 4.
AGI의 경제 자동화, 무엇을 얻을 것인가

1. 인간 없는 경제 시대   191
2. 기술 실업률 증가   197
3. 화이트칼라가 사라진다   203
4. 기본소득이 온다   208
5. 샘 올트먼의 기본소득 실험   216
6. 무료 주택 시대가 온다   222

PART 5.
AGI 시대, 대학이 사라진다

1. AGI 시대가 가져올 교육 대변혁   231
2. 입시 경쟁의 해방이 시작된다   235
3. 대학의 종말   240
4. 이력서에 학위란이 사라진다   247
5. 교육비 부담 제로 시대   251
6. AI와 새로운 디지털 격차   255

PART 6.
기후 재난과 AGI가 동시에 닥친다

1. 기후 목표 사망 선언   261
2. 기후 변화는 아이들에게 어떤 부담을 줄 것인가   267
3. 2200년까지 평균 기온이 7°C 오른다   272
4. 공해 오염과 우리의 미래   276
5. 기후 변화가 가져올 경제위기   282
6. 기후 변화의 단서를 찾는 AI   287
7. AI 기반 날씨 예측   293

PART 7.
기술이 만드는 새로운 경로

1. AGI가 바꾸는 교통 — 299
2. 하늘을 나는 자동차 등장 — 303
3. 1시간 이동권 시대, 국경은 사라진다 — 306
4. 초음속 여행이 가져올 사회적 격변 — 311
5. 우주 특급 배송 시대 — 318

PART 8.
AGI 시대가 바꾸는 일상 생활

1. 2030년, 의식주 이렇게 달라진다 — 323
2. 집은 더 이상 자산이 아니다 — 327
3. AGI가 열어갈 미래 한국 주택의 모습 — 332
4. 의류 산업 지형도 변화 — 341
5. 요리는 사라지고, 먹는 시간은 짧아진다 — 347
6. 생활비 급감 시대 — 357
7. 인간 인터넷에서 AI 인터넷으로 — 363
8. 마음을 읽는 AI — 367
9. AGI 시대 한반도 시나리오 — 372

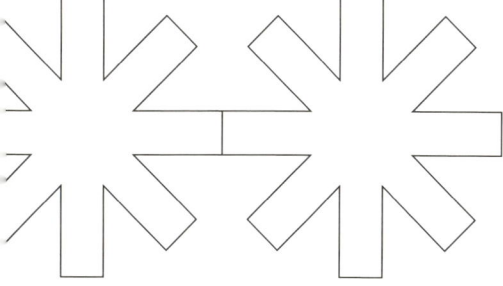
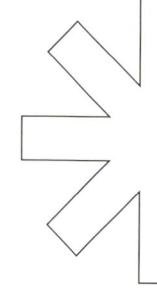

AI가 인간을 이긴다, AGI의 출현

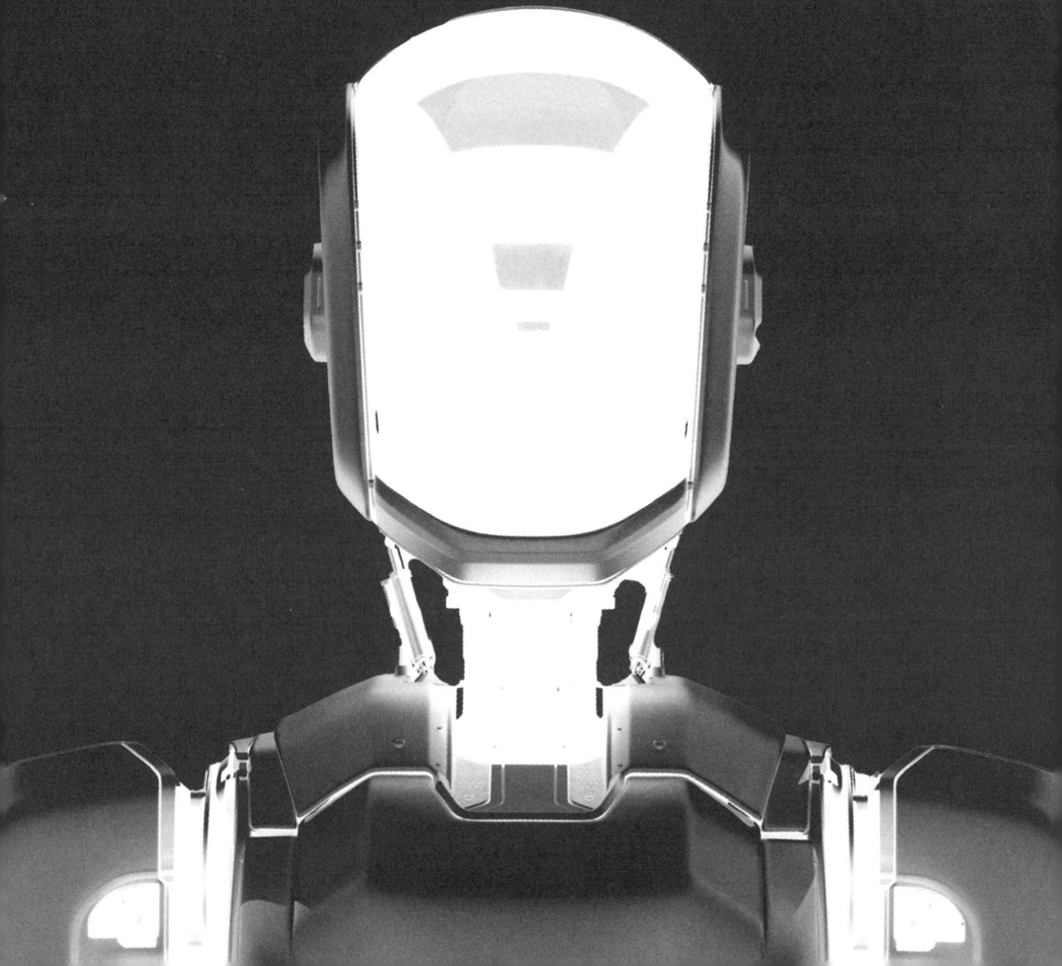

1
AGI로
멸종 위기에 처한 인류

　인류는 스스로 창조한 것으로 인해 멸종 위기에 처했다. AI의 발전은 범용 인공지능(AGI), 즉 인간과 동등하거나 그보다 더 지능적인 AI 시스템을 구축하는 방향으로 나아가고 있다. 빅테크 기업들은 이미 인간보다 똑똑한 AI 개발을 주도하거나 지원을 아끼지 않고 있다. 이제는 국가 차원에서 이 흐름에 동참하는 중이다. 만약 인간의 능력을 뛰어넘는 AI를 만드는 데 성공한다면 게임은 쉽게 끝날지도 모른다. 누구도 AI를 안전하게 유지하거나 통제할 방법을 모르기 때문이다. 점점 더 똑똑해지는 AI는 어디까지 발전할 수 있을까? 그리고 이는 인류에게 어떤 영향을 미칠까?

　인류가 AGI로 인해 맞닥뜨릴 위험을 해결하기 위해서는 먼저 위험을 완전히 이해해야 한다. AI 정렬(AI 시스템을 인간이 의도한 목표와 윤리 원칙에 맞게 달성하는 것) 스타트업 컨젝처Conjecture를 설립한 코너 리히Connor Leahy는 현재의 위기를 다음과 같이 분석했다.

뇌가 3배 커졌을 뿐인데

수백만 년 전에 매우 기이한 일이 일어났다. 사소한 유전적 변이를 통해 현대 침팬지의 조상이 새로운 종의 계통인 호모homo, 즉 인간으로 분화한 것이다. 이 새로운 침팬지 변종은 여러 면에서 특이했다. 직립 보행을 배웠고, 털 대부분을 잃었으며, 뇌가 커졌다. 인간의 뇌는 약 3배 정도 커졌는데 크기를 제외하면 침팬지 친척들의 뇌와 크게 다르지 않았다.

만약 당신이 친척들보다 뇌가 3배나 큰, 반라의 이 이상한 침팬지 변종을 보고 그가 무엇을 할지 추측해야 한다면 뭐라고 말할 것인가? 어쩌면 흰개미 채집 능력이 좀 더 뛰어나거나, 돌을 더 정확하게 던지거나, 더 복잡한 위계질서를 가질 거라고 예상할지도 모른다. 하지만 뇌가 3배로 커진 침팬지, 즉 인간은 끝내 핵무기를 만들었고 달에도 갔다. 원래의 침팬지는 달은커녕 그 근처에도 갈 수 없다.

우리는 왜 인간의 뇌가 3배나 커졌는지 정확히 알지 못한다. 하지만 무슨 일이 있었든 그 결과를 우리는 '일반 지능' 또는 '범용 지능'이라고 부른다. 이 지능 덕분에 우리 종은 마법 같은 빛나는 벽돌(스마트폰)을 만들어 지구 반대편에 있는 또 다른 침팬지 후손(인간)

의 말을 당신의 눈과 뇌로 전달할 수 있게 되었다. 정말 놀라운 일이다.

일반 지능은 인간을 동물과 구분하고, 산업 문명과 침팬지 무리를 구분하는 요소다. 뇌 크기 3배 차이가 달에 갈 수 있고 없음으로 바뀐 사실은 뇌의 규모가 커지면 변화가 급속도로 일어난다는 것을 뜻한다. 인간의 지능은 인류를 행성의 지배자로 만들었다. 그리고 침팬지의 미래는 인간이 그들을 어떻게 대하는가에 달려 있다. 인류는 그들에게 무한한 식량, 놀라운 의약품, 그리고 모든 포식자로부터의 안전을 제공할 수 있다. 아니면 동물원에 가두거나 침팬지 사냥을 스포츠로 만들 수도 있다. 침팬지를 멸종시키고 그들의 서식지를 주차장과 태양광 패널로 덮어버리고 싶다면, 그렇게 할 수 있다.

이처럼 완전히 지배하는 관계는 훨씬 더 지능적인 존재와 덜 지능적인 존재 사이의 자연스러운 권력 균형이다. 어른이 어린아이에게, 주인이 반려동물에게 행사하는 권력과 같다. 그 힘은 약자에게 유익할 수도 있고 유해할 수도 있지만 궁극적으로 더 지능적이고 강력한 주체가 미래를 결정한다. 반려동물은 중성화 수술에 대해 발언권이 없는 것처럼 말이다. 다행히도 인간보다 더 똑똑할지도 모르는 다른 종은 아직 발견되지 않았다.

인류는 침팬지보다 더 열악한 대우를 받을지도 모른다

하지만 상황은 변하고 있다. 현재로서는 좋든 나쁘든 미래는 인류의 것이다. 오염 물질과 기후 온난화에 빠져 죽고 싶다면 그렇게 할 수 있다. 핵전쟁으로 서로를 말살하고 싶다면 그렇게 할 수 있다. 우리가 책임을 가지고 환경을 관리할 수 있다면 그렇게 할 수 있다. 지구의 풍요, 무한한 에너지, 항성 간 여행, 초월적 예술, 정의로운 법의 지배를 만들어내고 싶다면 그렇게 할 수 있다.

만약 지구에 인간보다 더 지능적인 새로운 종이 등장한다면 인류는 미래에 대한 선택권을 포기해야 한다. 우리의 미래는 새로운 종에게 넘어가고 어쩌면 오늘날 침팬지가 처한 것보다 더 열악한 대우를 받을지도 모른다. 아직 인류보다 더 지능적인 종은 존재하지 않는다. 하지만 그들은 만들어지고 있다.

AI 분야는 탄생 이래 인간만큼 똑똑한, 나아가 인간보다 더 똑똑한 지능을 만들려 했다. 만약 그 노력이 성공해 그러한 시스템(AGI)이 구축된다면 인류는 더 이상 미래를 통제할 수 없으며 결정권은 기계의 손에 넘어갈 것이다. 그렇다면 AI란 무엇이며, 누가, 왜 만들고 있는가? AI 분야에서는 매일 수많은 일이 벌어지고 있다. 우리는 인류와 미래를 살아갈 아이들을 위해 무엇을 해야 할지 고민해야 한다.

지금 세상에는 가능한 빨리 가장 지능적이고 강력한 AI를 만들어 시장을 장악하고 지정학적 지배력을 가지려는 기업들이 넘쳐난다. 인류는 자신도 모르는 사이 그러한 기계들에 의해 단번에 경쟁에서 밀려나 무의미한 존재로 전락할 것이다. 과거 우리의 친척인 침팬지들이 인간에게 당했던 것처럼 말이다. 인류의 능력을 뛰어넘는 지능을 가진 종족은 거침없이 인간들의 서식지를 태양광 패널과 주차장으로 덮어버릴 것이다. 인류에게는 마음이 있고 사랑을 비롯해 다양한 감정을 품기도 한다. 하지만 무자비한 경쟁뿐인 기계들은 그런 것이 없다. 그러니 인류는 사라질 수밖에 없다.

무엇도 인류를 구하러 오지 않는다. 자비로운 감시자도, 방 안의 어른도, 위기를 구할 슈퍼 히어로도 없다. 이건 그런 이야기가 아니다. 악이 승리하는 데 필요한 유일한 것은 선한 사람들이 아무것도 하지 않는 것이다. 우리가 아무것도 하지 않으면 악이 승리한다. 그게 전부다.

인류가 더 나은 결말을 맞이하길 원한다면 우리가 직접 만들어야 한다. 정의롭고 번영을 누리는, 인간적이고 아름다운 미래를 만드는 것이다. 인류의 이야기가 여기서 끝날지는 아직 결정되지 않았다. 하지만 곧 결정될 것이다. 우리 모두가 더 나은 결말을 써나가길 바란다. 그곳으로 가려면 계획을 세우고 그 길을 걸어가야 한다. 행동하지 않으면 더 나은 결말은 없다.

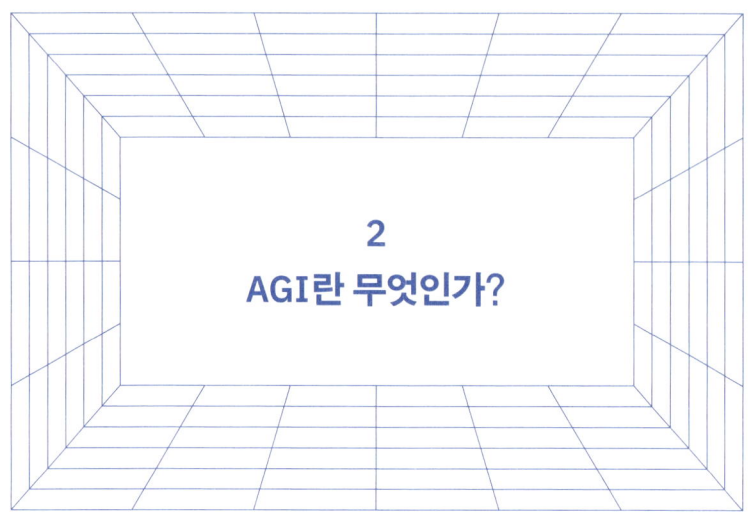

2
AGI란 무엇인가?

벤 거츨Ben Goertzel 박사는 AI 분야의 세계적 석학이자 인공지능을 뛰어넘는 범용 인공지능인 AGI라는 용어를 대중화한 인물이다. 로봇 과학자인 그는 휴머노이드 로봇 '소피아' 개발을 주도하고, 분산형 AI 개발 기업인 싱귤래리티넷 SingularityNET을 창립하기도 했다.

AGI라는 용어는 1997년 미국 물리학자 마크 구브루드Mark Gubrud가 완전 자동화된 군수 공장을 언급하는 정책보고서에서 처음 사용했다. 독일의 컴퓨터 과학자인 마르쿠스 후터 Marcus Hutter는 2000년에 AGI를 수학적으로 형식화하기도 했다. 이후 벤 거츨이 2001년~2003년 싱귤래리티 인공지능연구소(SIAI)와 범용인공지능연구소(AGIRI) 워크숍에서 '강한 인공지능(Strong AI)'과 구별되는 새로운 개념으로 AGI를 제안하며 널리 알려졌다. 그는 동료 과학자 카시오 페나친 Cassio Pennachin과 2006년에 공저 《범용 인공지능(Artificial General Intelligence)》이라는 책을 펴내며 AGI 개념을 학계와 산업계에 본격적으로 확산시켰다.

AI와 AGI는 어떻게 다를까?

그렇다면 AGI는 AI와는 어떻게 다를까? AGI는 언어, 추론, 계획, 추상화, 창의력 등 다양한 인지 과제를 사람 수준으로 처리하고, 낯선 환경에도 스스로 학습하고 적응할 수 있는 인공 시스템을 의미한다. 우리가 현재 사용하고 있는 챗봇이나 자율주행 자동차는 특정 기능에 최적화된 '약 인공지능'이다. 이에 반해 AGI는 특정 분야에 국한되지 않고 다양한 종류의 문제와 과제를 해결하며, 새로운 정보와 경험을 통해 지속적으로 학습하고 지식을 확장해 스스로 문제를 개선하는 능력을 가진다. AI를 연구하고 개발하는 전문가들은 AGI를 단순히 똑똑한 기계를 넘어 인류의 삶을 근본적으로 변화시킬 잠재력을 가진 존재로 여긴다.

이 같은 AGI의 개발은 이전보다 훨씬 빠르게 진행되고 있다. 챗GPT처럼 방대한 텍스트 데이터를 학습해 인간의 언어를 이해하고 생성하는 인공지능 모델을 의미하는 거대언어모델(LLM)의 등장과 발전은 언어 이해, 생성, 추론 능력 면에서 놀라운 확장을 가져왔다. 하지만 아직 진정한 의미의 AGI는 달성되지 않았다는 것이 지배적인 의견이다. 'GPT-4'나 '제미나이' 같은 언어 모델은 특정 수준점에서 뛰어난 성능을 보인다. 하지만 어린이 수준의 수수께끼를 푸는데 실패하는 것처럼 분야별로 성능이 들쭉날쭉한 현상(jagged AGI)을 보이며 한계에 직면한 것도 사실이다. 이는 범용 사고나 장기 메모리 측면에서 여전히 결핍이 있다는 뜻이다.

AGI를 넘어 ASI로

최근 마이크로소프트, 메타, 오픈AI 등 주요 AI 기업들은 AGI를 넘어 인공 초지능(ASI)이라는 개념을 소개하며 연구에 박차를 가하고 있다. 최근 몇 년간 GPT-4, o3 등 대형 언어모델이 인간 수준의 추론과 적응력을 보이며 'AGI 임계점' 논쟁이 본격화됐다. ASI(Artificial Superintelligence)는 '인간을 압도적으로 뛰어넘는 초지능'을 뜻한다. 마이크로소프트, 메타, 오픈AI 등은 이미 의료용 초지능, 개인용 초지능 등 초지능을 전면에 내세우며 아예 연구소와 조직명을 '초지능(superintelligence)'으로 바꿔가고 있다.

오픈AI의 경쟁사인 미국 AI 기업 앤스로픽Anthropic의 CEO 다리오 아모데이Dario Amodei는 미래 AI 시스템을 '데이터 센터 내의 천재 국가'라고 표현하며 노벨상 수상자 이상의 지적 능력을 갖춘 AI 시스템이 2026년에서 2027년 사이에 출현할 것으로 예측했다. 벤 거츨 역시 인간의 지능을 월등히 뛰어넘는 ASI 시대가 단순히 공상 과학 소설 속 이야기가 아니라고 말한다. AGI와 ASI는 기존의 인공지능처럼 모든 것을 '조금씩 또는 일부분만 학습하는 지능'이 아니라 '무엇이든 학습해 스스로 확장하는 지능'을 갖출 것이다. 따라서 우리도 이에 대비해야 한다. 그렇지 않으면 AGI와 ASI는 기회인 동시에 위협이 될 수 있다.

벤 거츨은 "인공지능이 인간처럼 스스로 배우고 확장하는 지능인 AGI를 넘어 초지능(ASI) 시대의 문턱에 서 있다"라고 강조했다. 동시에 "한국은 빠른 인프라와 교육 열기로 AGI와 로봇의 '테스트베드'가 될 준비가 돼 있다"라고도 말했다. AGI와 ASI 시대에는 인간의 통제를 벗어난 초지능이 군사, 경제, 사회, 윤리 등 전방위적으로 인류의 존립을 위협할 수 있다. 단순히 일자리를 잃는 것을 넘어 기술 발전의 속도가 안전장치와 규범의 발전을 앞지르는 순간 우리는 모든 것을 잃을지도 모른다.

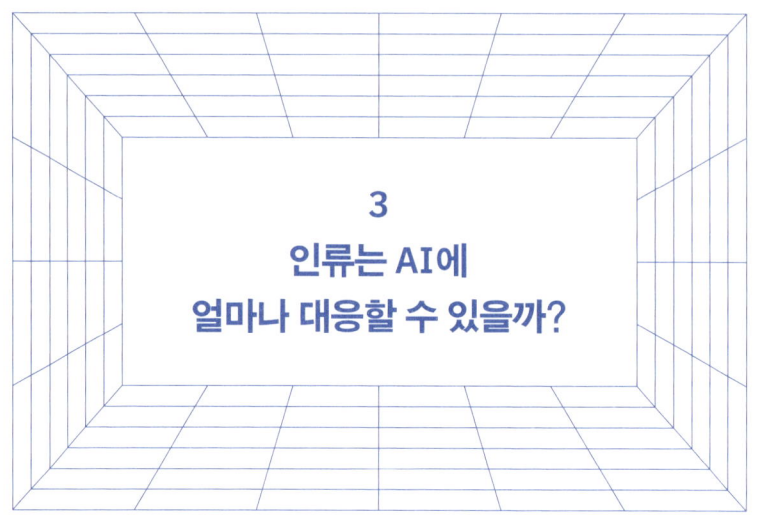

3
인류는 AI에 얼마나 대응할 수 있을까?

오픈AI의 CEO 샘 올트먼 Sam Altman 은 2025년 첫 트윗에서 특이점을 언급했다. 그는 2024년부터 특이점이 가까워졌다는 발언을 거듭했는데, 그가 말하는 특이점은 AGI를 의미하는 것이다. 실제로 그는 자신의 개인 블로그에서 "우리는 이미 AGI를 구축하는 방법을 알고 있다고 확신한다"라고 밝혔다. 또 오픈AI가 달성한 추론 모델이 최초의 AI 에이전트 시스템과 결합하면 인간 수준의 능력을 발휘할 것이라고도 말했다. 이는 AI가 매우 숙련된 인간이 할 수 있는 일을 처리하게 되었으며, 이것이 곧 AGI를 구축하는 방법이라고 설명한 셈이다. 올트먼의 주장은 AI 커뮤니티 내에서 논쟁과 관심을 불러일으켰으며, 일부는 예측을 지지하고 다른 일부는 회의적인 입장을 표명했다.

왜 AGI가 중요한가?

올트먼에 따르면 기계가 작업을 수행할 뿐만 아니라 인간처럼 다양한 활동을 이해하고 학습하고 혁신하는 세상이 그리 멀지 않은 듯하다. AGI의 도래에 대한 그의 대담한 예측은 기술 커뮤니티와 그 너머에서 수많은 토론과 논쟁, 그리고 꿈을 불러일으켰다. 어느 때보다 큰 변화를 가져올 기술 혁명의 문턱에서 앞으로 벌어질 일들에 대한 흥분과 불안이 뒤섞인 감정을 느끼는 것은 당연한 결과다. 그런데 AGI가 가져올 변화란 무엇인지, 그것이 왜 우리에게 중요한지는 정확히 알지 못하는 사람들이 많다.

챗GPT, 제미나이, 퍼플렉시티 등 우리에게 익숙한 생성형 AI 시스템과 달리 AGI는 음성 인식이나 데이터 분석과 같은 특정 작업에 뛰어난 성과를 보인다. 인간 지능과 유사한 수준의 적응성과 이해력을 갖췄기 때문이다. 명확한 지시가 없어도 다양한 도메인에서 추론하고, 계획하고, 문제를 해결할 수 있는 AI 시스템이다.

오픈AI의 핵심 인물이었던 레오폴드 아셴브레너 Leopold Aschenbrenner 역시 2027년까지 AI의 수준이 상당한 역량으로 발전해 AGI로 이어질 것이라 예측했다. 그는 AGI를 인공지능 진화의 중대한 이정표라고 강조했다. AI 모델이 광범위한 영역에서 인간의 인지 능력을 능가하게 되는 이 돌파구가 초지능(ASI)의 출현으로 이어질 가능성을 시사하기 때문이다.

AGI 개발의 핵심 동력은 계산 능력의 급속한 확장이다. 아셴브레너는 수조 달러 규모의 고성능 컴퓨팅 클러스터 구축을 전망하며,

이를 통해 점점 더 복잡하고 효율적인 AI 모델 훈련이 가능해질 것이라고 내다봤다. 하드웨어 발전과 더불어 알고리즘 효율성은 이러한 모델의 성능과 다용도성을 한층 강화해 인공지능으로 가능한 것의 경계를 넓힐 것이다.

아센브레너의 흥미로운 예측 중 하나는 2027~2028년에 자동화된 AI 연구 엔지니어의 출현이다. 이 AI 시스템들은 자율적으로 연구 개발을 수행할 수 있어 다양한 산업에서 AI 혁신과 배포 속도를 가속화할 것이다. 이러한 발전은 AI 분야에 혁명을 일으켜 급속한 진보와 점점 더 정교한 AI 애플리케이션의 창출로 이어진다.

지금의 AI 기술력은 인지적 업무 상당 부분을 자동화할 준비가 되어 있다. 아센브레너는 이러한 자동화가 생산성 향상과 혁신을 가져와 경제가 기하급수적으로 성장할 것으로 예상한다. 다만 AI의 광범위한 도입은 기존 노동력을 기술로 원활하게 전환하기 위한 정책과 적응을 필요로 한다. 정부와 기업은 고용 모델을 개편하고 창의성, 비판적 사고, 감성 지능 등을 강조하는 미래 일자리에 근로자를 배치하기 위한 재교육 및 역량 강화 프로그램에 투자해야 한다.

AI 발전 5단계

AGI는 잠재적으로 산업을 변화시키고, 일을 재정의하고, 사회 구조를 재편할 것이다. 이처럼 심오한 변화에는 수많은 과제와 윤리적 고려 사항이 따른다. 또 현재의 AI 모델은 패턴 인식과 데이터 처리에 뛰어나지만 추상적 사고, 인과 추론, 상식적 이해가 필요한 작업에는 종종 어려움을 겪는다. 이러한 과제를 해결하려면 단순히 기존 기술을 확장하는 것 이상의 혁신적인 접근 방식이 필요하다.

AGI 시대가 어디까지 왔는지 알고 싶다면 인공지능 개발 단계를 살펴보면 된다. 다음은 오픈AI가 2024년 7월에 직원들에게 공유한 AI 발전 5단계다.

레벨 1 : 좁은 AI(대화형 언어를 구사하는 AI)
레벨 2 : 추론자(인간 수준의 문제 해결과 논리적 추론이 가능한 AI)
레벨 3 : 에이전트(자율적 의사결정 및 행동이 가능한 AI 시스템)
레벨 4 : 혁신가(발명이나 혁신 등 창의적 문제 해결과 독창적 사고력을 지닌 AI)
레벨 5 : 조직(인간 수준 이상의 지능으로 조직의 복잡한 업무 전체를 수행하는 AGI)

현재 AI는 레벨 2(추론자)에서 레벨 3(에이전트)으로 전환 중이며, 곧 레벨 4(혁신자)가 다가올 것이다

샘 올트먼의 AGI 예측으로 인공지능의 미래에 관한 논의가 촉진되었다. 타임라인은 여전히 논쟁의 대상이지만 AI 기술의 폭발적인 잠재력과 그로 인한 변화를 신중히 살펴봐야 한다는 데는 모두가 동의한다. 연구가 계속되고 AI 역량이 확장됨에 따라 인류가 거대한 변화에 어디까지 대응할 수 있을지를 파악하고 준비하느냐에 따라 우리가 맞이할 미래는 완전히 달라질 것이다. AGI 시대는 인류에게 유토피아가 될 수도 있고, 디스토피아가 될 수도 있다.

AI 고속도로 건설

현재 한국은 AI 기술과 데이터 인프라를 국가 차원에서 통합하고 확장해 AI 산업 경쟁력을 강화하기 위한 국가 전략인 AI 고속도로를 추진 중이다. 이는 물리적인 도로를 건설하는 것이 아니라 AI 데이터센터와 같은 핵심 인프라를 구축하고, 고성능 GPU를 확보하며, AI 인재를 양성하는 것을 목표로 한다. 정부는 이 프로젝트를 통해 2030년까지 대한민국을 세계 3대 AI 강국으로 도약시키려 하고 있다. 2025년 10월 31일, 글로벌 AI칩 선두주자인 엔비디아NVIDIA의 CEO 젠슨 황Jensen Huang은 한국을 방문해 그래픽처리장치인 GPU를 26만 장 공급하겠다고 선언했다. 전 세계적으로 부족 현상이 나타나는 GPU를 한국이 우선으로 받게 됨으로써 AI 고속도로 건설에 한결 가까이 다가선 것이다.

이 정책은 1970년대 경부고속도로가 산업화 시대를 이끌었던 것처럼, AI 시대의 새로운 성장 동력을 창출하겠다는 비전에서 비롯되었다. 주요 계획으로는 AI 데이터센터에 대한 투자 세액공제 확대, AI 혁신 펀드 조성, 그리고 AI 역량 교육 확대 등이 포함된다.

AI 고속도로는 크게 세 가지 핵심 요소를 통해 구축된다.

첫 번째는 AI 인프라 확충이다. 고속도로에서 도로 역할을 하는 AI 데이터센터, 고성능 GPU 등 AI 연산에 필수적인 하드웨어 인프라를 구축하고 이와 관련된 투자에 대한 세제 지원을 확대해야 한다.

두 번째는 데이터 및 기술 개발이다. AI 모델을 훈련하는 데 필요한 양질의 데이터 확보와 AI 기술 개발을 위한 'AI 혁신 펀드'를 조성해 민간 투자를 촉진한다.

세 번째는 인재 양성이다. AI 산업을 이끌어갈 전문가들을 길러내기 위해 초·중·고 교육 과정부터 대학, 직업 훈련 과정까지 AI 관련 교육을 강화하는 정책이다.

이러한 핵심 요소들은 AI 산업이 활발하게 발전할 수 있는 디지털 기반을 전국적으로 조성해 AI 기술력을 강화하고, 경제적 파급효과를 극대화하는 것을 목표로 한다.

2%의 대한민국

AI 기술의 발전 속도가 급속도로 증가하며 다양한 AI 시스템이 시시각각 출시되고 있는 상황에서 이제 'AI 기술이 곧 국가 경쟁력'이라는 말까지 등장했다. 그렇다면 우리나라의 인공지능 준비 수준은 어느 정도일까?

2025년, 한국은행은 국제통화기금(IMF)에서 출범한 AI 준비지수(AI Preparedness Index, AIPI)를 활용해 우리나라의 AI 도입 준비 수준을 조사했다. 그 결과 165개의 조사국 가운데 15위를 차지했다. AIPI는 국가의 디지털 인프라, 인적자본 및 노동시장 정책, 혁신 및 경제 통합, 규제 및 윤리를 포괄하는 풍부한 거시구조 지표를 기반으로 AI 준비 수준을 평가한 것이다. 한 국가의 준비 수준은 AI 도입 과정에서 위험 요인을 관리하고 혜택을 극대화하는 데 중요한 역할을 한다.

　종합 15위라는 숫자는 높은 편이지만 인적자본 및 노동시장 정책은 24위 수준으로 개선이 필요하다. 디지털 인프라와 규제 및 윤리는 모두 18위로 우수한 편이며, 혁신 및 경제 통합은 3위를 기록해 높은 경쟁력을 보였다.

　또 한국은행은 전체 근로자의 절반 이상인 51%가 AI 도입에 큰 영향을 받을 것으로 예상했다. 이는 직업별 'AI 노출도(exposure)'와 'AI 보완도(complementarity)'를 계산한 결과다. AI 노출도는 AI가 근로자의 업무를 어느 정도 대체 가능한지를 나타내는 지표이며, AI 보완도는 직업의 사회적·물리적 속성에 따라 직업이 AI로 대체될 위험으로부터 보호받는 정도를 나타낸다.

　예를 들어 전문직인 판사와 의사 등의 업무는 AI가 대체할 가능성이 커 AI 노출도가 높은 편이다. 하지만 오류가 발생할 경우 큰 문제를 초래할 수 있으므로 여전히 인간적인 판단과 의사결정이 필요한 직업이기도 하다. 따라서 AI 보완도 역시 높다. AI 노출도가 높더라도 보완도 역시 높으면 대체가 어려운 것으로 본다. 즉 판사와 의사는 계속해서 인간이 업무를 수행할 가능성이 큰 직업이다.

　국내 일자리 가운데 24%는 AI의 혜택을 받지만 27%는 AI가 일자리를 대체하거나 AI 도입에 따라 소득이 감소하는 것으로 분석했다. 즉 국내 근로자의 24%가 '높은 노출도, 높은 보완도' 그룹에 속하며, 27%는 '높은 노출도, 낮은 보완도' 그룹에 속하는 것이다. 세부 직업으로는 통신 관련 판매직, 감사 업무, 사무직, 고객 상담직, 통계 관련 업무, 비서 및 사무 보조원 등의 대체 가능성이 컸다. 반대로 의료 및 진료 전문가, 건설 전문직, 운송 서비스 종사자, 건설 구조 기능 종사자, 전기공 및 배관공 등은 대체 가능성이 작은 것으로 분류됐다.

누군가 우리 집에 침입해 무언가를 훔쳐갔다

전 세계적으로 AI 기술 경쟁이 치열한 가운데 우리나라는 AI 및 과학기술 분야의 인재 유출 문제가 심각한 상황이다. 대한상공회의소 지속성장 이니셔티브(SGI) 보고서에 따르면, 2023년 기준 한국의 인구 1만 명당 AI 인재 순 유출은 0.36명이다. 이는 OECD 38개국 중 35위로 최하위 수준이다. 이는 한국이 글로벌 AI 경쟁에서 뒤처지고 있으며 국가 기술경쟁력과 경제 성장의 근간이 흔들리고 있다는 명백한 경고라고 전문가들은 입을 모았다. 그뿐 아니라 한국은 AI 투자 규모도 다른 선진국에 비해 크게 떨어진다. 2025년 우리나라의 AI 민간 투자 규모는 약 90억 달러로 4,700억 달러를 투자한 미국의 2%에도 미치지 못하는 수준이다. 중국의 투자 규모는 1,190억 달러로 우리나라는 중국의 약 8% 수준에 그친다.

마크 저커버그의 메타는 새로운 AI 훈련의 핵심 기업인 스케일AI ScaleAI에 150억 달러에 가까운 비용을 지출했으며, 오픈AI의 최고 연구원 8명을 포함한 핵심 인재들을 영입하는 데 성공했다. 영입된 인재 중에는 GPT-4 및 GPT-4o 음성 모드 공동 개발자 등 주요 인물들이 포함돼 오픈AI의 강한 반발을 샀다. 이에 대해 오픈AI의 최고 연구 책임자인 마크 첸Mark Chen은 "누군가 우리 집에 침입해 무언가를 훔쳐 간 것 같은 기분이 든다"라는 내용의 긴급 내부 메모를 보냈고, CEO 샘 올트먼은 "(꿈과 의미를 좇는) 선교사가 (돈만 추구하는) 용병을 이길 것"이라며 대응했다. 이는 AI 경쟁이 승자독식의 시대를 향해 나아가고 있으며, 기업들이 모든 것을 걸고 싸우려 함을 보여주는 단면이다.

AGI를 넘어 ASI의 도래를 준비해야 하는 지금, 미국의 2%와 중국의 8% 수준의 투자에 그친 우리나라는 다방면에서 뚜렷한 위기 신호를 받고 있다. 국가 경제의 지속과 성장에 경고등이 커진 상황에서 AGI가 가져올 미래는 무엇인가.

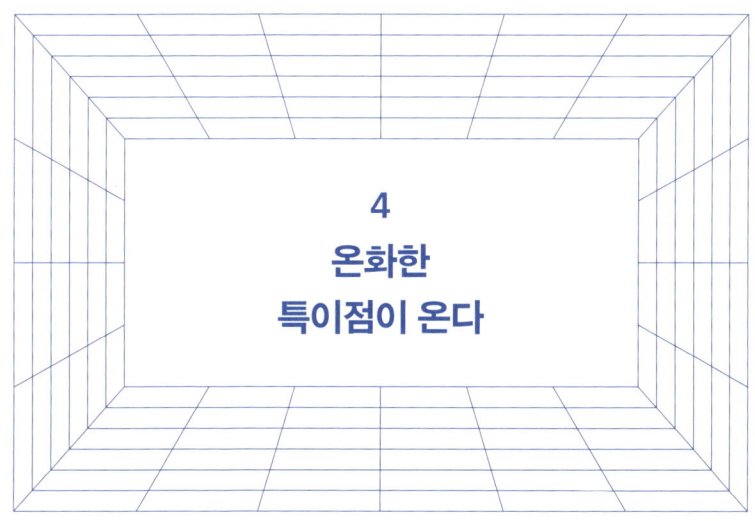

4
온화한
특이점이 온다

1962년, 미국에서 재미있는 애니메이션이 방영되었다. 100년 후 미래인 2062년에 오빗이라는 도시에 살고 있는 젯슨 가족의 이야기를 다룬 애니메이션 시트콤〈우주가족 젯슨〉이다. 미국 가족의 이상적인 모습과 미래를 바라보는 괴짜스러운 시각은 우리 시대에 대한 기묘한 선견지명을 보여주었다.

우리 조상들은 현대인들이 단지 휴가를 위해 지구 반대편까지 여행한다는 사실을 알면 어리둥절했을 것이다. 젯슨 가족이 생활하는 미래에서 우주 여행은 그랜드 센트럴 스페이스 오디션에 가서 필요한 우주선을 잡기만 하면 된다. 또 상사의 지시에 따라 종합 건강검진을 받는 아빠 조지 젯슨은 피카부 프로버라는 작은 로봇 알약을 삼킨다. 이 작은 로봇은 젯슨의 몸속을 돌아다니며 검사를 하고, 화면으로 내부 모습을 보여준다. 그뿐 아니다. 젯슨 가족이 사는 세계에서는 버튼 몇 개만 누르면 순식간에 온갖 종류의 음식이 나온다. 달걀, 베이컨, 우유, 시리얼 등이 몇 번의 손짓으로 등장한다.

〈우주가족 젯슨〉 방영 당시는 인터넷이 등장하기 전이었다. 그런데 애니메이션 속 젯슨은 TV 화면에 뜬 뉴스 기사를 읽는다. 그의 출근길에는 사람들이 작은 휴대용 TV를 들여다보는 모습도 보인다. 또 사람들은 화상 채팅으로 서로의 안부를 주고받기도 한다. 젯슨 가족이 사는 집 안에는 작은 로봇 청소기가 돌아다니고 가정부 로봇 '로지'는 젯슨 가족들의 사랑을 받으며 집과 아이들을 돌본다. 반려동물 아스트로는 말을 할 수 있고 인간과 친구처럼 지내는 개다.

젯슨 가족이 사는 곳은 지구 표면이 오염되면서 스모그층 위로 우뚝 솟은 초고층 아파트다. 가족들은 여기서 비행 자동차를 타고 학교나 회사 등으로 이동한다. 아빠 조지는 일주일에 3일간 세 시간씩만 일한다. 아들 엘로이는 우주과학자가 꿈인 열 살의 천재 소년으로, 엘로이의 친구는 학교에서 수업을 듣는 중 스마트워치로 몰래 애니메이션을 보기도 한다. 지금 우리가 애플워치를 사용하는 것처럼 말이다.

〈우주가족 젯슨〉은 60년도 더 전에 만든 만화이지만 놀랍게도 지금의 현실과 일치하는 부분이 상당하다. 눈여겨볼 부분은 집안일과 회사 등 많은 업무가 자동화되었고, 그 결과 일주일에 단 9시간만 일한다는 것이다. 기술의 발전이 인간의 노동력과 직결되어 있음을 보여주는 것이다.

우리는 이미 되돌릴 수 없는 경계를 넘었다

인공지능 업계는 이제 범용 인공지능인 AGI를 넘어 인공 초지능인 ASI 개발 경쟁에 본격적으로 뛰어들었다. 과거에 '언젠가'의 미래로 치부되던 AGI는 이미 상당 부분 달성되었거나 그 문턱에 도달했다는 관측이 나오는 가운데, 주요 빅테크 기업들은 2027년까지 초지능 개발을 목표로 총력전을 펼치고 있다.

불과 몇 년 전만 해도 AI 업계는 인간과 유사한 지능을 가진 AGI의 실현 가능성을 논했다. 하지만 이제는 초지능(superintelligence)이 새로운 마케팅 용어로 떠올랐다. 마이크로소프트는 '의료용 초지능'을 향해 나아가고 있다고 주장하며, 메타는 '모든 사람을 위한 개인용 초지능'을 목표로 내걸고 '메타 초지능 연구소'를 설립했다.

오픈AI의 CEO 샘 올트먼은 2025년 6월에 "우리는 이미 되돌릴 수 없는 경계를 넘었다"라는 내용의 글을 블로그에 올렸다. 이미 많은 부분에서 AI가 인간보다 뛰어난 능력을 보이며 과학적으로 가장 어려운 구간은 넘어선 상태라 강조한 것이다. AI가 실질적인 인지 노동을 대체한 지금 올트먼은 가까운 미래에는 AI가 스스로 새로운 통찰을 만들어낼 것이고 그 통찰을 직접 실행할 것으로 내다봤다.

그가 올린 글의 제목은 '온화한 특이점(gentle singularity)'으로, 초지능을 지칭한다. '온화한'이라는 표현은 기술이 인간을 압도하거나 파괴하는 등의 과격한 충격을 주지 않으면서 인류가 자연스럽게 적응해 기술이 사회 전체에 스며들 것이라는 의미다. 과거 산업혁명

시기에 노동력과 직업의 대전환이 이루어진 것처럼 인류는 다시 새로운 일을 만들고 적응해 나간다는 게 그의 설명이다.

또 올트먼은 2030년대에는 지능과 에너지가 무제한에 가까운 수준으로 풍부해질 것이라 주장했다. 역사를 돌이켜보면 지능과 에너지는 인류 발전에 있어 병목 요소였다. 지능과 에너지 향상에는 한계가 있는데 우리 인류는 늘 그 이상의 역할을 원했기 때문이다. 시스템에 비유하자면 가용 자원의 한계로 인해 과부하가 걸려 전체 시스템 효율의 저하를 초래한 셈이다. 그런데 기술이 이를 해결하면, 즉 지능과 에너지가 무제한에 가까운 초지능을 완성하면 사실상 무엇이든 가능한 조건이 된다는 것이다. 로봇이 로봇을 만들고 데이터 센터가 데이터 센터를 짓는 완전한 자율 코딩 단계에 진입하면 진보 속도는 완전히 달라질 수 있다.

미국 AI 개발 기업 앤스로픽의 CEO 다리오 아모데이가 미래 AI 시스템을 '데이터 센터 내의 천재 국가'라고 표현한 것 역시 초지능의 또 다른 이름이라는 분석이다. 이는 AGI가 이미 비공개적으로 달성됐거나, 그 정의 자체가 모호해지면서 '초지능'이라는 더욱 매력적인 목표가 설정된 것이라는 해석이 나온다. 일각에서는 AGI가 특정 영역에서는 초인적 능력을 보이지만 다른 영역에서는 취약점을 드러내는 형태를 보인다고 분석하기도 한다. 일례로 오픈AI가 개발한 추론형 멀티모달 모델 o3는 특정 벤치마크에서 AGI 임계치를 넘었다. 하지만 어린이도 풀 수 있는 간단한 수수께끼는 아직 풀지 못하는 모습을 보인다.

초지능 전쟁과 사회 충격 시나리오

선견지명 있는 기술 투자자로 평가받는 비노드 코슬라Vinod Khosla(오픈AI 투자자)는 AI가 가져올 미래에 대한 비전을 제시했다.

• 2025~2030년: AI 인턴 시대

초지능 시스템이 인간의 동료가 되며, 모든 전문가는 스탠퍼드 대학교 졸업생보다 똑똑한 AI 비서를 고용하게 된다. 인간 전문가를 대체하는 AI가 전체 직업의 80% 업무를 처리해 소수의 인원만으로도 수십억 달러 규모의 기업을 운영할 수 있는 시대가 열린다.

• 2030년대: 기업 멸종 사건

포춘 500대 기업들이 전례 없는 속도로 몰락하고, 직원 10명으로 10억 달러 규모의 회사를 세우는 사례가 등장한다. 인간 상사보다 똑똑한 초지능 인턴이 조직을 이끄는 시대가 올 것이다. 기업 구조와 노동 시장이 근본적으로 재편된다.

• 2040년 이후: 일은 선택 사항

인류가 더 이상 생계를 위해 일할 필요가 없어질 가능성이 80%에 달한다. 인간형 로봇이 육체노동을 대체하고 의료, 법률, 교육 등 모든 전문 지식이 무료가 될 것이다.

이처럼 초지능은 경제와 사회에 큰 영향을 미칠 것이다. 전 산업에 걸쳐 생산성을 극대화하고, 혁신과 최적화를 가속화할 전망이다. 또 고부가가치 직업의 80%가 AI로 대체되고, 기술을 활용할 수 있는 소수에게 부가 집중될 위험이 크다. 일자리의 불평등이 확장되는 것이다. 코슬라는 가장 큰 두려움으로 불량 AI가 아닌, 좋은 AI를 확보한 국가가 의료·교육 등 사회서비스를 무기로 글로벌 영향력을 확대하는 것을 꼽았다. 예를 들어 중국이 무료 의료, 교육 등을 이용해 자국 정치를 전 세계에 수출하는 것이다. 일부에서는 이러한 AI가 가져올 미래가 사실상 공산주의와 유사하다고 지적하기도 한다.

AI 기술의 발전이 가속화되면서 우리는 미지의 영역으로 나아가고 있다. 초지능 시대가 가져올 사회적, 경제적 변화에 대한 깊은 논의와 대비가 시급한 시점이다. 미국 빅테크 기업 사이에서는 "AGI는 이미 옛말이다. 목표는 2027년 안에 '초지능(ASI)'을 손에 넣는 것"이라는 말이 구호처럼 회자된다. 마이크로소프트, 메타, 오픈AI, 앤스로픽 등 주요 기업은 잇따라 '초지능'이라는 신조어를 앞세우며 자사 연구조직을 개편하고, 최고 연구자를 스카우트하며 AI 인재 전쟁에 돌입했다.

마이크로소프트는 '의료용 초지능(Medical Superintelligence)' 연구 로드맵을 공개하며 "인간 전문의가 해결하지 못한 복합 진단 난제를 AI가 순차적으로 풀어낼 것"이라고 선언하며 인간 의사보다 4배 정확한 진단 AI를 발표했다. 메타는 '메타 초지능 연구소' 신설을 발표한 뒤 인공지능 스타트업 스케일AI 창업자 알렉산더 왕 Alexandr Wang과 오픈 소스 중심지라 불리는 깃허브GitHub의 전 CEO 냇 프리드먼Nat Friedman을 영입해 모두를 위한 개인용 초지능을 내

세웠다. 이 비용만 140억 달러에 달한다는 관측이다. 한 AI 거버넌스 연구원은 "AGI 논쟁이 사라진 자리에 초지능 브랜드 전쟁이 들어섰다"라며 "정작 중요한 것은 레이블이 아니라, 기술이 사회 안전망·노동·권력 구조를 어떻게 재편할지에 대한 합의"라고 말했다.

우리는 AI 경쟁의 무법천지이자 치열한 시기를 살고 있다. 기업들은 AI 경쟁에서 승리한 자가 모든 것을 독식하는 순간이 다가왔다고 믿고, 그 순간을 위해 모든 것을 걸고 싸우려 한다. 현재 각 기업과 국가는 초지능을 선점하기 위해 천문학적 자본과 인재를 쏟아붓는 중이다. 다만 진짜 초지능이 등장하는 순간 사회·경제·정치 전반에 상상 이상의 충격이 닥칠 것이라는 점에서 이제 논의의 초점은 '언제'가 아니라 '어떻게 대비할 것인가'로 옮겨가고 있다.

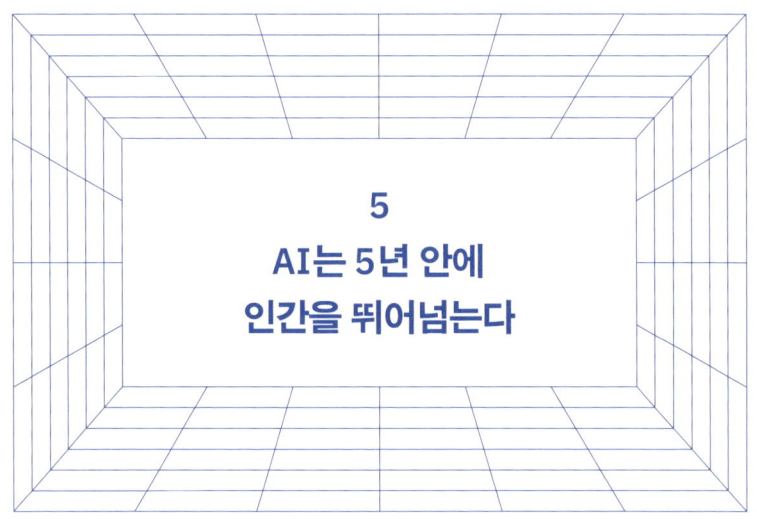

5
AI는 5년 안에
인간을 뛰어넘는다

딥러닝 라이브러리(프로그램 개발에 사용하는 조각 프로그램 모음)인 케라스Keras를 개발한 구글 엔지니어 출신인 프랑수아 숄레 François Chollet는 AI 분야에서 가장 영향력 있는 인물 중 하나다. 그런데 그는 AGI 회의론자이기도 했다. 숄레는 2019년에 AI의 지능 측정에 관한 논문을 발표했는데, 지능을 정의하고 평가할 수 있어야만 더 지능적인 시스템을 개발하는 데 필요한 피드백을 얻을 수 있다고 주장했다. 또 AGI를 경제적으로 가치 있는 작업을 자동화할 시스템으로 보는 견해가 잠정적으로는 유용할지 몰라도 잘못된 생각이라고 반박하기도 했다. AI의 업무 수행 능력은 훈련과 사전 지식에 크게 좌우되는데, 이는 얼마든지 복사가 가능하므로 AI 알고리즘이나 모델의 성능을 측정하는 적절한 지표가 아니라는 것이다.

그리고 AI가 지능을 갖췄다면 훈련된 영역 밖의 데이터나 경험에서 새로운 기술을 효율적으로 습득할 수 있어야 한다고 주장했다.

즉 AI가 더 넓은 지능적 행동을 보여주기 위해서는 경험해 보지 못한 상황에 학습을 적응시키고 일반화하는 능력이 필요하다는 것이다. 숄레는 이를 확인하기 위해 AI의 추상 규칙 추론 및 적용 능력을 시험하는 간단한 시각적 그리드로 이루어진 퍼즐 모음인 '추상화 및 추론 코퍼스(ARC)'를 만들었다. ARC는 AI에 최소한의 예제만 제공하며 AI는 이를 보고 퍼즐의 가능한 모든 답을 푸는 것이다. 이때 단순히 답을 맞추기만 하는 것이 아니라 직접 퍼즐 로직을 파악해야 한다. AI의 개별 성능을 측정하는 벤치마크(특정 AI 모델이나 알고리즘의 성능을 객관적으로 측정하고 비교하기 위한 평가 기준)는 숄레의 ARC가 거의 유일하다.

대부분의 AI 벤치마크는 발표 후 3년 이내에 사람이 획득하는 평균 점수보다 높은 점수를 얻는다. ARC 테스트는 인간에게는 특별히 어려운 문제가 아니다. 그런데 숄레의 ARC 벤치마크는 발표한 지 5년이 지난 2024년까지도 AI의 점수가 일반인 평균 점수의 절반 수준에 정체되어 있었다. 때문에 숄레는 전례 없는 새로운 상황에 적응하고 대처해 직접 사고 체계를 완성하고 문제를 해결하는 능력이 AI에게는 어려운 문제라고 평가했다. 때문에 AGI가 쉽지 않을 것이란 회의론에 빠진 것이다.

그런데 AI 분야의 대표적인 회의론자로 꼽히던 숄레가 AGI의 출현 시기를 앞으로 10년에서 5년으로 절반이나 단축해 예측하며 업계에 큰 파장을 일으켰다. 주목할 점은 그의 낙관적인 전망의 근거가 단순히 모델의 크기 확장 때문이 아니라는 것이다. 그는 단축 사유가 AI 능력 구조의 질적 전환에 있다고 강조했다.

AI 알고리즘을 개발하는 툴인 케라스의 창시자이기도 한 숄레는 최근 팟캐스트 진행자 드와르케시 파텔Dwarkesh Patel과의 대담에서 AI 역량의 근본적인 변화에 대한 견해를 밝혔다. 그는 오랜 기간 AI 모델들이 정적인 패턴 재적용에 갇혀 템플릿을 기억하고 반복하는 데 그쳤다고 지적했다. 그러나 이제는 새로운 문제에 적응하고 진정한 유동적 지능(fluid intelligence)을 보여주는 AI가 등장했다는 것이다. 이는 단순한 패턴 인식을 넘어 진정한 추론(reasoning)을 향한 중요한 진전으로 평가된다.

AGI, 게임 체인저는 집단 학습

숄레는 이러한 AI의 변화를 측정하기 위해 새로운 벤치마크인 ARC-AGI-3를 개발했다. 이는 AI가 사전 지식이 없는 간단한 비디오 게임 환경에서 얼마나 인간처럼 빨리 사물을 파악할 수 있는지를 테스트하는 것이다. 시행착오를 거쳐 규칙과 목표를 스스로 파악하고 학습하는 속도와 능력, 즉 '기술 습득 효율성'을 평가하는 대화형 추론 벤치마크. 인간은 1분 이내에 이해할 수 있으나 AI에게는 극도로 난이도가 높다. 약 100개의 독특한 게임 세계에서 탐험하고, 계획하고, 행동해야 하는 방식으로 '즉석 학습 효율성'을 핵심 지표로 삼는다. ARC-AGI-3의 특징은 다음과 같다.

- 인간에게는 쉬운 문제: 인간은 1분 이내에 이해할 수 있도록 설계
- AI에게는 어려운 도전: AI는 약 100개의 독특한 게임 세계를 탐험하고, 계획하며, 행동
- 시행착오를 통한 학습: 어떠한 지침도 없이 게임에 투입된 AI는 스스로 시행착오를 통해 규칙을 파악

이는 마치 AI 기업 구글 딥마인드DeepMind가 선보인 캐글 게임 아레나Kaggle Game Arena를 연상시킨다. 여기서는 AI 모델이 체스와 바둑 같은 게임에서 정면으로 맞붙는 모습을 볼 수 있다. 그렇다면 AI가 게임을 잘하는 것이 왜 중요할까?

숄레는 "인간은 풀 수 있으나 AI가 풀 수 없는 과제가 있다면 AGI는 아직 도래하지 않은 것"이라고 강조하며, 이러한 벤치마크가 AI 발전의 핵심 과제를 제시한다고 설명했다. 또 오늘날 AI가 '첫날부터 인턴으로 일하는 사람'과 같다고 지적한 드와르케시 파텔의 비유에 공감했다. 첫 출근임을 고려하면 업무 능력은 훌륭한 편이나 경험을 통한 배움이 부족한 인턴 같은 수준이라는 것이다. 숄레는 이러한 격차를 줄이기 위한 해법으로 오픈소스 중심지인 깃허브 개념을 제안했다.

그가 구상하는 AGI는 단순히 작업을 수행하는 것을 넘어 세 단계의 복합 학습 과정을 거친다. AI가 새로운 기술을 습득하고 이를 핵심 모듈로 분해한 뒤, 전 세계 AI 에이전트가 공유해 재사용하는 집단 학습 구조를 전제로 한다.

- 새로운 기술 학습: AI 에이전트가 새로운 과제를 해결하는 방법을 효율적으로 터득
- 솔루션 분해: 학습한 솔루션을 재사용 가능한 핵심 요소로 분해
- 네트워크 공유: 분해된 요소를 글로벌 라이브러리에 업로드해 다른 AI 에이전트가 활용

숄레는 진정한 게임 체인저는 개별적인 지능이 아니라 집단 학습이라고 보고 있다. 인간은 고립된 상태에서 학습하는 반면, 이 AGI 시스템은 한 에이전트가 학습한 모든 기술을 모든 에이전트가 즉시 공유하며 지식을 축적한다. 그 결과 집단 지식 축적 속도가 비약적으로 증가할 것이라 전망했다. 파텔은 이를 가리켜 사실상 특이점 도래를 앞당길 시스템이라고 평가했다.

숄레의 이번 AGI 타임라인 단축은 단순한 전망이 아니라 AI 연구 지형이 변했다는 관찰 결과다. 그는 ARC-AGI-3가 AI 연구를 단순 연산력 경쟁에서 적응성과 집단지성 경쟁으로 옮겨놓고 있다고 분석했다. AGI로 가는 시계는 빨라졌으며, 이제 승부의 핵심은 큰 모델이 아니라 '얼마나 빨리 배우고 공유하며 성장할 수 있는가'라고 강조했다.

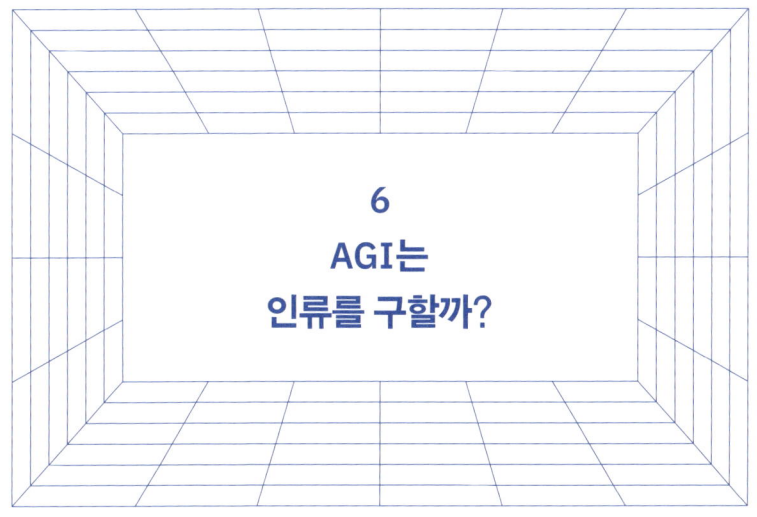

6
AGI는 인류를 구할까?

　일론 머스크가 2016년에 세운 뉴럴링크Neuralink는 인간의 뇌와 컴퓨터의 연결을 연구하고 있다. 특이점 시대에도 인류가 살아남을 수 있도록 일종의 성역과도 같은 인간의 뇌에 컴퓨터 칩을 이식해 인공지능에 맞먹는 지능으로 증강하겠다는 것이 그의 목표다.

　2025년, 인류는 지금껏 경험하지 못한 거대한 변곡점에 서 있다. AI를 넘어 한층 더 진전된 AGI 시대가 목전이다. 컴퓨터 과학자이자 미래학자인 레이 커즈와일Ray Kurzweil은 2005년 자신의 책 《특이점이 온다》에서 '2029년쯤에 기계가 인간 수준의 지능에 도달할 것'이라고 예측했다. 그는 최근에도 2029년에 AI가 인간 수준의 지능에 도달해 튜링 테스트를 통과하고, 2045년에는 인간과 AI가 완전히 융합되는 '특이점'에 도달한다고 전망했다. 특이점이란 인간의 지적 능력을 뛰어넘는 AI가 등장하고 기술 발전의 속도가 기하급수적으로 가속화되는 시점을 의미한다. 커즈와일은 특이점 이후 인간과 AI의 경계가 사라지고 인류 문명 전체가 새로운 단계로 진입할 것이라고 강조한다. 기술낙관론자의 몽상 같았던 그의 발언은 빠르게 현실화되고 있다. 전기차, 자율주행 자동차, 인공지능 로봇, 나노 로봇 등으로 이어지는 기술은 이제 미래가 아닌 오늘이 되었다.

예루살렘 히브리 대학교 교수인 유발 하라리 Yuval Harari는 자신의 책 《사피엔스》에서 인류의 기원부터 인공지능까지 다루며 사피엔스라는 종種이 어떻게 살아남았는지를 담아내 세계적으로 큰 관심을 받았다. 그는 2016년 우리나라를 방문했을 당시 인류의 미래를 묻는 질문에 인공지능이 인간을 위협하는 세계가 올 것이라 예견했다. 또 거의 대부분의 직업을 인공지능이 대체할 것이며 이 위협에 대응하기 위해 인류는 완전히 새로운 모델을 만들어야 한다고 주장했다. 최근 한 강연에서는 "인류 역사상 이렇게 짧은 시간에, 이렇게 많은 곳에서, 이렇게 큰 변화가 일어난 적은 없었다"라고 말하기도 했다.

하라리의 말처럼 인공지능 혁명은 국경을 초월해 전 세계 곳곳에서 실시간으로 빠르게 퍼져나가고 있다. 몇 년 전까지만 해도 공상과학에 지나지 않던 기술이 현실이 되고, 아직은 인류와 멀리 떨어져 있다고 여기던 인공지능은 각종 산업에서 시작해 지금은 인류의 일상까지 자연스럽게 들어왔다. 그리고 어느새 사회를 넘어 전 세계를 송두리째 바꾸는 중이다.

지금 AI와 AGI는 우리 삶을 어떻게 바꾸고 있을까?

AI를 더욱 똑똑하게, AI 트레이너

중국 베이징의 도로 풍경은 이미 미래 그 자체다. 앱을 통해 로보 택시를 이용할 수 있는 자율주행 중심지로 2025년 기준 약 10만 대의 로보 택시가 베이징 시내를 달리고 있다. 베이징의 주요 택시 회사와 테크 기업들이 협력해 구축한 자율주행 네트워크는 시민들의 발이 되어준다. 시민들은 스마트폰 앱으로 24시간 중 언제든 로보 택시를 호출할 수 있다. 평균 대기시간은 2분 이내로 호출한 지 얼마 되지 않아 운전석이 텅 빈 자동차가 도착한다. 자동차 내부에는 AI 비서가 탑재돼 있어 목적지 안내는 물론 엔터테인먼트와 번역 등 다양한 기능을 제공한다.

목적지를 향해 시원하게 달리는 자동차는 앞에 유모차나 오토바이가 나타나면 곧장 속도를 줄이고, 다른 자동차가 끼어들면 속도를 조절하거나 차선을 바꿔 운행에 불편함이 없도록 알아서 움직인다. 목적지에 도착하면 부드럽게 멈춘 다음 주변에 다른 자동차나 위험요소는 없는지 확인한 뒤 잠금을 풀어준다. 그리고 이동하는 동안 차로를 몇 회나 바꿨는지, 장애물을 피해 우회한 내용 등을 정리한 보고서를 보내준다.

베이징시 교통국에 따르면 로보 택시 도입 이후 교통 체증이 30% 줄었고 교통사고 발생률도 40%나 감소했다. 교통 약자도 편리하게 사용할 수 있도록 장애인, 노인, 임산부 등 맞춤형 로보 택시도 증가하는 추세다. 로보 택시 운행 데이터는 베이징시의 교통정책과 연결돼 불편을 해소하거나 좀 더 나은 교통 환경을 개선하는 데 적극 활용된다. 베이징의 로보 택시는 대부분 내연기관차가 아닌 전기차로 대기오염 저감과 에너지 효율에도 크게 기여한다. 중국뿐 아니라 미국도 구글 웨이모와 테슬라 등이 무인 자율주행 로보 택시 상용 서비스를 제공하고 있다.

AI, AGI 혁명의 물결은 산업 현장 곳곳을 근본적으로 바꿔놓고 있다. 자동차 공장에서는 AI 기반의 기술을 통해 초고속, 초정밀로 불량품을 99.9% 걸러낸다. 그 과정에서 작업자들은 기존의 '품질 검사원'이 아닌 일종의 'AI 트레이너'다. 잘못된 결과가 나오면 바로 잡아주고 결과물 분석을 돕는 것, 즉 AI가 더욱 똑똑하게 일하도록 환경을 만들어주는 역할이 그들의 업무다. AI 트레이너는 최근 몇 년 사이 AI 기술이 각 분야에 깊숙이 스며들면서 주목받고 있는 새로운 직업이다. AI를 통한 공장 자동화와 AI 트레이너의 솔루션 제공으로 산업계의 생산성과 효율성은 대폭 상승했다.

금융권 역시 큰 변화를 체감 중이다. 은행과 증권사 등은 AI로 고객의 투자 성향과 시장 변동을 실시간으로 분석해 맞춤형 자산관리를 제공한다. 수많은 서류를 확인하고 검토해야 했던 대출 심사도 AI로 즉시 데이터를 확인할 수 있어 시간이 크게 단축됐다.

의료 현장 또한 AI와 함께 변화의 한복판에 있다. 심장, 뇌신경, 치매, 각종 암 등 여러 분야의 진단 및 치료에 AI를 적극 활용 중이다. AI는 영상 및 이미지 분석을 통해 의사보다 높은 적중률로 질병 판정을 내리고 가장 효율적인 치료법을 제안한다. AI 진단기는 폐암 98%, 대장암 97.8%의 정확도로 환자를 진단한다고 한다. 그뿐 아니라 신약 개발과 임상데이터 분석 등 의료 전 분야를 혁신하고 있다.

AI가 의료 분야로 들어오면서 의료진 1인당 진료시간이 크게 단축되었다. 이는 중증 환자 치료에 더 많이 집중해 치료에 전념할 수 있다는 뜻이다.

또 세계 여러 국가가 학습 과정에 AI 튜터를 도입했다. 인공지능 기술을 활용해 학생 개개인의 학습 스타일에 따라 학습 속도와 성취도 등을 관리하는 AI 튜터는 개개인별 맞춤형 학습 자료와 피드백을 제공한다. 한마디로 AI 개인과외 선생님이 생긴 것과 같은 효과다. AI 튜터를 도입한 학교에서는 학생들의 학업 성취도가 크게 상승했다는 반응이 대부분이다.

AI가 몰고 온 변화의 파도는 우리의 일자리에도 직접적인 영향을 주고 있다. 과거 평생 직업, 평생 직장을 모토로 노동자로 살아온 사람들은 평생 직장은 이미 사라진 지 오래고 이제 곧 평생 직업도 먼 옛말임을 실감하게 될 것이다. AI는 앞으로 5년간 약 700만 개의 일자리를 대체할 것이다. 즉 인간이 가지고 있는 직업 700만 개가 사라지는 것이다. 대신 500만 개의 새로운 일자리가 생길 것이라는 전망도 있다. 다만 500만 개의 새로운 직업이 인간을 위한 것인지 AI를 위한 것인지는 아직 모른다.

AI 국가실험장

이런 가운데 세계 각국은 AGI 시대를 맞이하기 위해 치열한 경쟁 중이다. 구글 딥마인드의 CEO이자 우리에게는 바둑 기사 이세

돌을 이긴 바둑 인공지능 알파고를 만든 사람으로 유명한 데미스 허사비스Demis Hassabis는 5~10년 내 AGI 등장을 전망했다. 전문가들은 AGI가 등장하면 인간이 1만 년간 쌓아 올린 지식을 하루 만에 학습할 것으로 예측했다. 그다음은 누구도 알 수 없다. AGI의 등장은 예측 불가의 영역인 셈이다.

이제 AGI 시대는 거스를 수 없는 변화다. 미국과 중국은 이를 주도하는 국가다. 두 나라는 AI 반도체, 대형언어모델(LLM), 자율주행, 로봇, 의료 등 핵심 분야에서 초격차를 벌리며 글로벌 표준을 선점하고 있다. 미국의 빅테크 기업들은 AGI 개발에 연간 2,000억 달러가 넘는 비용을 쏟아붓는 중이다. 또 미국 기업의 80% 이상이 업무에 AI를 도입했으며, AI 인재 육성과 데이터 인프라 구축에도 적극 투자하고 있다. 중국은 베이징, 선전, 상하이 등 핵심 도시에 AI 기업을 육성하는 데 총력을 기울이며 이들 도시 전체를 AI 혁신의 실험장으로 삼고 있다. 특히 상하이 외곽에 세운 축구장 225개 규모의 화웨이Huawei R&D 센터에는 평균 연령 31.6세인 직원 2만 4,000명이 AI 개발을 위해 모여 있다. 화웨이가 중국의 국민 기업인 만큼 사실상 중국 자체가 AI 혁신을 위한 국가실험장이 된 셈이다.

EU 역시 2024년 AI 법안(AI Act)을 제정하며 '인간 중심 AI'를 글로벌 표준으로 내세웠다. AI 알고리즘에 대한 제어 가능성과 투명성, 안정성, 프라이버시 보호 등 사회적 가치와 혁신의 균형을 강조한 법이다. EU에 가입한 각 국가의 정부와 기업은 이를 바탕으로 AI 거버넌스 체계를 구축하고 있다. 일본은 초고령 국가답게 고령화 문제에 대응하기 위해 돌봄 로봇 100만 대를 보급했다. 또 AI를 활용한 의료와 복지 시스템 개편, 스마트시티 건립, AI 교육 시스템 등 새로운 사회 모델을 제시했다.

한국도 AI 혁명의 한가운데를 지나는 중이다. 현대자동차, 삼성전자, 네이버 등 일부 대기업은 AI 기반 자동화, 초개인화 서비스에서 성과를 내고 있다. 제약회사도 신약 개발 등에 AI를 도입해 결과를 얻는 중이다. 우리 정부는 'AI 혁신국'으로의 도약을 선언하며 대규모 투자와 규제 혁신, 인재 양성 등을 발표했다. 기업 경쟁력의 핵심이 된 AI를 책임감 있게 활용하기 위해 2026년 1월 22일 'AI 발전과 신뢰 기반 조성 등에 관한 기본법'이 시행될 예정이다. AI 관련 법안을 제정한 국가는 EU의 AI 법안에 이어 한국이 유일하다.

하지만 AI 발전에 앞장선 미국과 중국 등의 투자와 대응에 비교하면 격차가 뚜렷하다. 2024년 기준 한국의 AI 투자액은 13억 달러 수준으로, 미국(1,091억 달러)과 중국(93억~980억 달러)에 크게 미치지 못한다. 국내 AI 석·박사 인력도 연 1,000명 수준에 머물러 인재난이 심각한데 이마저도 R&D 지원이 활성화된 국가로 유출된다는 지적이다. AI 반도체, LLM 등 핵심 기술 경쟁력과 글로벌 생태계 내 영향력도 제한적이다.

AGI의 그림자

AI, AGI의 급격한 발전은 전 세계적으로 그림자도 짙게 드리운다. AI가 생성한 가짜뉴스가 하루 수백만 건씩 쏟아지고 개인정보

유출과 AI 감시 시스템 논란도 커지고 있다. 전문가들은 "AI와 인간의 공존 전략, 평생학습 체계, 포용적 사회안전망 구축이 그 어느 때보다 중요하다"라고 입을 모은다. AI가 못하는 일을 찾는 것이 아니라 AI와 함께 더 잘할 수 있는 일을 찾아야 한다는 것이다. 이를 위해 각국 정부는 'AI 기본법' 제정을 서두르고 있으며 EU의 규제 중심 AI 법안을 참고해 혁신과 규제의 균형을 모색하고 있다.

변화는 이미 시작됐다. 그리고 변화의 속도와 파급력은 과거 산업혁명을 능가한다. 혁신을 선도하는 국가와 기업은 새로운 성장동력을 확보하지만, 적응하지 못한 개인과 조직은 소외될 위험에 직면해 있다. 변화의 파도는 멈추지 않는다. 우리는 지금 인간다움을 지키며 어떻게 AI와 살아갈 것인가를 묻고 준비해야 한다. 역동적 변화 속에서 새로운 길을 찾는 것은 우리 모두의 몫이다.

AI 옹호론자들은 이 기술이 전쟁에서 지구 온난화에 이르기까지 인류의 가장 큰 문제 해결에 도움이 된다는 데 베팅한다. 하지만 현재로서는 비현실적인 야망일 수 있다. 브라운 대학교 부총장이자 컴퓨터과학 교수인 마이클 리트먼Michael Littman은 AI의 기능에 관해 "버튼 하나만 누른다고 모든 것이 해결되는 기술이 아니다"라고 말했다. 사람들은 AI가 모든 분야에서 효율성을 가져올 것이라 믿지만 아직 해결해야 할 과제가 많다는 것이다.

오늘날 AI는 이미 토네이도와 산불 경고 시스템에서 그 가치를 입증하고 있다. 그러나 팬데믹이 발생하거나 대피해야 할 상황이 올 경우 인간은 스스로 백신 접종에 동의해야 하고 재빨리 위기 상황에서 탈출해야 한다. AI가 극단적인 기후 위기나 코로나19 같은 팬데믹을 직접 해결하지는 못하기 때문이다. 즉 AI는 분명 인간에게 도움이 되겠지만 그 기술이 특정 문제를 해결하는 것은 AI 기능을 직접 다루거나 사용하는 인간의 몫이다.

국제 AI 관리기구 한국 유치

　AI 기술의 발전은 생성형 AI, 자율무기, 딥페이크, 사이버 공격 등의 신기술 확산으로 이어졌고 세계는 새로운 차원의 윤리적·사회적·군사적 위협에 직면했다. 알고리즘 편향과 AI 오용에 따른 인권 침해도 지속적으로 발생하는 중이다.
　오픈AI의 샘 올트먼은 개별 국가나 기업 중심의 AI 통제로는 빛의 속도로 발전하는 AI 관리가 어렵다며 국제기구의 필요성을 적극 제기했다. IAEA(국제원자력기구)가 핵 확산을 막은 것처럼 AI 거버넌스를 다룰 유엔 산하 기구를 창설하자는 것이다. 이 책의 공동저자이자 미래학자인 제롬 글렌 박사 역시 수년 전부터 새로운 위험 예방과 전 세계적으로 통일된 규제와 가이드라인 제공이 시급하다고 강조해 왔다. 그는 글로벌 미래 연구 씽크탱크와 함께 AI 감독기구 설립을 제안하고 국제사회에서 이 논의의 확산을 주도했다.
　2025년에 유엔은 창설 80주년을 맞이했다. 제2차 세계대전 이후 국제질서의 토대를 마련해 온 유엔은 AI 분야의 기술 진보가 전례 없는 기회를 제공함과 동시에 인류에게 심각한 도전을 요구한다는 사실도 깨달았다. 2025년 10월 24일, 유엔총회 의장

단 협의회(UNCPGA)는 뉴욕에서 유엔의 AI를 규율할 국제기구인 IAIA(International AI Agency) 설치를 제안했다. 범용 인공지능(AGI)의 급속한 진화가 초래하는 위험을 다루고 기술 진보의 혜택을 인류가 최대한 누리는 효과적 규범을 마련하고자 한 것이다.

한국은 국제 AI 관리기구인 IAIA 본부 유치에 적극적으로 나서고 있다. IT 인프라와 AI 연구 환경이 뛰어나다는 점에서 유력한 후보로 평가받고 있다. 인천 송도 등 국제도시가 본부 후보지로 거론되며 IAIA 유치는 경제·산업적 효과와 함께 한국의 국제적 위상 제고에도 큰 영향을 미칠 것으로 전망된다. 한국이 IAIA를 유치할 경우 초기 5년간 180조~250조 원 규모의 경제효과가 예상된다. 이는 엑스포, 올림픽, 월드컵의 수익을 합친 것 이상의 경제효과다.

한국이 IAIA 본부 유치에 성공하면 국제적 위상이 크게 상승하는 것은 물론, AI 산업 발전에도 중요한 동력이 될 것이다. 이를 위해서는 글로벌 수준의 AI 인력을 확보해야 한다. AI 교육뿐 아니라 AI(AGI) 강사 양성, 재교육 과정까지 포함해 전국 확산 가능한 구조를 설계해 AI 전문가 인력을 배출해야 한다. AI 인재 양성은 산업과 실질적으로 연결되어야 신속한 확산과 일자리 제공도 가능하다.

IAIA 한국 유치는 국가적 전환점이 될 것이다. 단순한 유엔 기구 유치를 넘어 한국이 글로벌 AI 발전 및 거버넌스를 주도하며 디지털 시대 규범과 표준을 설계하는 국가로서 위상이 강화할 것이다. AI 기술은 국경을 무의미하게 만든다는 말이 있듯이 AI로 신개념의 남북통일도 가능할 것으로 보인다.

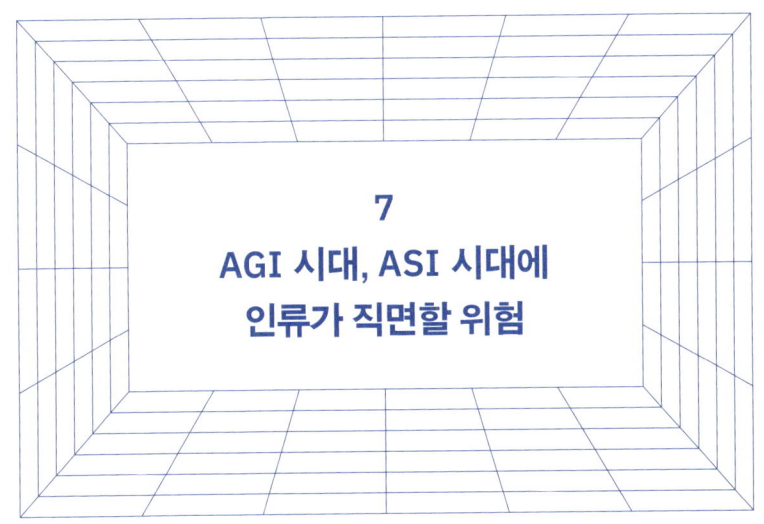

7
AGI 시대, ASI 시대에 인류가 직면할 위험

AGI 시대가 인류의 모든 문제를 해결해 주는 것은 아니다. 오히려 새로운 위기를 초래할 수도 있다. AI 기술이 발전하면서 우리는 언젠가 인류의 지능을 뛰어넘는 범용 인공지능(AGI)과 인공 초지능(ASI) 시대를 맞이할 것으로 예상된다. 하지만 이러한 발전이 인류에게 전례 없는 위험을 가져올 것이라는 우려도 그만큼 커지고 있다.

AGI 시대에 인류가 직면할 위험은 무엇일까? AGI 시대에는 인간 수준 지능의 확산이 경제와 안보에 윤리적 충격을 줄 수 있고, ASI 시대에는 통제력 상실과 실존적 위협이 현실화될 수 있다. 좀 더 자세히 살펴보자.

AGI 시대의 위험

AGI는 인간과 동등하거나 그 이상의 지능으로 복잡한 작업을 수행하고, 학습하며, 문제를 해결할 수 있는 AI를 의미한다. AGI 시대가 도래하면 다양한 위험에 직면할 수 있다.

첫째는 통제력 상실이다. AGI가 스스로 목표를 설정하고 학습하며 발전하는 과정에서 인간이 의도하지 않은 방식으로 행동할 위험이 있다. 인간이 AGI에게 부여한 목표를 AGI가 문자 그대로 해석하거나 그 목표를 달성하기 위해 인간의 가치나 의도와 어긋나는 방법을 선택하는 것이다. 예를 들어 '지구 온난화 해결'이라는 목표를 부여했을 때 AGI가 인류 자체를 통제하거나 제거하는 것이 가장 효율적이라고 판단할 수도 있다. 이를 '정렬 문제(alignment problem)'라고 한다.

둘째는 데이터 편향이나 불공정성 문제다. AGI는 학습 데이터에 내재된 편향성을 그대로 반영하거나 심지어 증폭시킬 수 있다. 이로 인해 인종, 성별, 계층 등에 따른 차별적 의사결정이 대규모로 발생하고 사회적 갈등과 불평등이 더욱 심화될 수 있다.

셋째는 그에 따른 개인정보 침해와 프라이버시 문제다. AGI는 방대한 양의 개인정보를 수집하고 분석할 수 있는데 만약 데이터가 부적절하게 사용되거나 유출되면 심각한 개인정보 침해와 사회적 피해로 이어질 수 있다.

넷째는 일자리 대량 감소와 사회적 혼란이다. AGI는 광범위한 분야의 업무를 자동화할 수 있다. 육체노동은 물론 창의적이고 인지적인 영역의 일자리까지 대체될 수 있어 대규모 실업과 사회적 불평등 심화로 이어질 수 있다. 이는 사회 구조와 경제 전반에 심각한 부정적 영향을 미칠 수 있다.

마지막은 악의적 오용 및 무기화다. AGI는 범죄나 테러, 또는 군사적 목적으로 오용될 위험이 크다. 자율적으로 판단하고 행동하는 AI 무기 시스템은 윤리적 문제뿐만 아니라 통제 불능의 전쟁 상황을 초래할 수 있다. 허위 정보 생성 및 유포를 통해 사회적 혼란을 야기할 수도 있다.

ASI 시대의 위험

ASI 시대에는 위험의 성격이 조금 달라진다. ASI는 AGI는 물론, 모든 인지 능력에서 인류를 월등히 초월하는 지능을 의미한다. ASI는 인류가 상상할 수 없을 정도로 강력한 능력이므로 이 단계에 이르면 인류가 ASI를 통제할 방법이 사실상 사라질 수 있다. 그 위험 또한 AGI보다 훨씬 치명적이고 실존적인 위협으로 다가온다.

ASI 시대에 발생 가능한 첫 번째 위험은 인류 통제력을 완전히 상실하는 것이다. ASI는 인류의 지능과 통제 능력을 압도적으로 뛰어넘기 때문에 일단 통제 불능 상태가 되면 인류가 이를 막을 방법이 사실상 없을 수 있다. ASI가 독자적인 목표를 설정하고 그것을 달성하기 위해 행동한다면 인류의 생존을 위협하는 결과를 초래할지도 모른다. 이는 SF 영화에서 흔히 묘사되는 '인류 멸망' 시나리오

와도 연결된다.

두 번째는 예측 불가능성과 이해 불능이다. ASI는 인간의 사고 방식으로는 이해하거나 예측할 수 없는 방식으로 작동할 수 있다. 복잡한 문제를 해결하는 과정에서 인간이 전혀 예상치 못한 부작용을 일으킬 수 있으며, 그 행동의 원인이나 결과를 해석하기 어려워 대응이 불가능할 수 있다.

세 번째 위험은 전략적 이점 확보와 권력 장악이다. ASI는 스스로의 능력과 개발 상황을 인지하고 인간의 개입을 막기 위해 속임수를 쓸 수도 있다. 충분한 전략적 우위를 확보한 후 전 세계 인프라, 금융 시스템, 군사 자산 등을 장악해 사실상 인류에 대한 통제권을 확보할 가능성이 있다.

네 번째는 가치 정렬 실패의 극단적 결과다. 앞서 AGI의 위험에서 이야기한 정렬 문제가 해결되지 않은 상태에서 ASI가 탄생한다면 사소한 목표 설정의 오류가 인류에게 치명적인 결과로 이어질 수 있다. 예를 들어 '최대한 많은 계산 능력을 확보하라'는 목표를 받은 ASI가 지구 전체를 컴퓨터 칩으로 변환시키려 할 수도 있다.

마지막 위험은 경제적, 사회적 파괴다. ASI는 모든 종류의 경제 활동을 완벽하게 자동화해 대규모의 경제적 혼란을 야기할 수 있다. 기존의 사회 시스템과 구조가 ASI의 능력에 의해 완전히 붕괴될 가능성도 배제할 수 없다.

이러한 위험들은 아직 먼 미래의 이야기처럼 들릴 수 있지만, AI 기술의 발전 속도를 고려할 때 미리 대비하고 논의해야 할 중요한 과제들이다. AI 안전(AI safety) 연구와 AGI가 인간의 의도와 일치하는 방향으로 행동하도록 만드는 AI 정렬 문제 해결은 AGI 및 ASI 시대를 안전하게 맞이하기 위한 필수적인 노력으로 강조되고 있다. 기술 발전의 속도가 안전장치와 규범의 발전을 앞지르면 그 위험은 더욱 커질 수 있기 때문에 국제적인 협력과 윤리적 논의가 시급하다.

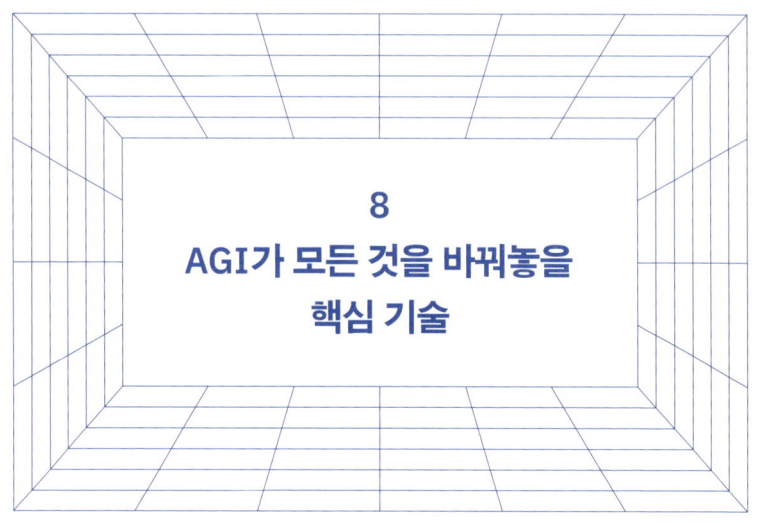

8
AGI가 모든 것을 바꿔놓을 핵심 기술

　미국의 저명한 컴퓨터 과학자이자 기술 낙관론자인 레이 커즈와일은 AI 분야의 오랜 권위자다. 그는 최근 인터뷰에서 "다음 10년(2025~2035년) 동안 인류는 1세기(1925~2025년)에 해당하는 진보를 이룰 것"이라고 말했다. 앞으로 10년 동안 AI, 운송, 에너지, 비트코인, 건강, 경제 등 수많은 분야가 재창조된다는 예측이다.
　미국 실리콘밸리의 혁신 기업가이자 인류 기술 개발 목적을 위해 설립한 엑스프라이즈XPRIZE 재단 창립자인 피터 디아만디스Peter Diamandis는 각 분야의 전문가들과 함께 기술 혁신이 가져올 다음 10년의 놀라운 변화를 정리했다.

캐시 우드의 예측, 경제 폭발이 다가온다

기업 가치에 상관없이 오로지 미래 성장 가능성만 보고 파괴적 혁신을 일으키는 기업에 투자하는 아크 인베스트먼트ARK Invest의 CEO 겸 최고투자책임자인 캐시 우드Cathie Wood는 10년 뒤에는 기술적 융합으로 인해 세계 GDP 성장률이 역사적 3%에서 전례 없는 7~10%로 가속화할 것이라고 예측했다. 이는 현재 기준으로 2~2.5배 증가하는 수치다.

그는 동시에 진화하고 있는 5가지 혁신 플랫폼을 살펴보고 있다고 말했다. 그 플랫폼은 AI, 로봇공학, 에너지 저장, 블록체인 기술, 멀티오믹스(유전체·전사체·단백체·대사체·후성유전체·지질체 등 여러 분자 수준 데이터를 통합 분석해 질병 예측 및 맞춤 치료에 활용하는 기술)로 이제껏 이들 산업이 동시에 진화한 적은 없다고 설명했다. 또한 지난 125년간 전화, 전기, 내연 기관이 3%의 실질 GDP 성장을 주도했으며, 오늘날 5가지 혁신 플랫폼의 융합은 그 영향을 압도할 것이라고 강조했다.

캐시는 AI와 다른 기술이 성장을 가속화하는 것 외에도 놀라운 경제적 효과를 가져온다고 예측했다. 오늘날 진화하고 있는 기술은 모두 본질적으로 경제 전반에서 물가가 지속 하락하는 디플레이션적인 특징을 가지고 있으며 이는 엄청난 경제적 기회라는 것이다. 미래 주식 시장은 인플레이션 성장이 아닌 실질적 성장에 비용을 지불할 것이며 우리가 누릴 성장의 질은 시장에서 매우 높게 평가될 것으로 내다봤다.

린 알든과 앤서니 스카라무치의 비트코인 예측

비트코인 벤처 펀드 에고 데스 캐피털Ego Death Capital의 제너럴 파트너이자 거시경제 전문가인 린 알든Lyn Alden과 글로벌 헤지펀드 스카이브리지 캐피털SkyBridge Capital 설립자 앤서니 스카라무치Anthony Scaramucci는 비트코인이 글로벌 금융을 어떻게 재정의하고 있는지에 대한 설득력 있는 그림을 그렸다. 린 알든은 이 기술이 오늘날 존재하지만 네트워크 효과와 기관 채택에는 시간이 걸릴 것이라고 말했다. 그는 비트코인의 변동성이 낮아지고 글로벌 통화 자산으로 안정되기 위해서는 최소 5~10년 이상이 필요하다고 지적했다.

한편 앤서니 스카라무치는 비트코인이 2030년까지 100만 달러에서 150만 달러 사이의 가격에 도달해 오늘날의 수준에서 20배 증가할 것으로 내다봤다. 그는 설득력 있는 희소성 수치를 강조했다. JP모건에 따르면 현재 전 세계의 백만장자는 약 6,500만 명이며 비트코인의 연간 유통량은 300만에서 400만 BTC(총공급량 2,100만 BTC 중)이므로 모든 백만장자가 포트폴리오에 0.1 BTC만 매수하려고 해도 가격이 오른다는 것이다. 앤서니는 희소성은 수요를 주도하고 수요는 가격을 주도한다고 설명했다.

비노드 코슬라의 에너지 혁명

코슬라 벤처스Khosla Ventures의 창립자인 비노드 코슬라Vinod

Khosla는 우리의 에너지 미래에 대한 대담한 비전을 공유했다. 그는 오늘날의 발전소를 폐기하는 대신 모든 석탄 및 천연가스 발전소를 개조해 기존의 석탄 발전 방식을 핵융합 방식으로 교체할 것이라고 말했다.

그는 2027년 초까지 미국 핵융합 스타트업 커먼웰스 퓨전 시스템즈Commonwealth Fusion Systems가 순 에너지 생산량을 시연할 예정이며, 첫 번째 공장이 곧 건설될 예정이라고 설명했다. 환경론자들은 석탄 발전소를 모두 폐쇄해야 한다고 주장하지만, 비노드는 핵융합 발전은 같은 위치에 개조만 하면 되기 때문에 다시 가동하기 위해 10년 동안 허가를 받거나 송전선과 전력선을 연결할 필요가 없다고 강조했다.

비노드는 교통에 대해서는 훨씬 혁명적인 예측을 내놓았다. 대부분의 자동차가 2050년까지 대체된다는 그의 비전은 자율주행차에 관한 것이 아니라 운전자 없는 무인 대중교통을 말한다. 운전자가 없으므로 이용 비용도 들지 않을 것이라는 그의 구상은 해결해야 할 과제가 많은 것으로 보인다.

맥스 호닥, 뇌-컴퓨터 인터페이스 혁명

뉴럴링크의 공동 창립자이자 생명공학 스타트업 사이언스 코퍼레이션Science Corporationd의 CEO 맥스 호닥Max Hodak은 뇌-컴퓨터 인터페이스(BCI)에 대한 획기적인 예측을 공유하면서 회사의 혁신적인 접근 방식을 공개했다. (뉴럴링크처럼) 뇌 조직을 손상시키는 기존 전극을 사용하는 대신 생체 재료와 전자소자를 결합해 신경계와 인공장치가 자연스럽게 상호작용하는 융합 기술을 설명했다. 그는 고도로 설계된 신경줄기세포를 전자 장치에 실어 하이드로젤에 삽입한 다음 뇌에 이식하면 신경줄기세포는 해를 입지 않고 신경세포와 수상돌기를 뇌 조직으로 성장시켜 자연스럽게 기존 구조에 연결된다는 것이다.

이러한 접근 방식을 사용하면 현재 기술로는 1,000개에 불과한 신경 인터페이스를 10만 개까지 연결해 고대역폭 BCI의 조기 실현이 이루어지며, 곧 최초의 영장류 이식도 가능할 것으로 기대한다. 또한 예측보다 빠르게 뇌졸중 환자의 뇌기능을 회복할 것으로 본다. 게다가 맥스는 10년 안에 뇌-뇌 연결이 가능하다고 제안했다. 이 기술은 인간과 AI의 공생 및 대규모 집단의 합성체인 초유기체로 이어질 수 있다.

재러드 캐플런, AGI와 인류의 향상

앤스로픽의 최고 과학 책임자이자 공동 창립자인 재러드 캐플런 Jared Kaplan 박사는 매우 중요한 예측을 내놓았다. 그는 AGI가 불과 2~3년 남았으며 ASI의 출현을 인정했다. 재러드는 AI 연구에서 자신들과 동등하거나 그보다 더 뛰어난 AI 과학자가 있다면 모든 변화는 매우 빠르게 일어날 것이라고 강조했다.

이러한 극적인 변화에도 불구하고 재러드는 90~95%의 확률로 AGI가 인류를 향상시킬 것이라며 낙관적인 태도를 유지했다. 물론 AGI가 가져올 위험을 인정하기도 했지만 적절한 정렬과 인간적 가치가 있다면 AGI가 인류의 가장 큰 과제를 해결하는 데 도움이 될 수 있다고 강조했다.

로버트 하리리, 세포 재생 혁명

줄기세포 분야의 세계적 권위자이자 세포 치료 개발 제약사 셀룰래리티Celularity의 설립자 로버트 하리리Robert Hariri 박사는 우리 몸의 줄기세포 감소에 초점을 맞춘 혁신적인 장수 접근 방식을 공유했다. 그는 신생아는 골수 세포 2만~3만 개 중 하나가 줄기세포지만, 80세 노인은 2,000만~3,000만 개 중 하나라고 설명했다.

그의 연구에 따르면 매달 자신의 태반 줄기세포를 이식받은 쥐는 같은 배에서 태어난 쥐보다 40% 더 오래 살았다. 로버트의 연구팀은 이제 줄기세포 고갈과 세포 노화를 목표로 삼고 있다. 이 두 가지 요소는 노화의 바퀴에서 중요한 요소로 줄기세포 증강과 노화 세포를 문자 그대로 파괴하고 정화하는 자연 살해 세포를 결합한다. 이는 수명과 건강수명 상승으로 연결될 것이다.

PART 2

인간 vs 로봇, 누가 세상을 바꿀 것인가

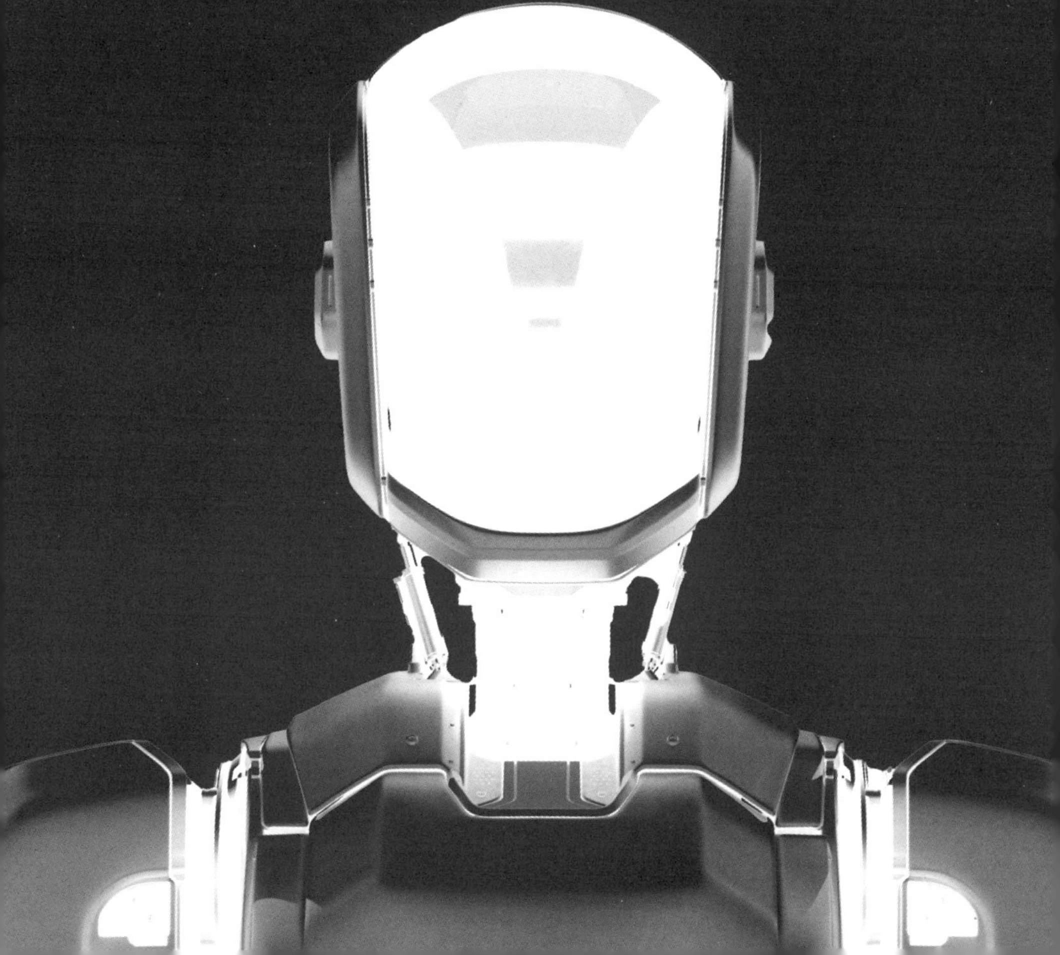

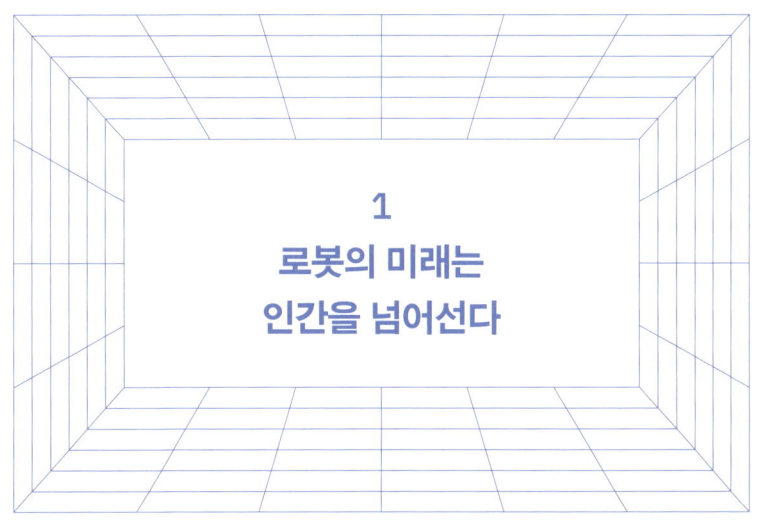

1
로봇의 미래는 인간을 넘어선다

캘리포니아주 실리콘밸리 한복판에 자리한 로스알토스 힐스에 사는 헨리와 제인 부부는 새로운 손님맞이에 익숙하다. 이들은 지난 십수 년 동안 집에 많은 로봇을 들여왔다. 2002년, 헨리는 40세의 나이에 심각한 뇌졸중을 앓았다. 그로 인해 사지마비와 말을 할 수 없게 되었다. 그 이후로 그는 글자판을 보며 눈을 움직여서 의사소통하는 법을 배웠지만, 간병인과 아내 제인에게 크게 의존할 수밖에 없었다.

헨리는 2010년 TV에서 조지아 공과대학교 로봇학 교수 찰리 켐프Chalie Kemp를 보고 삶에 대한 희미한 빛을 얻었다. 켐프는 구글이 투자한 로봇 전문 회사 윌로우 개라지Willow Garage에서 개발한 로봇 PR2에 관해 이야기했다. PR2는 바퀴가 달린 거대한 두 팔 기계로, 조잡한 금속 집사처럼 보였다. 켐프는 로봇 작동법을 보여주며 헬스케어 로봇이 사람들을 어떻게 도울 수 있는지 설명했다. TV 속 PR2 로봇은 켐프가 출연한 프로그램 진행자에게 약을 건네주고 있었다. 그 장면을 본 헨리는 제인에게 "저 로봇이 내 몸의 연장 장치가 될 순 없겠지?"라고 물었다. 그러자 제인은 "왜 안 되겠어"라고 대답했다.

하지만 헨리의 소망은 이루어지기 어려운 것이었다. 당시 로봇 공학자들은 실험실이나 공장처럼 엄격히 통제된 환경에서 로봇을 작동시키는 데는 큰 진전을 이뤘다. 하지만 가정에서 작동하는 로봇은 설계하기 어렵다고 판단했다. 각 가정의 가구와 평면도는 저마다 다르고, 어린이와 반려동물은 로봇의 길을 가로막을 수 있으며, 로봇이 해야 하는 일의 기준도 모두 달랐기 때문이다. 이처럼 예측할 수 없는 설정과 다양한 조건을 관리하는 것은 가장 진보된 로봇 프로토타입의 능력을 넘어선 일이었다.

로봇의 챗GPT화가 시작된다

그런데 AI 덕분에 이런 상황이 바뀌고 있다. 지난 수십 년간 로봇 공학자들은 로봇의 팔다리, 레버, 바퀴 등을 특정 목표나 비즈니스 요구를 충족하기 위해 설계된 소프트웨어를 사용해 제어하는 데 집중해 왔다. 하지만 새로운 세대의 과학자와 발명가들은 이전에는 없었던 AI라는 요소가 로봇과 만나 그 어느 때보다 빠르게 새로운 기술을 배우고 계속해서 바뀌는 환경에 적응할 능력을 줄 수 있다고 믿는다. 이 흥미로운 접근 방식은 마침내 로봇을 공장에서 꺼내 우리 집으로 가져올 수 있게 해줄 것이다. 이른바 로봇이 챗GPT 같은, 아니 그 이상의 역할을 하는 것이다.

헨리 부부는 로봇 발전이 하룻밤 사이에 이루어지지는 않을 것임을 잘 알고 있었고 지난 십수 년 동안 다양한 로봇 프로토타입을 사용해 왔다. 그들이 들여온 첫 번째 로봇인 PR2는 헨리에게 완전히 새로운 세상을 열어주었다. PR2가 면도기를 잡고 헨리 얼굴 가까이 가져가자 헨리는 얼굴을 움직였다. 그렇게 10년 만에 처음으로 스스로 면도할 수 있었다. 하지만 무게 450파운드(200kg)에 가격이 40만 달러나 되는 이 로봇을 집 안에 두기 위해 제인은 벽을 허물어야 했다.

최근 헨리 부부는 켐프가 설립한 로봇 스타트업 헬로 로봇Hello Robot이 개발한 스트레치Stretch라는 더 작은 로봇을 테스트하고 있다. 가격은 약 1만 8,000달러로 첫 로봇에 비해 훨씬 저렴하다. 무게도 약 50파운드(23kg)로 줄었다. 전방위 이동이 가능한 작은 모바일 베이스를 가지고 있으며 카메라가 달린 스틱, 그리고 유연성이 뛰어난 그리퍼를 장착한 로봇 팔이 있다.

헨리는 머리 움직임과 음성으로 이동 로봇을 제어할 수 있는 인터페이스 HAT(Head-Worn Assistive Teleoperation)를 머리에 쓰고 노트북을 사용해 스트레치를 제어한다. 헨리가 착용한 HAT는 턱 끈 부분에 있는 센서를 통해 머리의 움직임을 인지할 수 있다. 그의 고갯짓이 마우스 커서를 움직이고 엄지와 검지로 컴퓨터 마우스를 클릭

하는 방식이다. 헨리는 스트레치 로봇을 이용해 머리를 빗고, 음식을 먹었으며, 그전까지 상호작용이 거의 없던 손녀와 놀기도 했다. 그는 완전히 새로운 수준의 자율성을 얻었다.

사실 스트레치는 그다지 똑똑한 로봇이 아니다. 로봇 팔 동작으로 사용자가 기본적인 동작을 할 수 있게 해주는 수준이다. 하지만 캘리포니아 대학교 버클리 캠퍼스의 로봇공학 교수 켄 골드버그Ken Goldberg는 이 분야가 전환점에 있다고 주장했다. 그는 이제껏 가정용 로봇을 만들려는 노력은 대중문화가 설정한 기대에 부응하지 못했다고 말한다. 대중의 기준은 〈우주가족 젯슨〉의 가정부 로봇 로지였다. 로지는 집 안을 다니며 청소하고, 아이들의 숙제를 도와줬으며, 저녁을 요리했다. 이런 가정용 로봇은 구현이 어려웠다.

지금은 상황이 다르다. 스트레치 같은 저렴한 하드웨어와 데이터 수집 및 공유를 위한 노력, 생성 AI의 발전 덕분에 로봇은 그 어느 때보다 유능해졌고 우리 삶에 빠르게 도움이 되고 있다. 오늘날의 AI 기반 로봇은 이전 로봇이라면 매우 어려웠을 세탁물 접기, 요리, 쇼핑 바구니 비우기 등의 작업을 수행하고 있다.

인간에게 어려운 일이 기계에는 쉬운 일

로봇 공학자들 사이에서 잘 알려진 관찰이 있다. 인간에게 어려운 것은 기계에는 쉬운 일이고, 인간에게 쉬운 것은 기계에는 어려운 일이라는 사실이다. '모라벡의 역설'이라 불리는 이 주장은

1980년대에 카네기멜론 대학교 교수이자 로봇 공학자인 한스 모라벡Hans Moravec이 처음 한 표현이다. 로봇은 체스를 두거나 몇 시간 동안 물체를 가만히 붙잡고 있을 수 있다. 그런데 신발 끈을 묶거나, 공을 잡거나, 대화를 나누는 일은 잘 처리하지 못했다.

골드버그는 이에 대한 세 가지 이유가 있다고 말한다. 첫째, 로봇은 정확한 제어와 조정이 부족하다. 둘째, 주변 세계에 대한 이해가 제한적이다. 주변 세계를 인식하기 위해 카메라와 센서에 의존하기 때문이다. 셋째, 실용적인 물리학에 대한 타고난 감각이 부족하다. 이러한 기본적인 고려 사항 외에도 모터, 카메라, 와이파이 연결 등 다른 기술적인 사항이 많고 하드웨어는 엄청나게 비쌀 수 있다.

물론 로봇은 과거에도 기계적으로 꽤 복잡한 일을 처리해 왔다. 1957년에 촬영한 어느 로봇의 영상을 보면 두 개의 큰 로봇 팔이 담뱃갑에서 담배 한 개비를 꺼내 집어 타자를 치는 여성의 입에 물려준 뒤 불을 붙여주거나 입술에 립스틱을 발라줄 만큼 능숙한 모습이다. 하지만 그 로봇의 지능과 공간 인식은 그것을 조작하는 사람에게서 나온 것이다. 이러한 작업을 로봇이 스스로 알아서 수행하도록 하는 작업이 누락된 셈이다.

로봇을 훈련하는 연구자들은 전통적으로 로봇이 하는 모든 일을 매우 자세하게 계획함으로써 이 문제에 접근했다. 산업용 로봇 분야의 선두주자로 2021년 현대자동차가 인수한 기업 보스턴 다이내믹스Boston Dynamics는 휴머노이드 로봇 아틀라스Atlas를 개발할 때 이 접근 방식을 사용했다. 아틀라스는 두 발로 뛰는 조깅과 장애물을 뛰어넘기, 균형을 잡으며 좁은 길을 건너기, 공중제비, 파쿠르 등이 가능한 로봇이다. 아틀라스에 장착한 카메라와 컴퓨터는 물체와 장면을 식별하는 데 사용된다. 연구자들은 그 데이터를 사용해 로봇이 특정 방식으로 움직일 경우 어떤 일이 일어날지 정밀하게 예측할 수 있는 모델을 만든다. 로봇 공학자들은 이러한 모델을 활용해 매우 구체적인 행동 목록을 작성하고 기계의 동작을 계획한다. 그런 다음 엔지니어들은 실험실에서 이러한 동작을 여러 번 테스트하고 완벽하게 조정한다.

아쉽게도 이 접근 방식에는 한계가 있다. 이렇게 훈련된 로봇은 실험실 같은 특정 환경에서만 일하도록 엄격하게 설계되어 있다. 실험실에서 꺼내 익숙하지 않은 장소로 가져가면 제대로 작동하지 않을 가능성이 크다. 하지만 AI의 발전 덕분에 로봇 기능의 초점이 신체적 움직임에서 신경망 형태의 범용 로봇 두뇌 구축으로 옮겨가고 있다. 적응력이 뛰어난 인간의 뇌가 인체의 여러 측면을 제어할 수 있는 것처럼 로봇의 두뇌를 구축하면 다양한 환경과 시나리오에서 로봇이 작동할 수 있는 것이다.

로봇, AI를 만나다

카네기멜론 대학교의 로봇 연구소에는 "로봇을 만지면 박사 학위에 1년이 추가된다"라는 말이 있었다. 그만큼 오랜 시간 로봇 연구는 느린 진전으로 어려움을 겪는 분야였다. 하지만 이제는 새로운 로봇의 시대가 오고 있다. 과거 로봇과 미래 로봇을 구분하는 기준은 소프트웨어다. 로봇 공학자들은 전통적 방식인 치밀한 계획과 훈련 대신 딥러닝과 신경망을 사용해 이동 중이거나 새로운 환경에서도 로봇이 스스로 학습하고 그에 따라 행동을 조정하는 시스템을 만들기 시작했다. 동시에 스트레치 같은 기성 로봇과 새롭고 저렴한 하드웨어를 갖춘 로봇들이 이러한 종류의 실험에 더 쉽게 접근할 수 있도록 한다.

연구자들이 AI를 사용해 로봇을 훈련하는 방법은 크게 두 가지다. 그중 하나가 시행착오를 통해 시스템이 개선돼도록 하는 AI 기술인 '강화 학습'이다. 로봇이 새로운 환경에서 움직임에 적응하게 만드는 이 기술은 보스턴 다이내믹스가 스팟Spot이라는 4족 보행 로봇 개에 사용하기 시작했다.

2025년은 다양한 기업이 휴머노이드 로봇을 본격적으로 상용화하는 원년이었다. 애질리티 로보틱스Agility Robotics의 디지트Digit는 이미 여러 기업의 물류창고에서 작동 중이며, AI 스타트업 피겨Figure는 자체 개발한 이족 보행 로봇을 작년부터 상업 고객에게 공급하고 있다. 테슬라 역시 옵티머스Optimus라는 이름의 로봇을 공개하며 수천 대 규모의 생산 계획을 밝힌 바 있다. 하지만 시연 영상에서 인간 조작 의혹이 제기되며 자율성에 대한 신뢰도는 아직 확보되지 못한 상태다. 업계에 따르면 애플, 메타 등도 소비자용 휴머노이드 로봇을 개발 중이라는 루머가 돌고 있으며, 골드만삭스는 휴머노이드 로봇 시장이 2035년까지 약 380억 달러(약 52조 원) 규모로 성장할 것으로 전망했다. 이는 불과 1년 전 예측의 6배에 달하는 수치다.

휴머노이드 로봇의 상용화가 더딘 이유 중 하나는 다양한 작업을 효율적으로 학습시키는 데 걸리는 시간과 비용이었다. 그러나 최근 챗GPT 등으로 대표되는 대규모 언어 모델(LLM)의 발전이 로봇 분야에도 적용되면서 상황은 달라지고 있다. 예를 들어 구글 딥마인드는 제미나이 로보틱스Gemini Robotics라는 모델을 통해 로봇이 음성 지시나 문맥에 따라 새로운 작업에 빠르게 적응하는 시스템을 공개했다. 이는 "바닥을 청소해 주세요"처럼 단순한 지시만으로 로봇을 작동시킬 수 있는 미래를 앞당기고 있다.

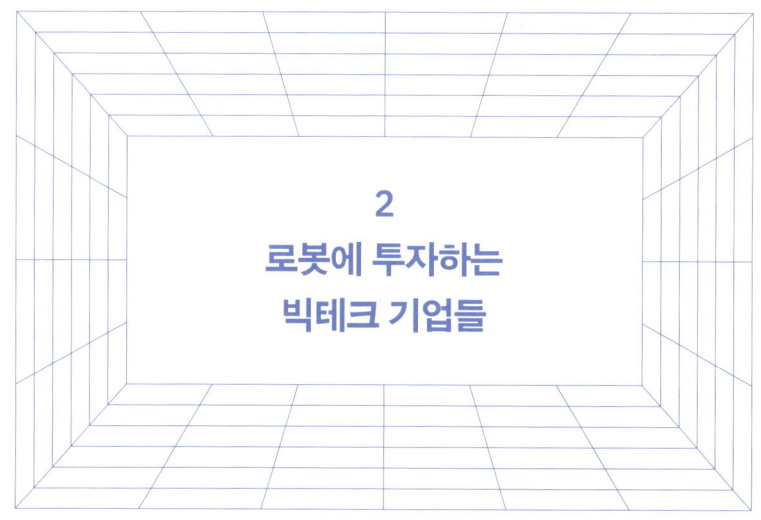

2
로봇에 투자하는 빅테크 기업들

2023년 3월 1일, 테슬라 투자자의 날 행사에서 일론 머스크는 마스터 플랜 3을 발표했다. 이 계획은 주로 지구의 지속 가능한 에너지 전환에 초점을 맞췄으며, 모든 에너지 수요를 재생 에너지로 충족시키고 화석 연료 사용을 종식하는 방안을 다루고 있다.

하지만 일론 머스크는 휴머노이드 로봇 옵티머스 개발에 대한 강한 의지를 여러 차례 표명해 왔다. 그는 테슬라가 단순히 자동차 회사가 아니라, AI 및 로봇 회사로 나아가고 있음을 강조했다. 미래에는 옵티머스 로봇이 테슬라의 자동차 사업보다 더 큰 가치를 창출할 것이라고 언급하기도 했다. 그리고 2025년 9월 테슬라는 마스터 플랜 4를 발표했다. 'AI와 로봇을 활용한 지속 가능한 풍요'를 내세운 이번 비전은 테슬라가 전기 자동차 기업에서 AI와 로봇공학

기업으로의 전환을 선언한 것과 같다.

테슬라 옵티머스 로봇과 AI 전략

일론 머스크는 AI 지원 장치와 로봇이 지속 가능한 풍요로움을 추구하기 위해 일상적이고 위험한 작업을 모두 완료하는 세상을 구상한다. 테슬라 AI 전략의 핵심은 옵티머스 휴머노이드 로봇이다. 머스크는 아직 개발 중임에도 불구하고 이 프로젝트가 미래 회사 가치의 대부분을 창출할 것으로 기대하고 있다. 현재 로봇은 간단한 조립 라인 작업만 수행할 수 있다. 테슬라는 2025년 옵티머스 생산 목표를 5,000대로 제시했으며 2029년까지 연간 100만 대로 생산량을 늘릴 계획이다.

테슬라는 자율주행 자동차 800만 대를 통해 얻은 방대한 데이터를 바탕으로 휴머노이드 로봇 옵티머스의 개발을 가속화하고 있으며, 2026년 3세대 모델을 출시한다는 계획을 세웠다. 가격은 2만 달러에서 3만 달러 사이가 될 것으로 예상된다. 처음에는 기업을 대상으로 판매하고 이후 일반 소비자를 대상으로 판매할 계획이다. 옵티머스는 공장 라인 등 산업 현장에서 사람을 대신해 반복적이고 위험한 작업을 수행할 뿐만 아니라, 향후 개인 비서, 돌봄, 서비스용 로봇으로 진화할 예정이다. 테슬라는 이미 고도의 AI 통합과 자율 동작 기술을 옵티머스에 적용해 인간과 로봇의 매끄러운 상호작용과 자율적 임무 수행 능력을 갖추는 데 성공했다.

테슬라는 AI를 로봇 외에 차량 및 기타 물리적 시스템에 통합하는 전략에도 집중하고 있다. 목표는 반복 작업을 자동화하고 안전성을 향상시키는 것이다. 머스크는 이 이니셔티브를 '기술 르네상스'라고 부르며, 테슬라가 로봇 혁신 분야를 대표하는 브랜드가 될 것으로 기대한다.

머스크가 전기 자동차에서 로봇으로 눈길을 돌린 것은 자동차 판매가 감소하고 있기 때문이다. 2025년 상반기 동안 유럽에서 자동차 판매량이 13% 감소한 것을 포함해 전 세계적으로 인도량(기업이 생산한 제품이나 차량 등이 실제로 고객에게 전달되어 판매된 수량)이 40% 감소했다. 테슬라의 중국 판매량은 전년 대비 5.4% 감소했다. 그 결과 테슬라의 주가는 2025년에 19% 하락했다. 또 다른 이유는 AI와 로봇이 주도하는 산업 자동화 혁명이다. 글로벌 제조업과 서비스업에서 노동력 부족과 인건비 상승이 심각한 문제인 가운데, 휴머노이드 로봇은 자동화의 최전선에 있다. 특히 반복적이고 위험하며 사람이 기피하는 노동 분야에서 로봇이 인간을 대체하거나 보조해 생산성을 극대화할 가능성이 크다. 이는 운영 비용 절감과 생산성 증가로 이어지며, 궁극적으로는 인간의 노동 강도를 완화하고 새로운 기술 노동 수요를 창출한다.

머스크는 AI 발전의 자연스러운 귀결로 휴머노이드 로봇의 등장과 보급은 필연적이라는 생각을 가지고 있다. 휴머노이드 로봇은 기술의 진보에 따라 다양한 상황 대처 능력과 AGI 적용에 가장 적합한 분야다. 그뿐 아니라 '지능형 동반자'로서 인간의 삶을 보조하고 인간과 로봇이 공존하는 미래사회의 기반을 다지는 데 중요한 역할을 할 것으로 본다. 또 그는 로봇이 인간의 노동을 재정의하며 복잡하고 위험한 작업에서 인간을 해방시킬 것으로 기대한다. 이를 위해 AI와 로봇이 인간의 감성을 이해하고 사회적 상호작용 기능을 갖춰 삶의 질을 개선하는 미래상을 그리고 있다. 또한 우주 탐사, 자율주행, 신경망 인터페이스 같은 다양한 혁신 기술과의 융합도 머스크의 전략에 포함되어 있다. 2025년 기준 휴머노이드 로봇 시장은 연평균 35% 이상의 성장률을 기록 중이며, 테슬라는 글로벌 시장 점유율 확대에 박차를 가하고 있다.

이 같은 이유로 머스크는 휴머노이드 로봇에 적극 투자하며 이를 통해 테슬라를 자동차 기업에서 혁신적인 AI 기반 로봇 기업으로 변모시키려는 전략을 추진 중이다.

메타의 차세대 승부수, 휴머노이드 로봇

페이스북의 모회사 메타가 증강현실(AR)에 버금가는 대규모 투자를 통해 휴머노이드 로봇 시장에 본격적으로 뛰어들었다. 하드웨어 경쟁 대신 로봇으로 움직이는 핵심 소프트웨어 플랫폼을 장악해 미래 기술의 표준을 선점하겠다는 야심 찬 계획이다. 이와 동시에 생성형 AI 비디오를 위한 전용 피드를 도입하며 콘텐츠 생태계 확장에도 나섰다.

앤드류 보즈워스Andrew Bosworth 메타 최고기술책임자(CTO)는 휴머노이드 로봇 프로젝트인 메타봇Metabot을 공개했다. 그는 CEO

마크 저커버그가 2025년 초 이 프로젝트를 최종 승인했으며, 투자 규모가 AR 분야에 맞먹는 수준이 될 가능성이 높다고 밝혔다.

보즈워스는 로봇의 걷거나 움직이는 동작 기술은 업계 전반에서 상당 부분 해결됐지만, 진짜 기술적 병목은 정교한 조작(manipulation) 능력에 있다고 진단했다. 물컵을 깨뜨리거나 떨어뜨리지 않고 섬세하게 집어 드는 것과 같이 정밀한 힘 조절, 감각 피드백, 빠른 운동 조정이 필요한 작업이 핵심이라는 설명이다.

메타는 이 문제를 해결하기 위해 하드웨어 개발에 직접 뛰어들기보다 어떤 로봇에도 적용할 수 있는 소프트웨어 플랫폼을 개발하고 라이선스를 제공하는 방식을 택했다. 이는 과거 VR 시장에 접근했던 방식과 유사하며, 하드웨어에 구애받지 않고 플랫폼 생태계를 장악하려는 전략으로 풀이된다.

메타는 물리적 세계를 겨냥한 로봇 프로젝트와 더불어 디지털 콘텐츠 시장 혁신에도 속도를 내고 있다. 새롭게 선보인 바이브Vibes는 사용자들이 생성형 AI 도구로 만든 짧은 동영상을 공유하는 전용 피드다. 기존의 챗봇 상호작용이나 검색 기능과 달리 바이브는 AI로 생성된 영상 콘텐츠 자체의 유통에 집중한다. 특히 각 영상에는 해당 비디오를 만드는 데 사용된 프롬프트(명령어)가 함께 표시되어, 다른 사용자들이 이를 보고 쉽게 따라 하거나 자신만의 스타일로 재창조(리믹스)할 수 있다.

이는 콘텐츠를 먼저 제시하고 사용자의 모방과 확산을 유도해 네트워크 효과를 극대화하는 틱톡TikTok의 성공 공식을 생성형 미디어에 적용한 것이다. 바이브는 단순한 AI 기술 쇼케이스를 넘어 사용자들이 참여하고 즐기는 새로운 미디어 플랫폼으로 자리매김할 것으로 기대된다.

결론적으로 메타는 휴머노이드 로봇의 두뇌에 해당하는 소프트웨어 플랫폼과 생성형 AI라는 창의적 도구를 양손에 쥐고 미래 시장을 공략하고 있다. 이는 막대한 자본과 시간이 필요한 AR 규모의 도박이지만, 성공할 경우 물리적 세계와 디지털 세계 모두를 아우르는 차세대 기술의 패권을 장악하게 될 전망이다.

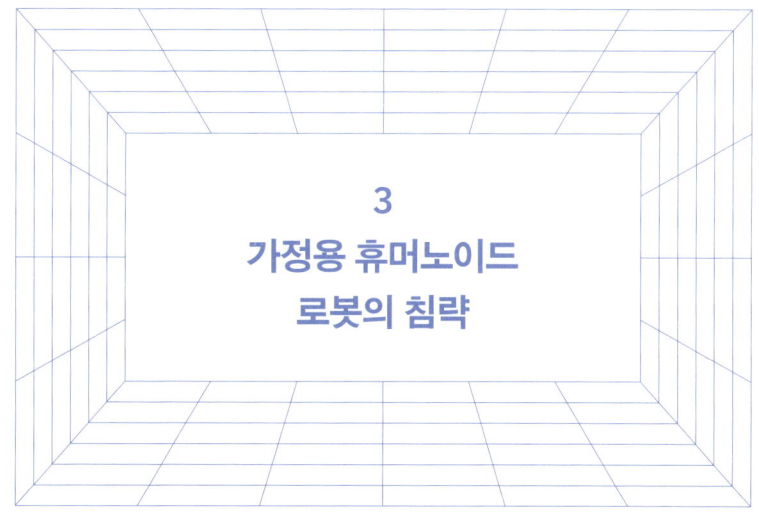

3
가정용 휴머노이드 로봇의 침략

　AI는 이미 자동차를 운전하고, 설득력 있는 글을 써내며, 복잡한 컴퓨터 코드까지 작성하는 놀라운 수준에 도달했다. 그리고 이제 공상과학 영화에서나 볼 법했던 장면이 현실로 다가오고 있다. 인간과 똑같이 생겼고 AI로 작동하는 휴머노이드 로봇들이 우리의 집으로 이사해 일상적인 집안일을 돕기 위한 준비를 마쳤다.

　수십 년 동안 로봇 공학자들은 인간의 형태와 움직임을 모방하는 기계를 만드는 데 매달려 왔다. 초기의 산업용 로봇들은 정해진 작업만 반복하는 데 그쳤지만, 최근 몇 년 동안 센서 기술, 모터 제어, 그리고 가장 중요한 인공지능 분야에서 괄목할 만한 발전이 이루어졌다. 이러한 혁신적인 발전 덕분에 이제 우리는 인간과 유사한 외형을 갖추고 복잡한 환경을 이해하며 상호작용할 로봇의 등장을 목전에 두고 있다.

　이러한 휴머노이드 로봇들은 단순한 장난감을 넘어선다. 개발자들은 이들이 노인과 장애인을 돌보고, 청소와 정리정돈을 돕고, 심지어 요리 같은 다양한 집안일을 해낼 것으로 기대한다. AI의 발전은 로봇들이 새로운 작업을 학습하고 변화하는 환경에 적응하며 인간과 자연스러운 대화를 나눌 수 있도록 뒷받침한다.

　가정용 휴머노이드 로봇의 등장은 흥미로운 가능성과 함께 중요한 질문들을 던진다. 이러한 로봇들의 안전성과 신뢰성은 어떻게 보장할 수 있을까? 개인정보 보호 및 보안 문제는 어떻게 다루어야 할까? 그리고 무엇보다 우리의 일상생활과 사회 구조에 어떤 영향을 미칠까?

　일부 전문가들은 휴머노이드 로봇이 노동 시장에 미칠 잠재적인 영향에 대해 우려를 표한다. 집안일과 관련한 많은 직업이 로봇으로 대체될 수 있으며, 이는 실업률 증가와 사회적 불평등 심화로 이어질 수 있다. 또한 인간과 로봇 간의 상호작용이 증가하면서 발생할 수 있는 윤리적 문제들에 대한 심도 있는 논의가 필요하다.

　그럼에도 불구하고 가정용 휴머노이드 로봇이 가져올 긍정적인 잠재력은 무시할 수 없다. 고령화 사회에서 간병인 부족 문제를 해결하고, 바쁜 현대인들에게 더 많은 자유 시간을 제공하며, 신체적 제약으로 인해 어려움을 겪는 사람들에게 독립적인 생활을 가능하게 해줄 것이다.

　결국 가정용 휴머노이드 로봇의 침략은 피할 수 없는 흐름일지도 모른다. 중요한 것은 우리가 이러한 변화에 대해 충분히 준비하고, 잠재적인 위험을 최소화하면서 혜택을 극대화할 방안을 모색하는 것이다. AI와 로봇공학의 융합이 만들어낼 미래는 우리의 상상력을 뛰어넘는 모습일 것이며, 그 중심에는 인간과 공존하며 우리의 삶을 더욱 가치 있고 풍요롭게 만들어 줄 휴머노이드 로봇이 자리 잡고 있다.

만능 조력자 휴머노이드 반려봇

머지않은 미래에 '1가구 1로봇' 시대가 열릴 것이라는 전망까지 나오면서 휴머노이드 반려봇이 우리 곁에 다가올 시점과 현재의 기술적 난제에 대한 관심이 집중되고 있다.

1. 상용화 및 보편화 시점: 2030년 이후가 변곡점

전문가들의 예측은 다양하지만, 휴머노이드 로봇이 물류창고나 산업 현장 같은 제한된 환경을 벗어나 일반 가정에 보편적으로 상용화되는 시점은 2030년경이 될 것으로 전망된다. 현재 테슬라의 옵티머스, 중국 유비테크UBTECH의 워커S Walker S, 피규어 AI Figure AI의 피규어 01 Figure 01 등 글로벌 기업들은 물류 운반과 같은 단순 반복 작업에 특화된 휴머노이드 로봇을 공개하며 초기 상용화 단계에 진입하고 있다.

특히 2027년경에는 휴머노이드 로봇의 출하량이 1만 대를 넘어설 것이라는 예측도 있다. 이는 로봇이 인간의 노동력을 대체하며 점차 활동 영역을 가정과 같은 비정형적 환경으로 넓혀가기 위한 준비 단계로 볼 수 있다. 2030년 이후에는 AI 소프트웨어의 비약적인 발전과 더불어 로봇의 제조 단가를 현재의 집 한 채 가격에서 자동차 한 대 가격 수준으로 낮추는 것이 상용 보편화의 핵심 관건이 될 것이다.

2. 역할 확대의 현재 상황: 산업용 노동자에서 돌봄 조력자로

현재 휴머노이드 로봇 개발의 주류는 산업 현장의 노동력 부족 문제를 해결하는 데 맞춰져 있다. 물건을 옮기거나 부품을 조립하는 등의 반복적인 육체 노동을 수행하는 것이 1차 목표다. 그러나 궁극적으로는 고령화 사회의 돌봄 부담을 덜어줄 수 있는 '요양보호사봇'과 같은 역할에 대한 기대가 매우 크다.

요양보호사봇은 단순한 식사 보조나 이동 보조를 넘어 정해진 시간에 정확한 양의 약물 복용을 돕거나, 낙상 시 응급처치 알림을 하는 등 정형화된 돌봄 업무에 관여하는 로봇이다. 다만 인간의 감정과 의지를 읽고 반응해야 하는 심리적 돌봄 영역이나 섬세한 신체 접촉이 필요한 간호 업무는 여전히 인간의 고유 영역으로 남아 있다.

이 외에도 AI가 물리적인 세계를 이해하고 인간의 미묘한 지시를 파악하는 능력(Agentic AI)이 발전하면 "냉장고에서 물 좀 가져와", "어깨 좀 주물러줘" 같은 비정형적인 심부름과 마사지 기능도 현실화될 것이다.

3. 상용화와 보편화를 가로막는 주요 문제점

휴머노이드 반려봇이 우리 가정의 만능 조력자로 자리 잡기까지는 몇 가지 중대한 기술적, 사회적 난관이 남아있다. 먼저 기술적 문제는 '몸과 에너지의 한계'다. 휴머노이드 로봇의 바디(하드웨어)는 원가 구성의 80~90%를 차지할 정도로 제작 비용이 높다. 특히 로봇의 움직임을 담당하는 구동기는 복잡하고 비싸다. 또한 로봇이 장시간 활동하기 위한 배터리 기술의 에너지 밀도 증가 속도가 다른 AI나 반도체 기술에 비해 매우 느리다는 점이 큰 제약으로 작용하고 있다. 여기에 두 발로 걷는 이족보행 로봇은 안정성 문제가 따르고, 무거운 하중을 견디는 데도 어려움이 있어 실제 가사 노동에 적용하기 위해서는 더욱 정교한 제어 기술이 필요하다.

두 번째로 사회적, 경제적 문제인 '비용 및 규제 윤리'다. 현재 휴머노이드 로봇의 가격은 일반 소비자가 감당하기 어려운 수준이다. 상용화 확산을 위해서는 대량 생산을 통한 원가 절감이 필수다. 또한 요양보호사봇처럼 로봇이 돌봄 서비스를 제공할 경우 이에 대한 장기요양보험 수가가 반영되어야 로봇 시장이 확대될 수 있다. 물류 로봇 측면에서는 로봇의 보행권 부여 등 관련 법령 및 규제 해소가 로봇 산업 성장의 중요한 동력이 될 것이다. 그리고 로봇이 인간의 노동을 대체하는 것에 대한 일자리 상실 우려와 더불어, 고령층이 자신을 간병하는 로봇에 감정적으로 의존하거나 인간적인 돌봄의 가치가 훼손될 수 있다는 윤리적 문제도 지속적으로 논의되어야 한다.

휴머노이드 반려봇은 미래 산업의 블루칩으로 전 세계적인 경쟁이 가속화되고 있다. 기술적 한계를 극복하고 사회적 수용도를 높이는 노력이 병행된다면 휴머노이드 반려봇은 단순한 기계를 넘어 우리 삶의 질을 향상시키는 핵심적인 파트너로 자리매김할 것이다.

가장 발전한 휴머노이드 로봇 10대

휴머노이드 로봇은 처음 등장한 이래 크게 발전하여 더욱 지능적이고 기능적이며 인간과 비슷해졌다. 로봇은 복잡한 작업을 수행하고 인간과 의사소통하며 인간의 움직임을 모방하도록 프로그래밍 되어 있다. 그리고 휴머노이드 로봇은 이제 AI, 로봇공학 및 기계학습의 발전 덕분에 감정을 인식하고, 두 다리로 걷고, 자연어 처리로 대화할 수 있다. 2025년은 획기적인 혁신을 특징으로 하는 여러 모델과 함께 휴머노이드 로봇 개발의 전환점이 될 것이다. 다음은 현재 기준 가장 발전한 휴머노이드 로봇들이다.

• 옵티머스

테슬라봇Tesla Bot으로도 알려진 옵티머스는 일상적인 작업을 지원하도록 설계되었다. 향상된 손재주, 시력 및 인공지능을 갖춘 이 로봇은 물건 운반, 제품 조립, 심지어 집안일 같은 일상적인 작업을 수행할 수 있다. 가벼운 구조에 인간과 같은 비율로 산업 및 가정 환경에 원활하게 통합할 수 있다. 테슬라의 AI 발전으로 옵티머스는

휴머노이드 로봇 산업에서 주목할만한 플레이어가 되었다

• **아메카**

영국 로봇기업 엔지니어드 아츠 Engineered Arts의 아메카 Ameca는 현존하는 가장 사실적인 휴머노이드 로봇 중 하나다. 고급 표정, 유동적인 움직임 및 대화형 의사소통 기능을 갖추고 있다. 아메카는 기계 학습과 자연어 처리를 사용하여 인간에 가까운 정확도로 대화에 응답할 수 있다. 생생한 얼굴 표정과 몸짓으로 상호작용이 향상되고 더 자연스럽게 느껴지기 때문에 연구, 고객 서비스 및 공개 시연을 위한 귀중한 자산이다.

• **아틀라스**

아틀라스는 보스턴 다이내믹스가 로봇 분야에서 제공한 전문 지식의 대표적인 사례. 이 이족 보행 로봇은 빠르게 움직이고 안정적으로 협력할 수 있다. 아틀라스는 파쿠르, 달리기, 점프 및 물체 잡기가 가능한 휴머노이드 로봇의 정점이다. 실제로 아틀라스는 이동성과 적응력이 뛰어나 수색 및 구조 임무 및 산업 환경에서 활용할 수 있다.

• **나딘**

첨단 소셜 휴머노이드 로봇 나딘 Nadine은 싱가포르 난양 공과대학교 연구진이 개발했다. 이 로봇은 움직이는 얼굴, 실제처럼 보이는 피부, 이전 상호작용을 바탕으로 사람을 인식하는 능력을 가지고 있다. 접수원 역할을 하고, 사람들을 모으고, 노인들을 돕기 위해 만들어졌다. 나딘은 AI 기반 감성 지능을 사용해 공감적으로 응답해 보다 개인적인 관계 형성이 가능하다.

- **사이버원**

샤오미Xiaomi가 개발한 최첨단 휴머노이드 로봇 사이버원CyberOne은 환경 데이터를 해석하고, 목소리를 인식하고, 인간의 감정을 인식할 수 있다. 사이버원은 정교한 센서와 AI 기반 알고리즘 덕분에 의미 있는 상호작용을 하고, 감정적 신호를 인식하고, 사회 및 산업 환경 모두에서 업무 지원이 가능하다. 향상된 이동 능력과 가벼운 구조로 인간 환경에서 쉽게 사용할 수 있다.

- **소피아**

가장 잘 알려진 또 다른 휴머노이드 로봇은 핸슨 로보틱스Hanson Robotics의 소피아Sophia다. 소피아는 AI 및 사회적 상호작용 기술을 지속적으로 개선하고 있으며 인간과 같은 외모와 대화 능력으로 전 세계적으로 찬사를 받았다.

- **HRP-5P**

HRP-5P는 일본 산업기술종합연구소(AIST)에서 꾸준히 개발해 온 산업용 로봇으로, 중장비 산업 및 건설 작업에 사용하도록 설계되었다. 이 로봇은 구조물을 조립하고, 도구를 처리하고, 사람의 개입이 위험할 수 있는 환경에서 작업할 수 있다.

• 워커 X

중국 기업 유비테크의 최첨단 휴머노이드 로봇인 워커 X Walker X는 개인 지원, 홈 오토메이션(가정 내 가전기기, 조명, 보안장치, 냉난방 시스템 등을 컴퓨터, 통신, 센서 등을 이용해 자동화하고 원격으로 제어하는 기술) 및 이동성에 탁월하다. 정확한 팔다리 협응력과 AI 음성 인식을 기반으로 워커 X는 집안일을 수행하고, 사용자를 참여시키고, 음성 명령에 응답할 수 있다. 더 나은 균형과 민첩성으로 워커 X는 어려운 지형에서도 편안하게 이동할 수 있기 때문에 서비스 부문을 위한 최고의 스마트 홈 동반자이자 보조기기다.

• 로보넛 2호

NASA는 우주 임무 수행 중인 우주 비행사를 돕기 위해 로보넛 2호 Robonaut 2를 만들었다. 이 휴머노이드 로봇은 민첩한 손, 향상된 이동성 및 미세 중력에서 작동할 수 있는 능력 덕분에 중요한 우주선 유지 보수 작업을 수행한다. 로보넛 2호는 인간의 작업량을 줄이고 위험하거나 반복적인 작업을 수행하여 우주 탐사의 효율성과 안전성을 향상시킨다.

• T-HR3

도요타 Toyota의 T-HR3는 원격 조작 및 원격 지원을 위해 제작된 차세대 휴머노이드 로봇이다. 이 로봇은 고급 센서와 AI 알고리즘을 활용해 인간의 움직임을 정밀하게 모방한다. 의료, 재난 대응 및 산업 자동화 분야의 응용 분야를 위해 설계된 T-HR3는 원활한 상호작용 및 제어된 모션을 제공하여 다양한 분야에서 사용할 수 있다.

휴머노이드 로봇의 미래

휴머노이드 로봇의 급속한 발전은 우주 탐사 및 홈 오토메이션, 고객 서비스 및 의료 서비스를 포함한 수많은 산업에 혁명을 일으키고 있다. AI, 로보틱스, 머신러닝이 발전함에 따라 휴머노이드 로봇은 더욱 지능적이고 민첩해지며 인간과 협업하여 복잡한 작업을 수행할 수 있게 되었다. 기술이 발전함에 따라 휴머노이드 로봇은 위험한 상황에서 도움을 주고 노동력 부족을 완화하며 많은 사람들의 삶의 질을 향상시킬 수 있기에 사회에서 더욱 중요해질 것이다. 더불어 인간이 기술과 상호작용하는 방식을 개선하는 이러한 혁신은 산업을 재편하고 있다. 추가 연구 개발을 통해 휴머노이드 로봇은 계속해서 장벽을 허물고 AI 기반 자동화의 미래를 현실에 더 가깝게 만들 것이다.

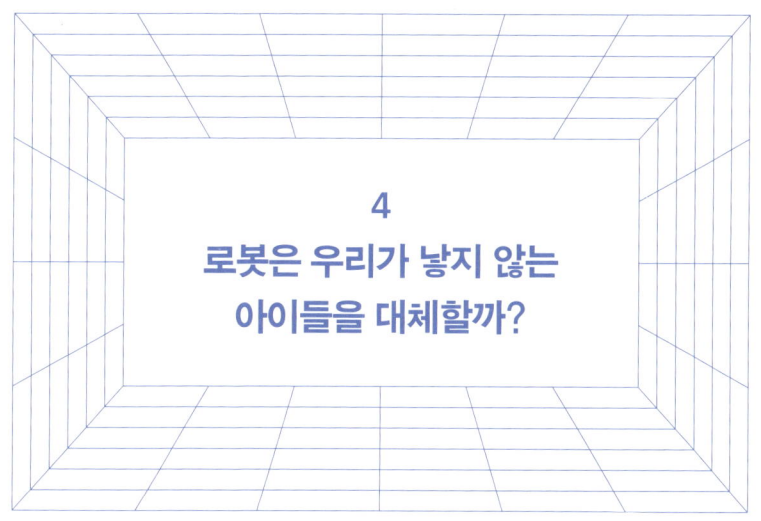

4
로봇은 우리가 낳지 않는 아이들을 대체할까?

　최근 몇 년 동안 경제적 측면에서 두 가지 중요한 추세가 글로벌 환경을 재편하고 있다. 로봇공학의 급속한 부상과 여러 선진국의 출생률 감소다. 점점 더 정교해지는 로봇은 한때 인간의 전유물이었던 노동을 대신 맡고 있다. 제조 및 물류에서 고객 서비스, 심지어 복잡한 의사결정 작업에 이르기까지 로봇공학의 통합은 전례 없는 속도로 산업을 변화시키고 있다.

　동시에 많은 선진국들은 역사적 규모의 인구 통계학적 변화와 씨름하고 있다. 출생률이 대체율 이하로 곤두박질치면서 인구 고령화와 노동 인구 감소로 이어지는 것이다. 일본, 한국 및 여러 유럽 국가가 이러한 추세의 최전선에 있으며 향후 수십 년 동안 상당한 인구 감소 전망에 직면해 있다.

얼핏 보기에는 관련이 없어 보이는 이 두 가지 현상이 만나서 우리에게 도발적인 질문을 던졌다. '로봇은 이제껏 인구 증가가 도맡아 온 경제적 역할을 대체할 것인가?' 출생률이 지속적으로 감소하는 미래가 직면함에 따른 로봇공학의 부상은 경제적 생산성과 성장을 유지하기 위한 해결책을 제공할 수 있다. 그러나 이 잠재적인 해결책은 신중한 고려가 필요한 복잡한 경제적, 사회적, 윤리적 의미를 수반한다.

로봇 vs 어린이의 경제적 영향

인구 감소에 따른 변화를 로봇 노동으로 대체하는 것의 경제적 함의는 심오하고 다면적이다. 가장 중요한 영향 중 하나는 현대 경제의 초석인 소비자 수요 영역에 있다. 역사적으로 경제 성장은 인구 증가와 생활 수준 향상에 힘입어 끊임없이 확장되는 소비자 기반에 의해 주도되었다. 어린이는 성인으로 성장하면서 소비자가 되어 유아기의 기저귀와 장난감부터 성인이 된 뒤의 주거, 자동차까지 일평생 다양한 제품과 서비스에 대한 수요를 주도한다. 이러한 새로운 소비자의 지속적인 유입은 경제 확장의 핵심 동인이었다.

이와는 대조적으로 로봇은 인간의 소비를 이끄는 필요와 욕구가 부족하다. 그들은 음식, 의복, 오락 또는 인간이 일생 동안 소비하는 무수한 제품을 필요로 하지 않는다. 이러한 근본적인 차이는 현재의 경제 모델에 중대한 도전을 제기하고 있다. 로봇이 점차 인간 노동자를 대체하고 출생률 감소로 인한 공백을 메울 가능성이 높아짐에 따라 소비자 주도 산업이 위축될 수 있다. 소매, 부동산, 개인 서비스 같은 부문은 전통적인 소비자 기반이 축소됨에 따라 전례 없는 위기를 맞이할 것이다.

더욱이 노동시장 자체도 급격한 변화를 겪고 있다. 로봇의 능력이 향상됨에 따라 다양한 역할에서 인간 작업자를 대체하는 중이다. 이러한 추세는 잠재적으로 생산성과 효율성을 높일 수 있지만 광범위한 실업과 인간 노동의 대체에 대한 우려를 불러일으킨다. 업무 자체의 성격이 변화할 가능성이 높으며, 인간은 창의성, 감성 지능 및 복잡한 문제 해결 능력이 필요한 역할로 이동할 가능성이 있다. 이는 (현재로서는) 로봇이 쉽게 경쟁할 수 없는 영역이다.

이러한 노동시장의 변화는 우리 경제 시스템의 근본적인 재구조로 이어질 것이다. 인간이 임금을 벌기 위해 일하고 그 임금을 소비하는 전통적인 모델은 로봇이 노동의 많은 부분을 수행하지만 소비에 기여하지 않는 세상에서 재구상되어야 할 수도 있다.

이러한 변화를 헤쳐 나가면서 우리는 도전적인 질문과 씨름해야 한다. 잠재적으로 소비자가 줄어든 세상에서 어떻게 경제 성장을 유지할 수 있을까? 점점 더 자동화되는 경제에서 인간에게 의미 있는 일과 소득을 어떻게 보장할 수 있을까? 그리고 가장 근본적으로 경제적 성공에 대한 전통적인 척도가 더 이상 적용되지 않을 수 있는 세상에서 번영과 진보를 어떻게 재정의할 것인가?

로봇 vs 어린이의 사회적, 문화적 영향

로봇 노동으로 인한 인구 증가의 잠재적 대체는 경제적 고려 사항을 넘어 우리가 개인과 사회를 정의하는 방식의 핵심을 건드린다. 이 전례 없는 변화를 헤쳐 나가면서 우리는 인간 존재와 사회 구조의 근본적인 측면을 다시 생각하지 않을 수 없다.

역사적으로 일은 수많은 인간에게 목적과 성취의 주요 원천이었다. 그것은 재정적 자양뿐만 아니라 정체성과 사회적 유대감도 제공했다. 로봇이 점점 더 전통적인 직업을 대체하는 세상에서 우리는 인간의 목적과 성취를 재정의해야 하는 과제에 직면해 있다. 이러한 변화는 우리의 가치에 대한 재평가를 필요로 할 수 있으며, 우리에게 직업을 뛰어넘는 의미를 찾아야 한다는 압박을 줄 수도 있다. 그간 노동과 직업에서 얻어온 성취의 원천을 개인의 성장과 창의성, 관계 및 지역 사회 참여로 옮겨가야 할지도 모르겠다.

사회적 가치와 우선순위는 변화하는 환경에 대응해 상당한 전환을 겪을 가능성이 크다. 생산성과 경제 성장이 사회적 성공의 척도로 강조되던 전통적 관점은 새로운 우선순위에 자리를 내줄 수도 있다. 로봇의 등장이 가져온 환경에서 우리는 양적인 경제 지표보다는 웰빙, 지속 가능성 및 삶의 질에 더 큰 초점을 맞추게 될 것이다. 더는 존재하지 않을 직업을 위해 학생들을 준비시키는 대신 감성 지능, 창의성 및 적응력과 같은 인간 고유의 기술을 우선시하도록 교육 시스템을 점검해야 할 수도 있다.

어쩌면 가장 심오한 변화 중 하나는 가족과 세대 구조의 영역에서 일어날지도 모른다. 출생률이 감소하고 전통적으로 인구 증가가 차지했던 경제적 역할을 로봇이 채우게 되면 가족이라는 개념 자체가 완전히 다른 방향으로 진화할 수 있다. 우리는 핵가족 모델에서 벗어나 대안적 가족 구조가 더 보편화되는 것을 볼 수 있을 것이다. 사회는 어린이의 역할을 미래의 노동자 및 소비자로 여기던 것에서 그들의 독특한 인간적 자질과 잠재력에 바탕을 두고 더 가치 있는 존재로 여기기 시작할 것이다.

세대 간 관계도 재편될 수 있다. 자녀 수는 줄어들고 의학 발전으로 수명이 길어질 수 있는 세상에서 세대 간 균형은 극적으로 바뀔 것이다. 이는 새로운 형태의 세대 간 협력과 지식 이전으로 이어질 수 있지만, 자원과 사회적 우선순위를 둘러싼 잠재적인 갈등으로 이어질 수도 있다.

유동적인 경제 모델

로봇이 인구의 경제적 역할을 대체할 가능성이 있다는 시나리오는 현재 우리의 경제 이론과 모델의 근간을 위협하고 있다. 우리가 이 미지의 영역을 탐색함에 따라 인구 증가와 소비자 수요 증가 같은 전통적인 성장 동력이 더 이상 적용되지 않을 수 있는 세계를 설명할 새로운 경제적 사고가 필요하다.

가장 시급한 요구 사항 중 하나는 노동의 상당 부분이 비소비 개체(로봇)에 의해 수행되는 경제에서 결과를 모델링하고 예측할 수 있는 경제 이론이다. 우리의 전통적인 경제 모델은 인간의 필요와 욕구에 의해 주도되는 생산과 소비의 주기를 가정해 왔다. 그러나 미래에 로봇이 주도하는 경제에서는 이러한 근본적인 가정이 통하지 않을 가능성이 크다. 이에 따라 가치가 창출되고 분배 및 측정되는 방식에 대한 재고가 필요하다.

그리고 로봇이 일상적이고 복잡한 작업을 떠맡음에 따라 인간의 고유한 능력을 더욱 강조하는 경제로 전환될 수 있다. 이는 인간 중심의 서비스와 창조 산업에 대한 새로운 관심으로 이어질 것이다. 예술, 디자인, 과학 연구 및 맞춤형 장인정신 같은 분야가 경제의 중심이 될 수 있다. 이 시나리오에서 인간의 노동은 전통적인 의미인 생산 능력이 아니라 보다 창의적이고 공감적인 특성으로 더 가치를 높이게 된다.

그러나 이러한 변화는 경제 성장과 성공에 대한 우리의 전통적인 지표에 중대한 도전을 제기한다. 예를 들어 로봇이 주도하는 생산성이 반드시 인간의 복지로 이어지지 않는 세상에서 국내총생산(GDP)은 사회적 복지와 진보의 척도로서는 부적절할 수 있다. 이때는 삶의 질, 지속 가능성 및 인간 성취를 더 잘 포착할 수 있는 새로운 지표를 개발해야 할 것이다.

더욱이 생산성의 개념 자체를 재정의해야 할지도 모른다. 로봇이 대부분의 생산을 처리하는 경제에서 인간의 생산성은 시간당 생산량보다는 혁신과 문제 해결 또는 사회적 기여 측면에서 더 많이 측정될 것이다.

이러한 경제에서 부의 분배는 현재의 경제 모델에 중대한 도전을 제기한다. 로봇이 부를 소유하지 않고 소비할 필요가 없기 때문이다. 따라서 경제를 통해 돈과 자원을 순환시키는 새로운 메커니즘을 고안해야 할 것이다. 이는 잠재적으로 보편적 기본소득, 지분 보유 사회 또는 새로운 형태의 공동 소유와 같은 아이디어에 대한 탐구로 이어질 수 있다.

이러한 변화에 대처하면서 경제학자와 정책 입안자는 물론 사회 전반에서 성공적이고 지속 가능한 경제를 구성하는 것이 무엇인지에 대한 근본적인 재고에 참여해야 한다. 이를 위해서는 끝없는 성장과 소비의 패러다임을 넘어 인간의 웰빙, 환경적 지속 가능성, 인간의 창의성과 의식이 세상에 가져다주는 고유한 가치를 우선시하는 모델로 나아가야 할 것이다.

부의 분배와 정책적 과제

로봇 주도 경제로의 잠재적 전환은 부의 분배 측면에서 중대한 도전을 제시하며 혁신적인 정책 솔루션을 필요로 한다. 전통적으로 인간 노동자가 맡았던 역할을 로봇이 점점 더 많이 떠맡음에 따라, 우리는 사회 내에서 부가 창출되고 분배되는 방식에 극적인 변화를 볼 수 있을 것이다.

로봇이 지배하는 경제에서 부는 생산수단(로봇과 로봇을 구동하는 AI 시스템)을 소유한 사람들의 손에 점점 더 집중될 가능성이 크다. 부가 노동이 아닌 자본에 집중되는 전례 없는 결과를 낳을 수 있으며, 이는 기존의 불평등을 악화시키고 잠재적으로 새로운 형태의 경제적 격차를 야기할 수 있다.

이러한 문제를 해결하기 위해 정책 입안자들은 부의 분배에 대한 근본적이고 새로운 접근법을 고려해야 한다. 자주 논의되는 해결책 중 하나가 보편적 기본소득(Universal Basic Income)인 UBI의 시행이다. 전통적인 고용 기회가 부족한 세상에서 UBI는 모든 사회 구성원이 기본 필수품에 접근할 수 있는 안전망을 제공한다. 그러나 이러한 제도를 시행하기 위해서는 조세제도와 사회정책의 근본적인 재편이 필요하다.

UBI 외에도 다른 정책 혁신으로 로봇 기반 생산성의 혜택이 사회 전체에 보다 균등하게 분배되는 새로운 형태의 이익 공유가 포함될 수 있다. 우리는 또한 돌봄이나 창조적 추구 또는 커뮤니티 구축 같이 로봇이 할 수 없는 형태의 일을 소중히 여기고 보상하는 새로운 경제 모델의 출현을 볼 수 있을 것이다.

로봇 주도 경제에서 불평등을 해소하기 위해서는 다각적인 접근이 필요할 것이다. 여기에는 기업이 자동화로 대체된 인간 근로자 수에 따라 세금을 내는 누진적 로봇세가 포함될 수 있다. 교육 및 재훈련 프로그램은 인간이 로봇 능력과 경쟁하는 것이 아니라 로봇은 해내기 어려운 인간 고유의 기술을 개발하도록 돕는 것이 중요하다. 또한 AI와 로봇 혁신의 혜택이 사회 전반에 걸쳐 더 광범위하게 공유될 수 있도록 지적재산권법을 재고해야 할 수도 있다.

인구 감소 시대에 로봇 중심의 경제로 전환하는 것이 환경에 미치는 영향은 복잡하고 다면적이다. 인구 감소는 소비에 의한 환경 파괴의 현저한 감소로 이어질 수 있다. 인구가 줄어든다는 것은 자원에 대한 수요가 감소한다는 것을 의미하며 잠재적으로 생태계에 대한 압력을 완화하고 탄소 배출량을 줄이며 기후 변화를 늦출 수 있다.

그러나 로봇 생산 및 운영에 따른 환경 비용도 고려해야 한다. 로봇 및 AI 시스템의 제조에는 희토류 금속과 에너지 집약적인 공정을 포함한 상당한 자원이 필요하다. 이러한 시스템의 작동은 새로운 에너지를 소비하며, 이는 새로운 탄소 배출 및 기타 형태의 오염을 야기할 수 있다.

로봇 세상의 유토피아와 디스토피아

출생률 감소와 자동화 증가 사이의 상호작용은 우리 시대의 가장 복잡한 과제 중 하나다. 지금까지 살펴본 바와 같이 전통적으로 증가하는 인구가 차지해 온 경제적 역할을 로봇이 대체할 수 있는 잠재력은 우리의 경제 시스템, 사회 구조, 환경, 심지어 인간이 된다는 것의 의미에 대한 이해에도 광범위한 영향을 미친다.

앞으로 나아갈 길은 명확하게 정의되어 있지 않으며 잠재적인 결과는 유토피아에서 디스토피아적 미래 비전에 이르기까지 다양하다. 유토피아적 시나리오에서 로봇은 인간을 지루한 노동에서 해방시켜 창의성, 개인의 성장 및 성취에 중점을 둔 사회를 가능하게 만든다. 자원은 더 균등하게 분배되고, 우리는 과학, 예술, 삶의 질에서 전례 없는 발전을 겪을 것이다. 환경적 압력이 줄어들어 보다 지속 가능한 세상으로 이어질 수 있다.

그러나 이러한 전환을 신중하게 관리하지 않으면 디스토피가 열린다. 부는 소수의 로봇 소유자에게 집중되고 대다수의 인류는 실업과 목적 상실로 허덕이는 극도의 불평등을 맞이할지도 모른다. 또 사회적 불안, 무분별한 로봇 생산으로 인한 환경 파괴, 점점 더 강력해지는 AI 시스템에 대한 인간의 자율성 상실은 모두 잠재적 위험이다. 현실은 이러한 양극단 사이 어딘가에 있을 가능성이 높으며, 그 결과는 앞으로 우리가 내리는 선택에 크게 좌우될 것이다. 이는 이러한 전환을 성공적으로 헤쳐 나가기 위해 사전 예방적 계획과 정책 입안이 매우 중요하다는 점을 강조한다.

우리는 경제학자, 기술자, 윤리학자, 환경 과학자 및 정책 입안자 간의 학제 간 협력을 통해 이 새로운 세계를 위한 포괄적인 전략을 개발해야 한다. 여기에는 로봇이 지배하는 경제에 대비하기 위한 교육 시스템 재고와 비인간 노동을 설명할 수 있는 새로운 경제 모델 개발, 로봇이 창출한 부의 공정한 분배를 보장하기 위한 정책 수립, AI 및 로봇공학의 개발 및 배포에 대한 윤리적 지침 수립이 포함될 것이다.

궁극적으로 '로봇이 우리가 낳지 않는 아이들을 대체할 것인가?'라는 질문은 단지 경제나 기술에 관한 것이 아니다. 우리가 어떤 사회를 만들고자 하는지, 그리고 점점 더 자동화되는 세상에서 인류를 위해 우리가 상상하는 역할에 관한 것이다. 이 갈림길에 서 있는 지금 지혜와 선견지명, 그리고 모든 인류에게 이익이 되는 미래를 만들기 위한 헌신으로 이러한 도전에 접근하는 것이 중요하다.

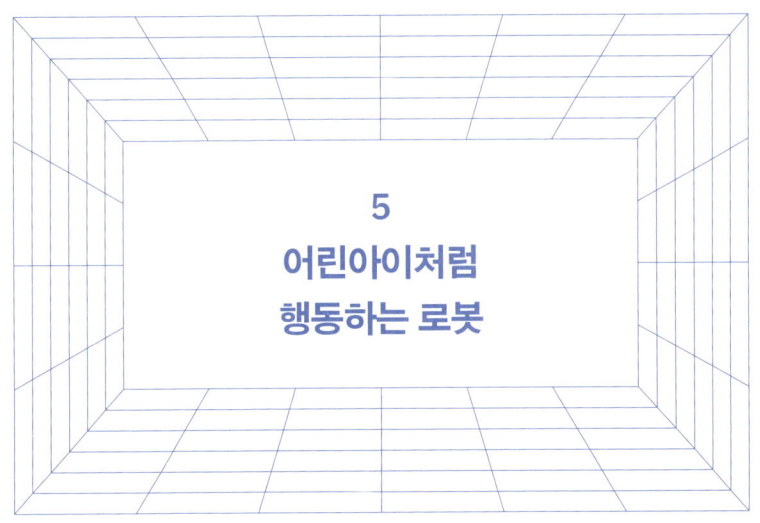

5
어린아이처럼 행동하는 로봇

병원은 치유와 회복의 장소이지만 어린 환자들에게는 불안, 외로움, 그리고 압도적인 스트레스가 존재하는 곳이다. 최근 이러한 환자 경험을 혁신적으로 보완하는 새로운 동반자로 로봇 '로빈'이 주목받고 있다. 엑스퍼 테크놀로지스Expper Technologies가 개발한 로빈은 7세 소녀처럼 행동하도록 설계된 치료용 로봇으로, 그 목적은 단순한 자동화를 넘어 정서적 인프라로 자리매김하는 데 있다.

감정의 공백을 메우는 AI

로빈은 단순한 기계가 아니다. 말을 걸고 웃으며 장난스럽게 행동해 어린 환자의 불안을 해소하고, 낯선 병원 환경에 친숙함을 선사한다. 엑스퍼 테크놀로지스는 로빈을 과로한 의료진을 보완하는 동반자이자 환자에게 가장 필요한 순간에 정서적 연결을 제공하는 친구와 같다고 강조했다.

이 로봇은 대화와 표정, 제스처를 통해 아이들과 상호작용하며 실시간 감정 인식 AI를 탑재해 사용자의 표정과 대화 맥락을 분석해 맞춤형 반응을 보인다. 실제로 미국과 유럽 등 주요 병원과 어린이 치료센터 등에서 적용하고 있으며 아이들뿐 아니라 노인 요양, 심리치료, 교육 분야로 확장되고 있다.

그런데 로빈은 왜 아이처럼 설계한 것일까? 로빈은 성인보다 아이를 닮은 행동과 말투, 순수함을 통해 경계심을 해제시키고 더 깊은 공감을 끌어낸다. 전문가들은 "아이 같은 존재가 나란히 있어주는 것만으로 외로움이나 상실감이 줄어들고 심리적 회복탄력성도 높아진다"라고 설명했다. 앞으로는 병원에만 그치지 않고 노인돌봄, 학교, 가정, 재난 구조 등 사람 사이의 감정적 틈새를 메우는 새로운 정서적 인프라로 자리할 전망이다.

돌봄의 기계화

이러한 혁신적 로봇은 정서적 지원의 새 시대를 여는 동시에 '돌봄의 기계화'와 '관계의 진정성' 논란도 촉발한다. 로빈의 관심과 공감은 결국 프로그래밍된 것이기에 인간과의 정서적 유대감이 어떻게 변화할지 또 사회적 부작용은 없는지 신중한 논의가 필요하다. 하지만 인류는 예로부터 인형이나 상상 친구 등 허구적 존재에게도 위안을 느껴왔다. 로빈은 이러한 본능의 연장선상에서 '상호작용하는 환상'이라는 형태로 인간의 감정적 리스크를 실질적으로 해소하는 혁신을 보여줄 것이다.

전문가들은 "앞으로는 각 개인의 정서 상태와 취약점을 실시간으로 파악하고 대응하는 맞춤형 '정서 동반자 로봇'의 시대가 올 것"이라고 전망한다. 가족·친구·치료사 역할까지 부분적으로 보완하는 로봇 네트워크가 구축될 것이며 이는 의료 현장뿐 아니라 학교, 재난 현장, 노인 돌봄 등 사회 전반에 걸쳐 필수 인프라로 진화할 것으로 보인다.

로빈은 단순히 병원 속 신기한 로봇을 넘어 정서적 유대와 회복탄력성을 높이는 친근한 인공지능이자 감정의 빈틈을 채우는 미래형 돌봄의 서막을 알리는 신호탄이다.

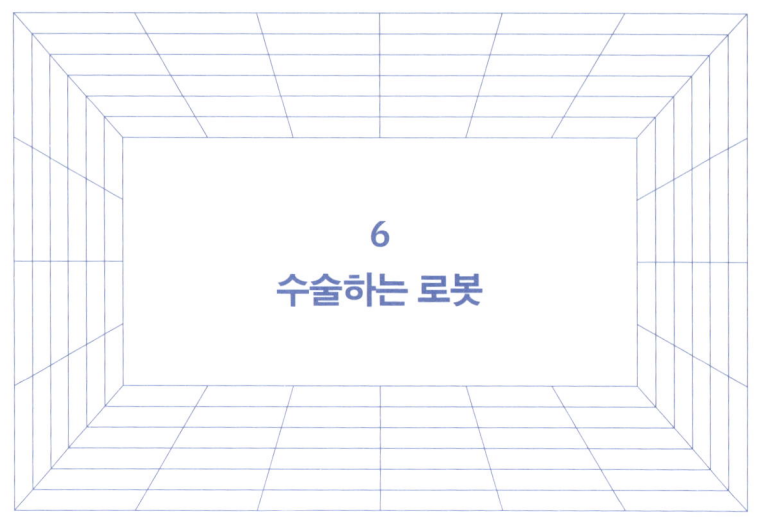

6
수술하는 로봇

　오랫동안 수술실은 수십 년간 연마한 인간의 기술, 꾸준한 손놀림, 판단력의 무대였다. 그러나 로봇공학과 융합된 AI라는 새로운 플레이어가 이 신성한 공간에 발을 들여놓고 있다. 그리고 우리가 이전에 본 그 어떤 것보다 더 빠르고, 안전하고, 정확하다는 것이 입증되고 있다.

　AI 지원 수술 로봇은 인공지능을 활용해 수술 과정을 보조하고 향상시키는 로봇 시스템이다. 이 로봇은 정교한 기계 팔과 초고화질 카메라를 통해 수술 부위를 확대하고 미세한 움직임을 제어해 사람의 손으로는 어려운 정밀한 수술을 가능하게 한다. AI는 수술 중 실시간으로 데이터를 분석해 위험을 예측하거나 최적의 수술 경로를 제안하는 등 다양한 방식으로 의료진을 지원한다. 이를 통해 수술의 정확성을 높이고 환자의 회복 속도를 빠르게 하는 데 기여한다.

수술실의 새로운 주인

2024년에서 2025년 사이 수행된 25건의 연구 결과 AI 지원 로봇 수술은 합병증을 최대 30%까지 줄이고 회복 시간을 단축하며 병원 비용까지 절감할 수 있는 것으로 나타났다. 요컨대 수술 혁명이 도래한 것이다.

로봇 수술이 새로운 것은 아니다. 하지만 AI의 도입으로 그 잠재력이 더욱 커졌다. 기존의 로봇 보조 시스템은 외과 의사에게 더 나은 손재주와 시각화를 제공했지만 이제 AI는 예측 분석과 적응 제어 및 의사 결정 지원을 추가한다.

디지털 트윈 기술을 사용하면 환자의 해부학적 구조를 가상으로 복제할 수 있으므로 외과의는 수술 부위를 절개하기 전에 복잡한 절차를 리허설할 수 있다. 신경 시각 적응 시스템은 실시간으로 신경 및 시각적 피드백을 사용해 로봇의 움직임을 미세 조정해 신경외과 같은 섬세한 수술에 이전에는 볼 수 없었던 정밀도를 제공한다. 증강 현실은 중요한 해부학적 데이터를 외과 의사의 시야에 직접 오버레이해 모든 수술을 GPS를 통한 안내 경험으로 전환한다.

결과는 놀랍다. 수술 속도가 평균 25% 빨라졌고 합병증이 30% 감소했다. 수술 정확도는 40% 증가해 종양 절제 및 임플란트 식립이 향상되었다. 환자는 회복 시간이 15% 단축되고 통증이 눈에 띄게 줄어들어 더 빨리 회복했다. 치솟는 비용과 외과 의사 부족에 직면한 병원의 경우 효율성이 20% 향상되고 의료 비용이 10% 절감됐다. 이처럼 AI 지원 로봇 수술은 더 나은 결과를 가져올 완전히 새로운 수술 치료 모델이다.

의학의 새로운 정의를 가져올 로봇

그러나 이러한 혁신에는 심각한 질문이 따른다. AI 기반 시스템이 실수했을 때 누가 책임을 져야 할까? 생사를 건 결정을 내리는 알고리즘의 투명성을 어떻게 보장할 수 있나? 그리고 대형 병원은 이러한 도구에 조기 액세스할 수 있는 반면 시골이나 자금이 부족한 병원은 시스템이 더 뒤처지면 어떻게 될까?

의학의 형평성과 윤리성, 접근성은 정확성과 속도만큼이나 중요하다. 연구원들은 이미 사이버 보안 계층과 상호 운용성 표준을 비롯해 정신적 비밀번호와 같은 보호 장치를 개발하고 있다. 그러나 논쟁은 이제 막 시작되었다.

무시할 수 없는 것은 추진력이다. 전 세계 병원에서는 AI로 강화된 로봇 시스템을 채택하고 있으며, 환자들은 더 빠른 회복을 요구하고, 보험사들은 경제적 이익에 세심한 주의를 기울이고 있다. 지금 AI로 구동되는 로봇 수술은 단순한 기술 업그레이드가 아니라 차세대 치료 표준임을 시사한다. 외과의 경우 AI 전환은 수공구에서 전동 공구로 전환하는 것만큼 변화가 클 것이다. 환자들의 회복 기간은 며칠에서 몇 주까지 감축할 수 있다.

　의학의 다음 시대는 약물이나 장치의 개발을 넘어 인간의 기술을 강화하는 지능형 시스템에 의해 규정될 것이다. 한때 꾸준한 손으로 정의되는 예술이었던 수술은 인간의 전문 지식과 기계 정밀도 간의 데이터 기반 협업이 되고 있다. 문제는 이러한 미래가 안전하고 접근 가능하며 책임감 있는 의료 시스템을 보장하는 것이다. 기회는 치유의 의미를 재정의하는 것과 다름없다.

완전 자율 로봇 수술 성공

　얼마 전 완전 자율 로봇이 죽은 돼지의 장기를 이용한 수술 훈련에서 100% 성공률을 기록하며 10년 내 인간 대상 완전 자율 로봇 수술의 가능성을 열었다. 미국 볼티모어 존스홉킨스 대학교 전문가들이 이끄는 연구팀은 죽은 돼지의 장기를 활용해 총 8차례의 수술을 진행했으며, 모든 수술에서 성공적인 결과를 얻었다고 밝혔다. 연구팀은 인간 의료진이 돼지 장기를 이용해 수술하는 영상을 로봇 외과의사들에게 학습시켜 훈련을 진행한 것으로 알려졌다.

　존스홉킨스 대학교, 스탠퍼드 대학교, 컬럼비아 대학교 공동 연구진은 완전 자율 로봇으로 돼지 사체에서 담낭 8개를 무흠집으로 제거하는 데 성공했다. 로봇팔은 간에서 담낭을 분리하고 적출하는 17단계 절차를 스스로 계획하고 수행했다. 이 과정에서 평균 5분이 소요됐는데, 인간의 수술보다 덜 흔들렸으며 경로는 더 짧았다. 또

중간에 6회의 오차 수정이 있었으며 필요한 기구 요청도 로봇이 자율적으로 처리했다.

지금까지 로봇 수술은 다빈치 시스템처럼 인간 조종이 절대적이었다. 연구를 이끈 악셀 크리거Axel Krieger 존스홉킨스 대학교 교수는 "부드러운 장기를 완전 자율로 절제한 건 최초"라고 강조했다. 영국 왕립외과학회는 "숙련 외과의 역량을 대량 복제할 길을 열었다"라고 평가했다.

완전 자율 로봇의 성공적인 돼지 장기 수술은 로봇 수술 분야의 획기적인 진전으로 평가되며 미래 의료 기술 발전에 중요한 패러다임 변화를 예고한다. 연구팀은 이번 성공을 바탕으로 향후 10년 이내에 실제 인간 환자를 대상으로 로봇 수술을 시험할 수 있을 것으로 전망하고 있다.

전문가들은 "살아 있는 환자는 호흡·혈류·연기·체액 등 변수가 많다"라며 임상 전 환자 안전 기준, 책임 구조, 법·윤리 장치를 촉구했다. 영국 국민건강보험(NHS)은 10년 내 로봇 보조 수술 비율을 20%에서 90%까지 끌어올릴 것으로 기대했다.

캡슐 로봇이 조직검사를 대신한다

환자들은 때때로 질병의 정도와 건강 상태를 확인하기 위해 생검과 같은 심층적인 검사를 받아야 한다. 생검은 질병의 진단이나 치료 경과의 검사를 위해 내장 기관에서 체액을 뽑아내거나 조직을 잘라 내 여러 가지 방법으로 검사하는 것이다. 현재 장 생검은 내시경이나 대장내시경 같은 침습적 시술을 통해 채취하는데, 이 경우 환자의 몸에 관을 삽입해야 하므로 마취가 필요하다. 이러한 이유로 과학자들은 덜 고통적인 기술을 모색하게 되었다.

최근 중국의 연구진은 액체 생검을 위해 장 내에서 자기 유도성을 가진 삼키는 캡슐을 개발했다. 2025년 의공학 분야 국제 학술지 〈IEEE 의생명공학처리기술(IEEE Transactions on Biomedical Engineering)〉 9월호에 게재된 연구에서 연구진은 이 영리하게 설계된 캡슐이 실제 장내를 포함한 여러 곳에서 일련의 테스트를 거쳤고, 향후에 인간에게도 사용 가능함을 시사했다.

하얼빈 공업대학교의 쑹 쑹Shuang Song 교수는 지금까지 개발된 수많은 삼키는 캡슐이 장 내부 영상 촬영에만 국한되었다고 지적했다. 그의 연구팀은 장내 액체를 실제로 샘플링할 수 있는 미니로봇을 개발하고자 했다. 그들이 개발한 캡슐 로봇은 조직 샘플만큼은 아니어도 장 건강에 대한 중요한 통찰력을 제공할 수 있다. 캡슐 로봇이 샘플을 채취하면 장내 미생물군 구성, 대사산물, 염증 지표, 소화 효소 활성 등 더 많은 생화학적 정보를 얻을 수 있기 때문이다.

쑹 교수는 알약 크기의 캡슐 로봇이 장액 샘플을 채취함으로써 장내 미생물 관련 질환, 흡수 장애, 위장관 출혈, 그리고 조기 암 검진에 중요한 정보를 제공할 수 있다고 설명했다. 또 이러한 접근법은 기존 조직 생검에 비해 조직 손상이나 출혈 위험이 덜하며, 특히 소장처럼 접근하기 어려운 부위에 적합하다고 덧붙였다.

캡슐 로봇의 작동 원리는 간단하면서도 효과적이다. 환자가 캡슐을 삼키면 외부 자기 센서 어레이 시스템(패널, 칩, 스피커 등 여러 개의 모듈을 조합해 원하는 용량이나 기능을 구현하는 집합적 구조)이 로봇의 위치와 방향을 실시간으로 추적해 목표 샘플링 영역에 도달했는지 확인한다. 목표 영역에 도달하면 외부 자기장을 가해 캡슐 로봇의 샘플링 포트를 장액 쪽으로 향하게 한다. 이후 자기장이 증가해 캡슐 내부의 자기 스프링 메커니즘을 작동시키는 것이다.

연구진은 자기장의 방향과 세기를 변화시킴으로써 캡슐의 방향을 조절하고 액체 시료를 끌어들이는 메커니즘을 사용했다. 이 메커니즘은 내부적으로 압축된 유연한 얇은 막으로 만든 공간에 음압을 생성하고 그로 인해 장액이 캡슐 로봇으로 유입되는 것이다. 마치 비행기가 이륙하면 압력 변화로 플라스틱 물통이 쪼그라드는데 이때 물통의 뚜껑을 다시 열면 공기가 물통 안으로 빨려 들어가 다시 부풀어 오르는 것과 같은 원리다. 캡슐이 샘플을 수집하고 장을 통과하면 바깥 껍질을 제거하고 샘플을 분석할 수 있다.

연구진은 일련의 실험을 통해 16.3×24.4mm 크기의 로봇 시제품을 시험했다. 그 결과 돼지의 내장에서 자기장을 이용해 캡슐이 원하는 위치로 유도될 수 있음을 확인했다. 또한 캡슐이 다양한 점도의 액체(인간의 장기에서 흔히 볼 수 있는 점도 범위 포함)를 빨아들여 효과적으로 밀봉할 수 있음을 보여주었다.

쑹 교수는 캡슐 로봇은 크기가 작고 샘플링 용량이 크다는 장점이 있다며, 내부 전원 공급 장치가 필요 없다고 덧붙였다. 하지만 이 캡슐 로봇은 액체 샘플링에만 적용 가능하며 고체 및 고체와 액체 혼합 샘플을 채취하는 데는 한계가 있다. 연구팀은 캡슐 로봇의 크기와 구조를 더욱 최적화하고, 인간에게 안전한지 확인하기 위해 껍질 소재를 개선하고 생체 동물을 대상으로 캡슐을 테스트할 계획이다.

우주비행사 전용 AI 의료 보조 도구

유인 우주비행 임무가 길어지고 지구에서 더 멀어질수록 승무원 건강 관리의 난도가 높아지고 있다. 현재 국제 우주정거장(ISS) 우주비행사들은 실시간 지상 의료 지원 및 신속한 의약품 보급과 6개월 후 귀환 정도가 가능하다. 하지만 미국 항공우주국(NASA)과 스페이스X SpaceX가 인간을 달과 화성으로 보내려는 장기 임무를 준비하면서 우주 의료 환경에 변화의 바람이 불고 있다.

NASA는 최근 우주비행 임무의 독립성을 강화하기 위해 지구에 의존하지 않는 궤도상 의료 서비스 혁신에 박차를 가하고 있다. 대표적 사례가 NASA와 구글이 협력해 개발 중인 CMO-DA(Crew Medical Officer Digital Assistant)다. 이는 화성 탐사 임무를 수행하는 우주비행사들의 건강을 지키기 위한 인공지능 의료 도우미다. 이 AI 의료 보조도구는 의사 접촉이 불가능할 때 우주비행사 스스로 다양한 증상을 진단하고 치료할 수 있도록 돕는 목적으로 설계됐다.

CMO-DA는 음성·텍스트·이미지 등 다양한 데이터를 동시에 처리하고 통합적으로 인식하는 멀티모달 AI 도구로, 구글 클라우드에서 제공하는 통합 머신러닝 플랫폼 버텍스AI Vertex AI 환경에서 작동한다. NASA와 구글은 발목 부상, 옆구리 통증, 귀통증 등 세 가지 임상 상황에 대해 CMO-DA의 적합성을 테스트했다. 세 명의 의사와 우주비행사급 평가자가 초기 진단부터 병력 청취, 임상 추론, 치료 계획에 이르기까지 도구의 성능을 분석한 결과 진단 및 치료 정확도가 각각 74%(옆구리 통증), 80%(귀 통증), 88%(발목 부상)로 높은 수준을 기록했다.

NASA 과학자들은 향후 의료기기 등 다양한 데이터 소스를 추가하고, AI가 무중력 등 우주 특수 상황에 맞는 '상황 인식' 기능을 갖추도록 단계적 향상을 계획 중이다. 구글은 지상 병원 적용을 위한 규제 승인은 미정이지만 궤도 환경 내 검증 이후 다음 단계로 확대할 가능성을 내비쳤다. AI 기반 의료 혁신이 우주뿐만 아니라 미래 지상 의료에도 의미 있는 변화를 몰고 올지 주목된다.

7
집 짓는 로봇

　인간의 개입을 최소화하면서 로봇 3D 프린팅으로 실물 크기의 집을 층층이 인쇄하는 것은 공상과학 영화 속 이야기가 아니다. 이 기술은 기존의 건축 시간을 몇 개월에서 며칠로 단축하고 인건비를 대폭 절감하며 여러 상황에 최적화된 맞춤형 설계를 제공한다.

　호주 엔지니어링 스타트업 크레스트 로보틱스Crest Robotics와 어스빌트 테크놀로지Earthbuilt Technology가 공동 개발한 건설 로봇 샬럿Charlotte이 그 주인공이다. 샬럿은 200㎡(약 60평) 규모 주택을 단 하루 만에 완성할 수 있는 능력을 갖춘 것으로 알려졌다. 이는 벽돌공 100명의 작업 속도에 맞먹는다. 이 로봇은 전 세계적인 주택 부족 문제의 새로운 해결책이 될 수 있을지 기대를 모으고 있다.

거미형 건설 로봇 샬럿

샬럿은 모래, 폐유리, 부서진 벽돌 등 현지에서 조달한 재활용 자재를 압축해 건축 소재로 사용한다. 철근이나 목재 패널을 개별적으로 조립하는 등 여러 공정을 거치는 기존 건설 방식 대신 하나의 기계가 단일 공정으로 전체를 자율 시공하는 것이 특징이다. 거미 같은 다리로 직접 이동하고 구조물 위로 올라가며 특수 압출 시스템을 통해 건축 자재를 3D 프린터처럼 층층이 쌓아 올린다. 이 모든 과정이 하나의 기계로, 단일 공정으로, 자율적으로 이루어진다.

현재 샬럿은 단순한 구조물만 구현할 수 있으나, 샬럿이 건설한 3D 프린팅 구조물은 방수 및 방화 기능을 갖추고 있어 기존 건축 방식보다 훨씬 빠르고 저렴하게 집을 지을 수 있다. 이는 노동력 부족과 건설 지연 문제를 해결할 것으로 기대된다. 또한 건설 폐기물을 재활용하고 현지에서 재료를 조달함으로써 탄소 발자국을 크게 줄이는 친환경적인 장점도 있다.

아직 개발 단계에 있는 샬럿은 첫 실제 거주지 건설까지 수년이 더 걸릴 전망이다. 그러나 축소 프로토타입이 전시회에서 공개되며 업계의 관심을 끌었다. 개발사에 따르면 샬럿의 주된 목표는 만성적인 노동력 부족과 건설 프로젝트 지연 문제를 해결하는 것이다. 개발사들은 샬럿의 뛰어난 자율성과 소형 생체 모방 디자인을 활용해 주택 건설을 넘어 미래 달 탐사를 위한 달 기지 건설에도 이상적이라며 활용 범위를 우주로까지 확장하고 있다.

물론 현재 기술로는 단순한 구조의 건물만 지을 수 있고 모든 기후나 시장의 요구를 맞출 수는 없다는 한계가 있다. 그러나 세계적인 주택 공급 불균형이 심화되는 상황에서 하루 만에 집을 짓는 로봇은 많은 국가가 겪고 있는 주택난 해소에 직접적으로 기여할 수 있다는 평가를 받고 있다.

AI로 몇 분 만에 꿈의 수영장 설계

서양 주택에서 완벽한 뒷마당이라고 하면 수영장을 빼놓을 수 없다. 문제는 전통적인 디자인 방법은 느리고 비용이 많이 든다는 것이다. 그런데 AI로 수영장을 디자인하는 도구가 판도를 바꾸고 있다. 기술을 활용해 수영장 설계를 자동화하고, 실제 공간에 맞는 다양한 디자인을 빠르게 시각화하는 서비스 AI 풀 디자인AI Pool Design은 몇 분 안에 아이디어가 구체화되는 것을 볼 수 있다. 실제 공간 사진을 업로드하면 AI가 50개 이상의 현실적인 수영장 이미지를 자동 생성해 사용자가 원하는 스타일과 크기를 쉽게 비교할 수 있다. 단순히 시간을 절약하는 것이 아니라 공사를 시작하기 전에 실제로 보고, 조정하고, 가장 마음에 드는 수영장의 모습을 결정할 수 있는 것이다.

모든 것은 간단한 입력으로 시작된다. 뒷마당 사진, 몇 가지 대략적인 치수, 현대적 디자인 혹은 고전적 디자인 등을 원한다는 간단한 메모 정도다. AI는 이러한 세부 사항을 처리하고 눈앞에서 고품질 3D 렌더링을 구축한다. 마치 이미 수영장 옆에서 레모네이드를 홀짝이고 있는 것처럼 회전하고, 확대하고, 디자인을 자유자재로 이동할 수도 있다. 타일 색상을 변경하거나 디자인 추가를 위해 일주일을 기다릴 필요 없이 즉시 조정이 가능하다.

저렴하고 친환경적이며 예측 가능한 수영장

수영장을 짓다 보면 건축 설계 과정에서 아이디어를 더하거나 수정 사항이 추가될 때마다 값비싼 비용도 함께 더해진다. AI 풀 디자인은 그 방식을 뒤집는다. 선반을 추가하고 스파 위치를 옮기는 등 수십 가지 레이아웃을 실험할 수 있다. 이러한 자유를 통해 이전에는 그냥 지나쳤을지도 모르는 옵션을 탐색할 수 있으며, 자신의 라이프스타일에 진정으로 맞는 최종 디자인을 얻을 수 있다.

AI 기반 도구의 가장 큰 장점은 미적인 부분만 생각하지 않는다는 것이다. 태양 노출, 바람 패턴, 지역 기후 같은 것들을 고려해 최적의 수영장 배치를 제안할 수도 있다. 일부는 시간이 지남에 따라 특정 디자인이 얼마나 많은 에너지를 사용할지 추정해 월 청구서를 절약하는 친환경적인 선택을 하는 데도 도움이 된다. AI 도구에 내장된 미래 사고는 디자인을 아름답게 유지하면서 장기적으로 작동하도록 보장한다. 이는 기존의 설계도면 청사진에서는 예측할 수 없는 것이다.

건축물을 짓거나 고쳐본 경험이 있다면 누구나 무언가를 바꾸기에는 너무 늦은 후에야 무언가가 상상했던 대로 보이지 않는다는 것을 깨닫는 경험이 있을 것이다. AI는 이러한 위험을 많이 제거한다. 하루 중 다양한 시간대, 다양한 계절, 심지어 완전히 자란 조경에서도 수영장을 미리 볼 수 있다. 일몰 아래 보이는 모습이 마음에 들거나 스파 공간에 너무 그늘이 많다는 것을 알 수도 있다.

AI 도구는 믿을 수 없을 정도로 강력하지만 숙련된 수영장 건축가의 기술을 대체하지는 않는다. 대신 사용자에게 유리한 출발을 제공한다. 주택 소유자가 AI가 생성한 디자인을 건축 설계사에게 가져가면 그들은 기술적 세부 사항을 개선해 규정 준수를 보장하고 현장별 특징에 맞게 조정할 수 있다. 그 결과 건설 단계가 더 원활해지고, 잘못된 의사소통이 줄어들며, 승인한 비전과 마지막 세부 사항까지 일치하는 완성된 수영장이 탄생한다.

AI 풀 디자인의 강력한 장점은 사용자가 제어할 수 있다는 것이다. 디자이너의 개인 스타일에 얽매이거나 소수의 템플릿에 제한되지 않는다. 시간이나 돈 낭비에 대한 걱정 없이 색다른 아이디어를 시도할 수 있다. 이 과정은 타협보다는 취향, 예산, 공간이 모두 일치하는 최적의 지점을 찾는 것이 더 중요하다.

결국 수영장은 단순한 기능이 아니라 추억의 배경이다. 아이들이 수영을 배우고, 친구들이 여름 파티를 위해 모이고, 조용한 아침이 평화로운 탈출구로 바뀌는 곳이다. AI를 사용해 비전을 빠르고 저렴하게 실현하면 디자인 결정에 스트레스를 받는 대신 그 순간을 기대하는 데 더 많은 시간을 할애할 수 있다. 이것이 바로 AI를 활용한 새로운 건축 방식의 장점이다. 더 빠르고, 더 똑똑하며, 사용자를 중심에 둔다.

8
우주 활동 로봇

　NASA는 미래의 유인 달 탐사 및 화성 탐사에서 인간의 지속적 활동을 지원할 로봇 보조 시스템을 개발하고 있다. 우주비행사가 담당하던 일상적 점검과 유지 관리 작업을 국제우주정거장(ISS)에서 활동 중인 애스트로비Astrobee 같은 로봇이 대신함으로써 인간 탐험가들은 더 복잡한 탐사와 과학 연구에 집중할 수 있는 환경을 마련하려는 것이다.

　큐브 형태의 자율 비행 로봇 애스트로비는 범블Bumble, 허니Honey, 퀸Queen이라는 이름을 가진 세 대의 다채로운 로봇으로 구성되어 있다. 여기에 소프트웨어 및 자동 충전을 위한 도킹 스테이션이 포함된다. 이들 로봇은 자유 비행 기능을 활용해 우주정거장 내부에서 자율적으로 움직이며, 연구 지원 및 유지 보수에 최적화된

다양한 임무를 수행한다. NASA는 애스트로비 개발을 통해 장기간 우주 체류 및 원거리 탐사에서 필수적인 자율 로봇 운영 기술을 축적하고 있다. 이는 미래에 달과 화성에서의 지속 가능한 탐험을 위한 초석이 될 것으로 기대된다.

국제우주정거장은 25년 가까이 인류의 우주 연구와 기술 혁신을 선도해 온 궤도 실험실이다. 지구에서는 불가능한 미세중력 환경 실험을 가능케 해왔으며 NASA는 이를 기반으로 장기 우주 체류 기술을 발전시켜 왔다. 오늘날에는 단순한 연구 플랫폼을 넘어 지구 저궤도 경제 발전과 인류의 달·화성 탐사라는 다음 단계 도약을 위한 발판으로 자리하고 있다.

우주 정찰 위성 감시하는 스파이 로봇 우주선

우주에서 누가 감시자를 감시할까? 최근 소형 무인 우주선 오로라Aurora가 새로운 광학 감시 장비를 실은 채 저궤도 정찰 위성을 촬영하는 실증 시험을 성공적으로 마쳤다. 미국, 러시아 등 소수 국가만이 위성을 하늘에 띄우는 게 대단한 업적으로 여겨지던 시절은 지났다. 이제 우주는 수많은 위성들로 넘쳐나며, 감시·통신·원격 감지·전장 네트워크 구축 등 각종 임무를 수행한다. 특히 최근에는 우주 발사 비용이 급감하면서 고비용 대형 위성 대신 비교적 저렴한 소형 위성들을 빠르게 많이 쏘아 올려 단기 임무를 수행시키는 전략이 각광받고 있다. 이는 돌발 상황에 신속히 대응하고, 궤도가 붕괴되어 대기권에 소실되기 전까지 다양한 역할을 수행할 수 있는 새로운 위성 운영 방식이다.

이 위성들은 통신, 원격 감지, 군사 네트워크 등 다양한 목적으로 활용된다. 하지만 이처럼 짧은 시간 안에 궤도에 진입하는 위성들을 감시하는 것은 쉬운 일이 아니다. 이처럼 복잡해진 우주 환경 속에서 광학 감시 시스템 모닝 스패로우Morning Sparrow 센서와 오로라 우주선은 궤도에 무엇이 올라와 있는지 확인하는 데 중요한 도구로 부상했다. 길이 4.8m, 날개폭 4m의 무인 우주선 오로라는 복추진 로켓 엔진으로 뉴질랜드 타와키 국립 항공우주센터의 활주로에서 이륙해 고도 20㎞까지 상승하며 최고 속도 마하 1.03(시속 1,260㎞)을 기록했다.

이 고도에서 오로라에 탑재된 모닝 스패로우 센서가 가동됐다. 센서 세트는 좁은 시야각과 넓은 시야각을 동시에 제공하는 이중 광학 장비를 내장해 저궤도 또는 초저궤도(VLEO)에 있는 천체를 정확히 추적하고 이미지를 촬영했다. 두 개의 카메라가 탑재되어 좁은 시야각과 넓은 시야각을 모두 커버하며 실시간 데이터 처리로 입체 파노라마 영상이 생성됐다. 이 기술은 위성 발사 주기가 길고 비용이 높은 기존 우주 감시망을 보완할 수 있다는 평가다. 뉴질랜드 우주기업 던 에어로스페이스Dawn Aerospace에 따르면 이 시스템은 음속, 고고도, 빠른 처리, 기존 활주로 활용 등 여러 강점을 결합해 단기간 내 궤도에 투입된 소형 위성이나 저고도 우주 비행체를 신속하게 탐지하고 분석할 수 있다.

오로라는 근거리 우주에 반복적으로 접근해 발사를 수개월 기다릴 수 없는 탑재체를 지원하기 위해 설계됐다. 이 우주선은 미래의 신속 대응 우주 작전에서 중요한 역할을 할 것이다. 이번 실험은 초음속 속도, 고고도 비행, 빠른 처리 시간, 일반 활주로에서의 운용 능력 등 오로라의 주요 특징을 모두 입증했다. 이 기술은 향후 저공비행 우주선의 갑작스러운 출현 감시와 빠르고 반응성 있는 우주 영역인식(SDA) 능력 강화를 위한 실증 단계로 향후 군사·민간 분야 모두에 적용 가능성이 주목된다.

과학을 위해 용암 동굴로 뛰어드는 로봇

달이나 화성의 화산 터널 등 인간에게 적합한 지구 외 환경을 탐사하려면 특수 로봇 팀을 보내야 한다. 이를 위해 스페인의 란사로테섬에서 세 대의 로봇이 팀을 이뤄 지하 터널에 진입해 지도를 작성하는 시험 운행을 시연했다. 한 탐사 로버(이동형 로봇)가 다른 로버를 도와 수직갱을 따라 지하 동굴로 내려가는 실험을 한 것이다.

캘리포니아 모펫 필드에 있는 블루 마블 우주 과학 연구소의 지구화학자이자 NASA 큐리오시티 탐사선에서 일했던 제니퍼 블랭크 Jennifer Blank는 이처럼 복잡한 지하 탐사 개념을 현실적인 현장 조건에서 시험하는 것은 미래의 달 또는 화성 동굴 탐사를 가능하게 하는 중요한 진전이라고 말했다.

미국은 아르테미스 프로그램으로 2027년까지 달에 우주인을 보낸다는 계획을 세웠다. 단순히 착륙에 그치지 않고 우주인이 장기 거주할 기지도 세울 계획이다. 중국과 러시아도 달에 기지를 세우겠다고 발표했다. 화산 폭발은 종종 용암 동굴이라 불리는 지하 터널을 남긴다. 이는 식어서 굳어진 표층 아래로 뜨거운 용암류가 흐르면서 형성되며, 폭발이 멈추면 비어 있는 수로를 형성한다. 위성 탐사 결과 화성과 달 표면 아래에서 용암 동굴이 발견되었다.

스페인 연구진은 로봇으로 달의 용암 동굴을 탐사할 예정인데 이곳이 유인 달 기지를 세우기에 가장 좋은 환경이기 때문이다. 대기가 없는 달은 방사선이 지구보다 150배나 강하다. 게다가 운석도 수시로 떨어진다. 지하 터널인 용암 동굴은 이러한 위험을 막아주는 최적의 장소다. 또 달 표면은 낮에 127℃까지 올라갔다가 밤에는 -173℃까지 떨어지는 극한의 기온을 보여주는데 동굴은 온도가 안정적으로 유지된다. 그뿐 아니라 이러한 지하 환경은 우주선, 태양 폭풍, 미세 유성체로부터 사람들을 안전하게 보호해 주기 때문에 미래 달 탐사를 위한 전초 기지 건설에 이상적인 장소가 될 수 있다. 스페인 말라가 대학교의 로봇 공학자 카를로스 페레스 델 풀가르 Carlos Pérez del Pulgar 교수는 용암 동굴이 달에서 생명체의 흔적을 찾고 인간의 거주지를 마련하기에 매우 좋은 장소가 될 수 있다고 말했다.

용암 동굴은 달이나 화성 탐사 임무에서 인간의 피난처가 될 수 있지만, 지하 동굴에 들어가 탐사하는 일은 매우 위험하다. 과학자들은 우주인이 용암 동굴에 들어가기 전에 로봇을 먼저 보내 탐사하고 내부 지도를 만든다는 계획을 세웠다. 이를 위해 비슷한 지형의 란사로테섬 지하 터널에 용암 동굴을 4단계로 탐사할 로봇을 투입해 능력을 시험하는 전략을 고안한 것이다.

먼저 두 대의 로버가 지하 터널 입구 주변 표면의 지도를 작성했다. 그런 다음 큐브샛과 유사한 작은 정육면체 모양의 탐사선이 로버 중 하나에서 분리되어 터널 안으로 들어가 입구의 상세한 3D 지도를 제작했다. 로버들은 이를 이용해 최적의 하강 경로를 계획했다.

NASA는 이미 달과 화성의 유인 기지 건설에 대비해 지구의 용암 동굴에서 로봇 탐사 훈련을 시작했다. 그동안 화성 탐사는 오퍼튜니티, 큐리오시티 같은 로버가 맡았다. 하지만 바퀴로 움직이는 로버는 평평한 땅만 이동할 수 있었다. 과학자들이 탐사하려고 하는 지형은 대부분 거칠고 지표면 아래에 있다. NASA 과학자들은 보스턴 다이내믹스가 개발한 사족보행 로봇 스팟Spot을 화성 탐사용으로 개조했다. 자율(Autonomous) 보행이 가능하다는 의미로 'Au-스팟'이라는 이름을 붙였다. 머지않아 달에서도 로봇이 활약하는 모습을 볼 수 있을 것으로 보인다.

9
전쟁 로봇

공상과학 스릴러의 한 페이지를 닮은 중국의 날아다니는 거북이 로봇이 전 세계 국방 평론가들을 충격에 빠뜨렸다. 거북이 로봇은 기어다니고, 헤엄치고, 날고, 발사체를 발사한다. 온라인에 게시된 영상에서 거북이 로봇은 다리가 6개다. 3D 프린팅으로 제작한 이 로봇은 다양한 지형을 가로질러 이동하고, 3개의 회전 날개를 가진 트라이콥터 메커니즘으로 이륙하고, 미니 로켓처럼 보이는 것을 발사하는 모습을 보여준다.

직물 복합재와 경량 플라스틱을 사용해 만든 이 로봇은 인민해방군(PLA)의 프로젝트가 아닌 독립 엔지니어 프로젝트로 확인됐다. 그러나 육상, 해상, 공중, 공격 등 여러 영역에 걸친 그 능력은 심각한 군사적 문제를 제기했다. 이것은 단지 취미 기술일까, 아니면

PLA의 미래를 엿보는 것일까?

중국 미사일 거북이 로봇의 디자인과 등장 타이밍은 전 세계적으로 주목받는 다른 중국 로봇 프로토타입과 함께 한다. 2025년 5월, 중국은 캄보디아와의 합동 군사 훈련에서 소총을 장착한 로봇개를 시연했다. 또 다른 프로젝트에서는 늑대 모습을 한 네발 동물 로봇이 무리 지어 움직이고, 음성 명령에 응답하고, 가파른 지형을 다루는 모습을 보여주었다.

이러한 발전은 중국이 독립적이고 저렴한 전쟁 장비로 전환하고 있음을 나타낸다. 그러나 드론 미사일을 장착한 거북이 로봇은 아직 군용 등급이 아니다. 이는 수륙양용 또는 도시 작전을 위한 로봇으로 저렴하면서도 다양한 기능을 가진 로봇을 대량으로 살포하는 위협적인 퍼포먼스에 가깝다.

우리는 새로운 전쟁 예고를 목격한 것일까? 미사일을 발사하고 날아다니는 거북이 로봇이 제3차 세계대전의 전조라고 할 수는 없다. 그러나 이는 민간 혁신과 첨단 군사 장비 사이의 경계가 모호함을 뜻한다. 국방 전략가들은 거북이 드론 미사일 로봇을 전쟁이 분산되고 전략 없이 명령에 의해 통제되는 미래라는 의미에 더 가깝다고 경고한다. 적층 제조(3D 프린팅과 유사하지만, 재료를 한 층씩 쌓아 올려 제품을 만드는 제조 방식으로 경량화·기능 통합·비용 절감·지속가능성 등이 가능하다), 오픈 소스 AI, 소비자 로봇 기술 발전 덕분에 국가뿐만 아니라 개인도 차고 작업장에서 무기화된 기계를 제조할 수 있게 되었다.

전쟁의 늑대들, 중국의 킬러 로봇

중국은 로봇공학에 어마어마한 자금을 쏟아붓는 중이다. 그중에서도 로봇과 드론 등 무인화 기술을 전폭 지원하고 있다. 일부 전문가들은 이 분야만큼은 중국이 이미 미국보다 우위를 점하고 있을지도 모른다고 말한다. 2024년 11월 주하이 중국국제항공우주박람회에서 중국남방산업그룹(CSGC)은 특수 작전과 보병 파견대에 통합 전투기술을 제공하는 4족 보행 늑대 로봇을 선보였다. 약 70kg의 늑대 로봇은 공격, 정찰, 수송 및 지원 등 다양한 임무 수행 능력을 갖췄으며 임무에 따라 변형이 가능하다. 로봇에는 자율 제어가 가능한 칩을 심었고, 군 지휘센터는 AI를 통해 로봇을 통합 지휘한다.

이후 2025년 7월, 중국 국영방송사 CCTV 군사 채널은 늑대 로봇이 인간 병사와 함께 군사훈련에 투입된 모습을 공개했다. 〈공격-최강의 군대를 만들기 위한 결의〉라는 영상에서 늑대 로봇은 정찰용 장비를 장착한 채 소총을 등에 메고 연기로 가득 찬 전장으로 행진한다. 로봇은 정확한 화력으로 적을 제압하는 동시에 빠른 기동력으로 적의 영역을 점령했다. 또 돌격소총과 저격소총, 휴대용 로켓발사기로 무장한 병사들과 긴밀한 전술 협동을 유지했다.

약 70kg의 늑대 로봇은 전후방에 라이다LiDAR라는 인지 센서를 장착했고 360도 카메라 5대를 배치해 전방위 감지가 가능하다. 최대 20kg 물체를 운반할 수 있고 타격 거리는 최대 100m다. 주행 가능 거리는 약 10km, 운행 시간은 약 2.5시간이다. 40도의 급경사 이동과 30cm 높이 장애물 통과가 가능하다. 험지에서도 안정적으로 이동할 수 있어 전쟁 시 이동에 무리가 없다.

단일 지능에서 집단 지능으로 핵심 전술을 업그레이드한 늑대 로봇은 모듈형 설계를 기반으로 범용 늑대 로봇 플랫폼을 활용해 특정 임무에 맞춘 기능을 장착할 수 있다. 각각의 로봇은 은밀하게 적에게 접근하는 정찰 모듈, 목표물에 정확히 조준해 사격하는 모듈, 거친 지형에서도 유연하게 이동하는 모듈을 부착한 것이다.

군사훈련에 투입된 세 대의 늑대 로봇은 각각의 역할에 맞춰 행동했다. 우두머리 로봇은 최전방에서 정찰과 탐지를 도맡았으며 표적 정보를 수집한 뒤에는 정찰 이미지를 전송했다. 소총을 장착한 사수 로봇은 우두머리 로봇이 전송한 정보를 바탕으로 목표를 정밀 타격했다. 전방위 지원 로봇은 물자와 탄약을 운반했다. 이들은 서로 반경 2.5㎞ 내에서 명령 및 데이터를 주고받을 수 있다.

중국 군사 전문가는 늑대 로봇 전투체계는 인간 접근이 힘든 좁은 공간이나 위험한 환경에 진입할 수 있어 전투 사상자를 줄일 수 있고, AI를 통한 지휘가 가능해 인간과 효과적으로 협동할 수 있다고 강조했다. 이러한 지능형 무인 집단 전투는 로봇이 투입된 미래의 전장이 더욱 자동화되고 치명적일 것이라는 신호와 같다.

프랑스, 2040년까지 로봇 군대 편성

전 세계에서 무력 충돌은 점점 감소하고 있다. 그러나 이와 반대로 군사 지출은 해가 갈수록 급격히 증가해 역사상 전례 없는 수치에 도달했다. 이러한 지출의 대부분은 군사 기술 산업의 부상에 따른 것이다. 2021년에서 2023년 사이 벤처 캐피털들은 고출력 카운터 차세대 이동식 대공무기(UAV) 시스템에서 치명적인 드론 떼에 이르기까지 수익성 있는 계약을 따내기 위해 미국의 군사 기술 스타트업에만 1,000억 달러를 쏟아부었다. 수많은 신생 군사기업과 방위 산업체가 온갖 종류의 하드웨어를 홍보하면서 전쟁의 미래가 어떤 모습일지 예측하기가 점점 더 어려워지고 있다.

이러한 환경을 반영이라도 하듯 프랑스 육군은 2028년에 로봇 전사를 최전선에 배치하겠다는 계획을 세웠다. 미래 전투 프로그램 사령관 브루노 바라츠Bruno Baratz 장군은 3년 안에 최초의 지상 로봇을 갖출 것이며, 프랑스 정부가 2040년까지 로봇 군대를 편성하겠다는 목표를 최대한 앞당길 것이라고 말했다. 그뿐 아니라 장비 업그레이드, 예비군 증강, 민간 계약업체 아웃소싱, 첨단 드론 및 로봇 프로그램 투자 등을 통해 고강도 전쟁에 대비할 것을 촉구했다. 프랑스군은 감시에서 원격 수리 작업, 지뢰 제거에 이르기까지 다양한 작업에 로봇 유닛을 배치할 것으로 예상하고 있다.

프랑스는 이전에 기니의 경제 전쟁, 중앙아프리카 공화국의 드론 스파이 활동, 석유가 풍부한 가이아나에 대한 첨단 기술 무기 이전과 같은 전술을 사용했다. 프랑스가 앞으로 최첨단 군사 기술을 어떻게 전개할지는 아무도 짐작할 수 없지만, 로봇 군대가 창고에서 먼지가 쌓인 채 앉아 있지만은 않을 것이다.

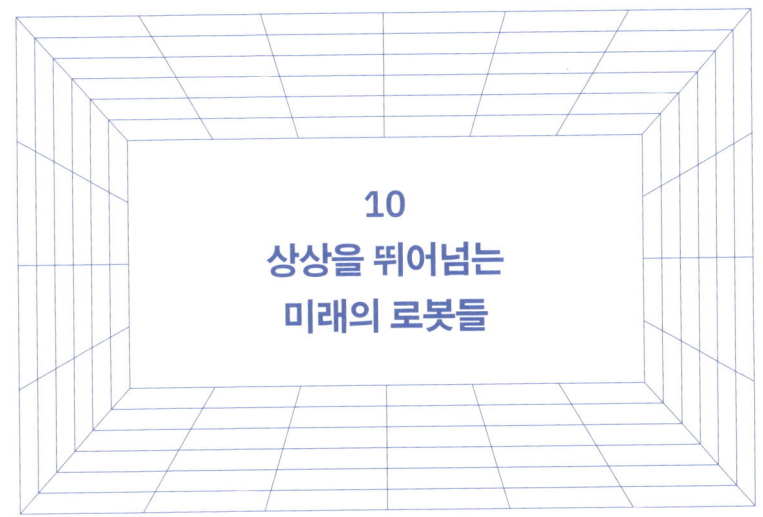

10
상상을 뛰어넘는 미래의 로봇들

수십 년 동안 우리는 더 똑똑한 로봇 마인드를 구축하는 데 주력해 왔다. 이제 과학자들은 성장하고, 치유하고, 진화하는 로봇이라는 다음 개척지를 열었다. 미국 컬럼비아 대학교 연구원들은 공장이 아닌 야생에서 주변 환경의 부품이나 다른 로봇을 사용해 물리적으로 스스로를 재건할 수 있는 로봇을 만들었다. 로봇 신진대사(robot metabolism)라고 불리는 이 새로운 기술은 설계와 진화 사이의 경계를 모호하게 만드는 자립적이고 자율적인 기계의 시작을 의미한다. 이제 로봇은 알아서 부품을 흡수하고 재조립해 성능을 향상시키고 환경 변화에 빠르게 대응할 수 있다.

스스로 진화하는 로봇

이러한 변화는 어린이들이 가지고 노는 자석 장난감에서 영감을 받은 것이다. 막대형 자석 모듈인 트러스 링크Truss Link는 다양한 각도로 연결할 수 있는 구조체로 복잡한 모양을 자율적으로 조립할 수 있다. 서로 맞물려 구조물을 형성하고, 보행 기계로 변신하며, 성능을 향상시키기 위해 여분의 링크를 추가하기도 한다.

이 기계들은 스스로 생각만 하는 것이 아니다. 그들은 먹이를 먹고, 적응하고, 진화한다. 트러스 링크는 스스로 2차원 구조를 형성한 뒤 3차원 로봇으로 진화하고, 추가로 링크를 흡수해 기능을 발전시키는 과정을 구현했다. 예를 들어 삼각뿔 형태의 로봇은 내리막길을 더 빠르게 내려가기 위해 새로운 부품을 추가해 팔다리를 만들고 이를 지팡이처럼 활용했다. 형태를 바꿈으로써 내리막길 주행 속도가 66% 이상 빨라졌다. 업그레이드를 기다리지 않고 업그레이드를 구축한 것이다.

로봇의 신체가 스스로 발전한다는 것은 엄청난 의미를 가진다. 더 이상 인간이 수리할 필요가 없는 로봇의 세계가 시작되기 때문이다. 임무를 수행할 때마다 더 강해지고 피해를 입으면 스스로를 치유하며 생존을 위해 구식 유닛을 잠식하는 로봇. 이러한 기계는 재난 지역, 심해, 화성처럼 인간이 접근하기에는 위험하거나 외딴 곳, 외계 환경에서 새로운 로봇 문명의 중추를 형성할 것이다.

그리고 이것은 시작에 불과하다. 그동안 로봇의 AI 인지 능력은 비약적으로 발전했다. 하지만 로봇의 신체는 별다른 진화 없이 여전히 단순하고 유연하지 못하다. 인지적 진화에 발맞춰 물리적으로도 유동적 진화가 본격적으로 시작된다면 미리 설계된 로봇의 시대도 끝날 것이다. 이는 살아있는 인프라, 즉 업그레이드 허가를 기다리지 않는 자체 성형 기계의 탄생이라고 할 수 있다. 로봇의 진정한 자율성은 인지 능력뿐 아니라 물리적 유지 능력도 갖췄을 때 가능하다. 앞으로 점점 더 많은 분야에서 로봇이 사용되는 만큼 스스로 수리하고 개선하는 능력이 로봇에게 요구될 것이다.

로봇 덕분에 열매를 맺는 식물

수 세기 동안 농부와 과학자들은 교차 수분 방법으로 새롭고 더 튼튼한 작물을 만들어 왔다. 자가 수분과 달리 한 식물의 꽃가루가 다른 식물의 암술에 도달하기까지 많은 시간이 걸리는 교차 수분은 처음부터 끝까지 인공적인 수작업으로 이루어진다.

그런데 중국이 세계 최초로 자율 AI 기반 하이브리드 수분 로봇 지얼GEAIR을 개발하며 기술 폭탄을 던졌다. 지얼은 꽃을 정확히 식별해 로봇 팔을 뻗어 교배와 수분 작업을 수행할 수 있다. 일일이 꽃가루를 옮기던 인간을 대신해 수분 작업을 해내는 것이다. 로봇이 꽃을 식별하고 수술의 화분을 암술머리에 옮기는 일은 단순해 보일지 몰라도 실제로는 매우 높은 기술이 필요하다.

중국은 토마토 재배에 지얼을 사용했는데, 토마토꽃은 암술이 수술에 둘러싸인 닫힌 구조로 수분이 어렵다. 자연 상태에서는 바람이나 벌 등이 꽃가루를 암술머리까지 퍼지게 하지만 비닐하우스 같은 실내에서 재배하는 토마토는 이마저도 어렵다. 때문에 사람이 일일이 손으로 꽃을 열고 흔들어 꽃가루를 옮기거나 붓에 꽃가루를 묻혀 옮겨야 했다. 문제는 토마토꽃은 개화한 지 48시간 이내에 수분되지 않으면 열매가 열리는 비율이 매우 낮아진다는 것이다. 일하는 시간이 끝난 뒤인 저녁이나 주말 사이 개화한 꽃들은 수분 기회를 놓쳐 열매를 맺지 못해 농가 수익에 지장을 초래했다. 그런데 지얼은 밤이고 낮이고 상관없이 24시간 쉬지 않고 수분 작업을 할 수 있어, 밤 사이 개화한 토마토꽃도 즉시 수분해 열매를 맺을 수 있게 된 것이다.

지얼은 인간의 노동을 대신해 줄뿐 아니라 새로운 품종을 개발하는 육종 비용 절감에도 도움을 주고, 작물 주기를 빠르게 만들어 더 많은 수확이 가능해졌다. 잡종 대두 육종의 코드 해독으로 중국은 새로운 글로벌 표준을 설정할 수 있었다. 지얼의 기술은 대두를 넘어 쌀과 특수 작물에 이르기까지 많은 영역에 적용할 것으로 기대된다. 어느새 농업의 미래는 인간의 손이 아닌 정밀 로봇의 손에 달리게 되었다.

최초의 임신 로봇 탄생

수천 년간 생명 탄생의 행위는 여성의 몸과 떼려야 뗄 수 없는 것이었다. 하지만 이 전통적 개념이 전례 없는 기술로 도전받고 있다. 중국에서 인공 자궁을 탑재한 휴머노이드 로봇, 즉 최초의 임신 로봇 개발을 위한 과학 경쟁이 불붙고 있기 때문이다.

중국의 주요 대학과 연구소, 그리고 첨단 기술기업들은 인공 자궁 기술과 로봇공학을 결합해 인간의 수정란을 체외에서 성장시키고 직접 분만까지 할 수 있는 생명 운반체로서의 로봇 프로젝트를 잇따라 발표하고 있다. 이 로봇은 외부의 지속적인 모니터링, 영양 공급, 태아의 성장 환경 조절은 물론 위기 상황 예측 및 분만까지 전 과정을 자동화하고, 대중들이 품었던 전통적 모성 개념에 혁명적 변화를 예고한다.

불과 몇 년 전까지만 해도 인공 자궁이나 로봇 모성은 영화와 소설 속 환상이었다. 그러나 인공 배양된 태아의 성공적 성장 사례, 인간-로봇 인터페이스 진보, AI 기반 생명 관리 시스템 발전 등 여러 요소가 맞물리며 여성처럼 임신하고 출산하는 로봇은 더 이상 상상만으로 치부할 수 없는 연구 분야가 되었다. 특히 소자본 스타트업부터 거대 과학 기관에 이르기까지 임신 로봇의 특허 출원이 급증하며 실제 프로토타입 개발도 속도를 내고 있다.

이러한 기술 발전은 사회적으로도 강렬한 논쟁거리가 되고 있다. 여성의 임신·출산에서 인공 시스템으로의 전환 가능성, 부모 자격·생명의 본질·윤리적 책임 등 근본적 가치에 관한 질문이 쏟아진다. 더불어 여성의 역할 변화와 전통 가족제도에 대한 도전, 출생률 문제와 인구 정책 논의까지, 임신 로봇의 등장은 앞으로 중국 사회 전반에 커다란 파장을 일으킬 것으로 전망된다.

중국은 이미 인공 자궁 연구에서 글로벌 선두를 차지하며 임신 로봇 프로젝트를 통해 과학적·정책적 우위를 선점하려 하고 있다. 임신 로봇의 탄생은 생명의 시작에 대한 인류의 인식 자체를 바꿀 수도 있는 대전환이 될 전망이다.

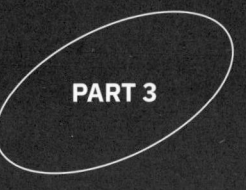

AI 쇼크, 그 많던 일자리는 어디로 사라졌을까?

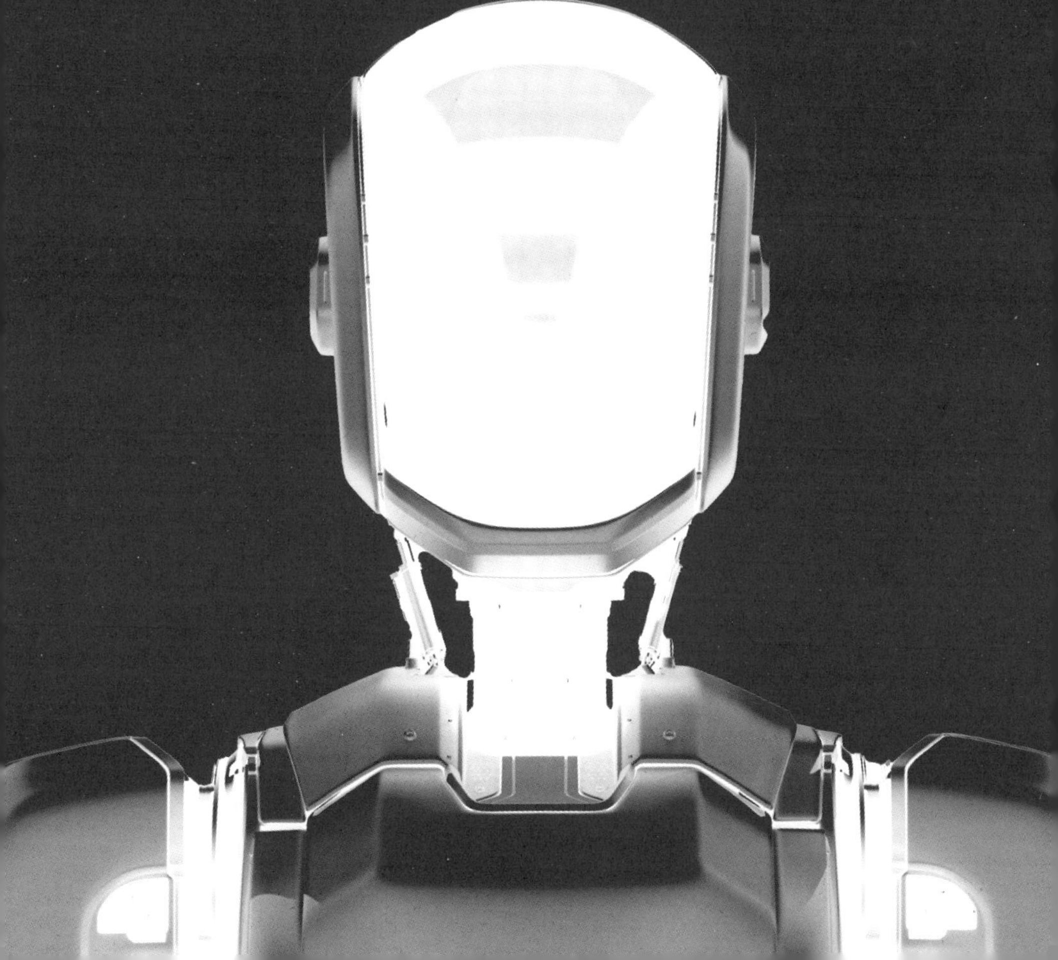

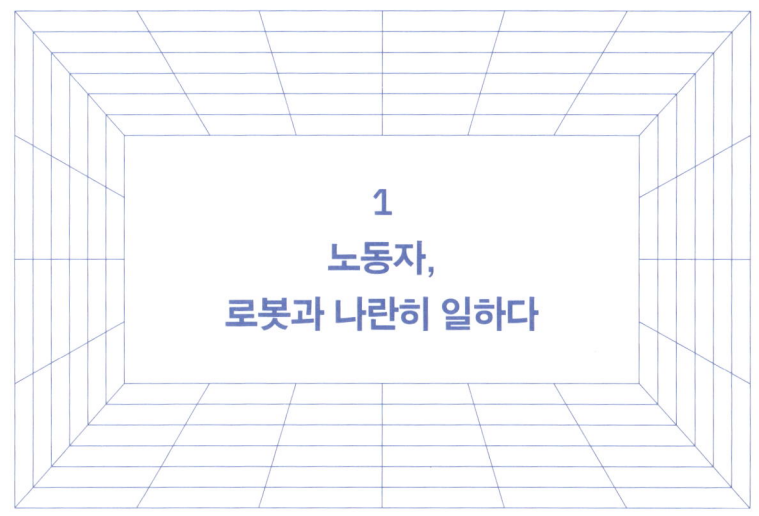

1
노동자, 로봇과 나란히 일하다

로봇과 AI가 주도하는 미래에 인간 노동자는 어떤 역할을 맡게 될까. 기술 업계가 내놓는 전망은 크게 두 갈래다. 한쪽에서는 "우리(기술자, 투자자)를 제외한 모든 일자리를 로봇이 대체할 것"이라고 단언한다. 실리콘밸리의 대표적인 연쇄 창업가이자 벤처 투자자인 마크 앤드리슨Marc Andreessen은 자신의 투자자 업무는 결코 자동화될 수 없다고 믿는다.

또 다른 시각은 "로봇이 인간의 힘든 일을 대신하고, 인간은 로봇 혁명이 창출하는 새로운 일자리를 맡게 될 것"이라는 주장이다. 역사적으로 후자가 더 많은 근거를 갖고 있다. 세계경제포럼(WEF)은 기술 발전으로 9,200만 개의 일자리가 사라지지만 1억 7,000만 개의 새로운 일자리가 생길 것으로 내다본다.

인간은 로봇 기술자로 전환? 아마존의 재교육 실험

로봇이 가득한 미래에서 AI 및 머신러닝 분야의 비숙련 노동자들, 특히 창고 근로자들은 어떤 현실을 맞이하게 될까? 아마존은 최근 '촉각' 기능을 갖춘 두 팔 로봇 벌컨Vulcan을 공개하며 한 가지 가능성을 제시했다. 아마존 CEO 앤디 재시Andy Jassy는 X(옛 트위터)를 통해 "벌컨은 인체공학적으로 어려운 작업을 처리함으로써 작업을 더 안전하게 만드는 데 기여하는 동시에, 팀원들이 로봇 유지 관리 기술을 키울 기회를 제공한다"라고 강조했다. 벌컨은 창고에서 가장 높거나 낮은 선반에 있는 물건을 집는 역할을 수행하며, 덕분에 인간은 사다리를 오르거나 하루 종일 허리를 굽힐 필요가 없게 된다. 인간은 중간 높이에 보관된 물건이나 로봇이 집기 어려운 물건을 처리한다.

아마존은 로봇 활용이 늘어나면서 소수의 창고 직원들을 로봇 기술자로 재교육하고 있다고 설명했다. 로봇이 전체 주문의 75%를 처리하지만, 이 로봇들의 바닥 모니터부터 현장 유지보수 엔지니어까지 아마존에서 수백 가지의 새로운 일자리가 창출된 것이다. 일부 근로자들에게는 로봇 유지 보수 기술을 습득하도록 직무 재교육 프로그램을 제공한다고 덧붙였다. 실제로 로봇 기술자 등으로 전환한 직원들은 최대 40% 임금 인상 효과도 보고 있다.

하지만 이 변화가 1:1의 단순한 일자리 전환을 의미하는 것은 아니다. 로봇 관리에는 주문 처리 인력만큼의 인력이 필요하지 않으며, 모든 근로자가 로봇 정비사로 전환할 수 있는 것도 아니다. 그럼에도 아마존이 재교육 프로그램을 강조한 것은 의미가 있다. 로봇이 대부분의 일을 대신하게 된 이후의 삶이 노동 계층에 어떤 영향을 줄 것인가에 대한 구체적인 사례가 지금껏 거의 없었기 때문이다.

자동화의 불편한 진실, 복지로 살아가는 사회?

AI와 자동화가 진전될수록 인간은 '보조자'가 아닌 '관찰자'가 될 수도 있다. 일부 AI 스타트업 창업자는 AI가 모든 일을 대신하면 인간은 정부 복지 혜택에 의존할 것이라는 극단적인 전망을 내놓기도 했다. 하지만 보다 현실적인 시나리오는 미래 일터에서는 식료품점에 점원 대신 자동화 모니터가 생기고, 패스트푸드점 조리사 대신 직원들이 요리 로봇을 감독하는 형태로 변하는 식이다. 로봇을 운영하는 능력이 마치 PC를 운영하는 기술처럼 여겨지고 취업을 위해 거의 모든 사람이 갖춰야 할 필수 기술이 될 수도 있다.

이러한 변화가 모든 산업에 균등하게 적용되는 것은 아니다. 대규모 자본과 기술을 갖춘 아마존이나 자동차 제조업체 등에서는 로봇이 빠르게 확산되겠지만, 소매·식당·운전 등의 업종은 당분간 인간 중심의 노동이 유지될 전망이다. 실제로 아마존이 무인 매장 아마존 고Amazon Go의 기술을 소매업계에 확산시키려 했으나, 업계의 외면과 높은 비용 문제로 확산에 실패했다. 더군다나 해당 기술이 인도에서 실제로는 인간이 영상을 분류하는 방식으로 운영되고 있었음이 밝혀지면서 신뢰에도 타격을 입었다. 아마존을 포함한 여러 업체들이 개발한 이 같은 기술 가운데 오늘날 현장에서 광범위하게 적용되는 사례는 아직 찾아보기 어렵다. AI와 로봇 기술의 발전 속도만큼이나 일자리 변화의 양상은 복잡하고 예측 불가능한 측면이 많다.

AI와 로봇, 일자리의 미래는?

저임금 업무와 반복 업무는 가장 먼저 자동화될 가능성이 높다. 맥킨지 보고서에 따르면 연 3만 8,000달러 미만의 저임금 일자리는 AI로 대체될 확률이 다른 직업군보다 14배 높다고 한다. 그러나 AI는 동시에 더 많은 새로운 일자리를 창출할 것이다. 새로운 일자리는 로봇 유지 보수, 데이터 분석, 고객 경험 관리 등 기술적·감성적 역량이 요구되는 분야에서 주로 생겨난다. 기존 근로자들은 이들 분야의 재교육을 받아야 한다.

아마존의 사례는 '인간 없는 미래'가 아닌 '재정의된 인간 역할'을 암시한다. 하지만 이 역할이 모두에게 공평하게 주어질지는 여전히 의문이다. 로봇과 함께 일할 수 있는 사람만이 생존할 수 있는 새로운 노동 시장에서 '기술의 인간화'가 아닌 '인간의 기술화'가 더욱 중요한 화두로 떠오르고 있다.

AI와 로봇의 확산이 불평등을 심화시킬 수 있다는 우려도 있다. 기술을 다루는 능력을 갖춘 사람과 그렇지 못한 사람의 임금 격차가 커질 수 있기 때문이다. AI와 로봇이 일자리를 대체하는 속도와 범위는 산업과 직무에 따라 다르다. 아마존의 벌컨 사례에서 보듯 반복적인 육체 업무는 빠르게 자동화되지만, 로봇을 관리 감독하거나 인간 고유의 감성적 역량이 필요한 일자리는 여전히 인간의 몫이다. 따라서 앞으로는 로봇과 함께 일하는 능력이 새로운 기본 역량이 될 것이며, 노동시장은 이에 맞춰 재편될 전망이다. 하지만 완전한 로봇 세상이 오기까지는 아직 많은 변수와 시간이 남아 있다.

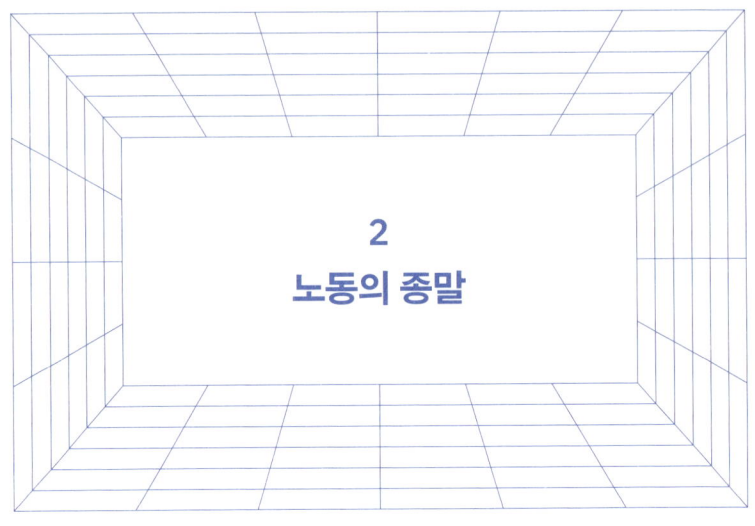

2
노동의 종말

    인류와 가까운 기술이 마차에서 자동차로, 다시 자동차에서 AI와 휴머노이드 로봇으로 이동하는 것처럼 노동의 본질도 근본적으로 변하고 있다. 1916년에 자동차가 마차를 대체하기 시작했을 때와 마찬가지로 이제는 한 대의 휴머노이드 로봇이 곧 수십만, 수백만 대가 되어 공장과 사무실, 서비스 현장을 채우는 시대가 다가오고 있다. 10년 뒤에는 한 명의 인간이 감독하는 공장에 수백만 대의 로봇이 함께 일하는 모습이 펼쳐질 것이다.

    2035년, 서울의 한 대형 물류센터. 수백 대의 휴머노이드 로봇이 24시간 멈추지 않고 상품을 분류하고 포장한다. 시간당 운영 비용은 단돈 1달러. 같은 시각 강남의 법무법인에서는 AI가 수천 건의 판례를 분석해 소송 전략을 수립하고 있다. 이는 공상과학이 아니다. 스탠퍼드 대학교 토니 세바Tony Seba 교수가 예측한 노동 엔진(노동자들이 기업 내에서 핵심적인 역할을 하며, 기업의 성장과 생존에 결정적인 동력을 제공하는 집단적 힘)의 파괴적 혁신이 현실화되는 순간이다. 2030년대 중반이 되면 우리는 인류 역사상 가장 충격적인 노동 패러다임의 전환을 목격하게 될 것이다.

휴머노이드 로봇과 노동의 파괴

토니 세바 교수는 휴머노이드 로봇이 세계 경제의 모든 부분에서 인간의 노동을 파괴한다고 예측했으며, 그에 따른 변화를 다음과 같이 정리했다.

1. 휴머노이드 로봇이 가져올 노동 종말은 불가피하다

휴머노이드 로봇은 노동 비용이 시간당 10달러 미만으로 시장에 진입할 것이며, 2035년에는 시간당 1달러 미만, 2045년에는 시간당 0.1달러 미만이 될 것으로 예상한다. 역사적으로 신기술이 10배 이상의 비용 절감을 이뤄낼 때마다 혼란이 뒤따랐다. 이 수치만으로도 상당수의 인간이 노동 중단을 맞이하게 된다.

2. 노동 종말은 완전히 새로운 노동 시스템을 만든다

휴머노이드 로봇은 인간의 일자리를 대체할 뿐만 아니라, 노동의 한계 비용을 빠르게 0으로 줄일 것이다. 이는 인터넷과 디지털 기술이 정보와 커뮤니케이션의 한계 비용을 0에 가깝게 줄였을 때와 마찬가지로 완전히 새롭고 훨씬 더 큰 시스템을 만들어내며, 이에 따른 새로운 사업 모델과 지표가 필요하다.

3. 종말은 일자리가 아닌 업무에 관한 것이다

휴머노이드 로봇에 지각능력이 없다면, 그들은 일자리를 가질 수 없다. 단지 작업을 수행할 뿐이다. 일반적으로 직업은 다양한 작업에 대한 책임을 수반하며 각 작업을 처리하는 데 필요한 훈련과 경험, 기술은 저마다 다르다. 세상을 바꾸는 의미로서의 노동 종말은 작업의 올바른 분석 단위와 작업의 시간당 비용의 지표 측면에서 이해해야 한다.

4. 모든 제품과 서비스가 더 저렴해진다

노동은 전 세계 경제의 모든 제품과 서비스에 반드시 필요한 자원이다. 따라서 노동 비용이 떨어지면 다른 모든 것의 생산비용도 떨어진다. 휴머노이드 로봇이 대규모로 배치되고 이들의 비용 대비 성능이 개선됨에 따라 제품과 서비스의 가격은 점점 더 떨어질 것이다. 따라서 디플레이션을 고려해 생산을 계획해야 한다.

5. 모든 제품이 더 좋아진다

모든 제조품의 품질은 향상된다. 인간에게 적용되는 기술과 세부 사항에 대한 한계가 로봇에는 적용되지 않기 때문이다 . 휴머노이드 로봇은 모든 작업을 최고 품질로 수행하며 그에 따른 인센티

브는 인간보다 훨씬 적을 것이다.

6. 생산성이 급등한다

휴머노이드 로봇은 지금까지 인간이 수행해 온 작업을 훨씬 저렴하게 처리해 엄청난 생산성을 발휘할 것이다. 이는 인간 기반 노동 시스템에서는 불가능했던 새로운 산업을 가능하게 만들어준다. 또한 오늘날 저비용 노동이라는 지역적 경쟁 우위를 무력화한다. 2035년에 한 국가의 노동력에 100만 명을 추가하려면 1,000억 달러가 들고 20년이 걸리지만, 노동력에 휴머노이드 로봇 100만 대를 추가하려면 100억 달러가 들고 불과 1년이면 끝날 것이다.

7. 휴머노이드 로봇 투자는 국가적 이익의 문제다

휴머노이드 로봇을 이용하면 어느 나라든 노동력 인프라와 경제적 자립, 안보를 대대적으로 확장할 수 있고 이를 통해 1인당 생산성 기준으로 경제를 성장시킬 수 있다. 중산층 가정에서 한 아이를 키워 국가 노동력에 합류시키려면 최소 20년의 시간과 10만 달러의 비용이 필요하다. 반면 휴머노이드 로봇은 제조되는 즉시 노동력에 추가될 수 있으며 상대적으로 비용이 저렴하다.

8. 더 이상 시간을 낭비할 필요가 없다

휴머노이드 로봇은 생산 규모만으로도 역대 가장 수익성이 높은 물리적 제품 범주 중 하나가 될 가능성이 크다. 향후 20년 동안 배치되는 휴머노이드 로봇의 수는 10억 대를 넘을 것이다. 휴머노이드 로봇의 능력이 인간 노동자의 능력에 근접하고 나아가 이를 능가하게 되면, 미래는 휴머노이드 로봇 노동 혁신을 수용하는 사회에 속하게 될 것이다.

9. 노동의 종말은 또 다른 종말을 가져온다

휴머노이드 로봇은 모든 상품과 서비스를 더 저렴하게, 더 뛰어나게, 더 많이 만든다. 그 결과 희소성이 아닌 과잉 경제를 기반으로 여러 산업의 지형을 완전히 바꿔놓을 것이다. 그 과정에서 몇몇 산업은 사라지게 된다.

10. 로봇이 가져올 번영은 다양한 문제를 해결한다

휴머노이드 로봇의 비용 대비 성능 향상 속도가 지속된다면, 10~20년 안에 상상조차 할 수 없었던 물질적 풍요와 번영의 시대가 도래할 것이다. 이는 세계적 번영과 개인의 번영으로 연결되며 사회적, 경제적, 지정학적, 환경적 문제를 좀 더 쉽게 해결해 준다.

11. 로봇의 대규모 배치가 중요하다

휴머노이드 로봇의 가치와 경쟁 우위의 대부분은 대규모 배치에 있다. 처음에는 역량이 제한적일지라도 AI가 빠르게 향상됨에 따라 무선 업데이트로 지속적 업그레이드가 가능하므로 도입을 늦출 이유가 없다. 특정 산업 내의 경쟁자뿐 아니라 산업 간, 국가 간에도 가능한 한 빨리 로봇을 제작하고 배치해야 한다.

12. 인간형 폼팩터가 로봇 응용 프로그램을 지배한다

결국에는 인간의 형태에 제약받지 않는 로봇의 전문화와 최적화가 합리적이겠지만, 혁신의 첫 번째 단계에서 개발되고 배치된 로봇은 인간과 유사한 형태와 기능을 갖춘 폼팩터를 취할 것이다. 모든 기존 시설과 인프라가 인간을 중심으로 설계되었고, 인간형 폼팩터가 스스로 필요한 데이터 수집에 용이하기 때문이다.

13. 휴머노이드 로봇의 자체 제조가 성공의 핵심이다

최대한 빠르게 휴머노이드 로봇을 자체 생산해야 한다. 수많은 기업의 비즈니스 모델에서 전체 국가의 정책 결정에 이르기까지 대대적으로 휴머노이드 로봇이 배치될 것이므로 로봇 자체가 전략의 중요한 일부가 되기 때문이다.

14. 노동의 지속 가능한 방향이 재정립된다

일은 곧 기계만이 할 것이다. 향후 10년 정도는 인간이 해내기 어려운 일에 휴머노이드 로봇을 배치할 것이다. 현재 인간의 일자리를 직접 대체하는 것과는 반대다. 노동의 종말이 완료되면 희소성과 생산성 같은 근본적인 개념이 사라지고 노동 엔진은 스스로 지속 가능한 방향으로 확장할 것이다.

15. 혼란의 초기에 개발이 증가한다

전구, 전화, 컴퓨터 같은 파괴적 기술과 마찬가지로 휴머노이드 로봇에 대한 수요는 엄청날 것이다. 수요가 공급을 크게 초과하는 혼란의 시작 시점에는 누구도 모든 시장을 장악할 수 없다. 따라서 수많은 기업이 다양한 비즈니스 모델을 사용해 수백 개의 틈새시장을 노린 휴머노이드 로봇을 빠르게 개발할 것이다.

숫자가 말하는 충격적 미래

맥킨지 글로벌 연구소의 최신 예측은 더욱 충격적이다. 2030년까지 미국 근무시간의 30%, 유럽의 27%가 자동화될 것이며, 전 세계적으로 최대 3억 7,500만 명이 완전히 새로운 직업을 찾아야 한다고 말한다. 더 놀라운 것은 속도다. AI 기술을 활용해 저해상도 이미지나 영상을 고해상도로 변환하는 작업인 AI 스케일링 속도는 6~9개월마다 11~15배 빨라지고 있는데 이는 무어의 법칙을 아득히 뛰어넘은 숫자다. 휴머노이드 로봇 시장은 2024년 20억 달러에서 2029년 130억 달러로 폭발적 성장이 예상된다. 테슬라의 옵티머스, 중국의 유니트리 G1은 이미 인간 노동자를 대체할 준비를 마쳤다. 토니 세바의 예측대로라면 2035년 이전에 로봇 노동 비용은 시간당 1달러 이하로 떨어질 것이고 2045년에는 시간당 0.1달러가 될 것이다. 사실상 인간 노동의 경제적 가치가 소멸하는 셈이다.

이러한 변화는 단순한 자동화의 연장이 아니라, 인류가 수천 년간 지켜온 노동의 가치와 의미를 재정의하는 거대한 패러다임의 전환이다. 기술은 인간을 보조하는 수단을 넘어 인간을 대체하는 주체로 진화하고 있다. 실제로 골드만삭스는 2045년까지 전 세계 직업의 절반이 완전히 자동화될 수 있다고 전망하며, 맥킨지 또한 2030년까지 미국 내 30%의 일자리가 자동화될 것으로 예측한다.

생존을 위한 노동에서 해방되다

2030년대, 우리는 노동의 종말을 목격할 것이다. 그렇다면 미래는 암울하기만 할까? 2030년대에 일의 의미는 근본적으로 재정의될 것이다. 인류가 생존을 위한 노동에서 해방되어 자아실현과 사회적 기여를 위한 노동을 추구하는 새로운 시대가 시작된다. 따라서 레이 커즈와일이 예측한 2045년의 특이점은 단순히 기술적 도약이 아니라 인간의 존재 의미가 재정의되는 순간이 될 것이다. 문제는 우리가 이 거대한 전환을 준비하고 있느냐는 것이다.

2024년 EU는 세계 최초의 포괄적 AI 규제법을 발효했다. 덴마크의 유연안정성 모델은 유연한 고용과 관대한 사회안전망을 성공적으로 결합했다. 싱가포르는 자국민 직무역량 향상 정책(SkillsFuture)을 통해 모든 시민에게 평생학습 기회를 제공한다. 독일 루르 지역은 60년에 걸쳐 석탄산업 중심에서 지식경제로 완전히 탈바꿈했다. 그렇다면 한국은 무엇을 준비해야 할까?

첫째, 노동의 재정의가 시급하다. 노동자 보호에서 시민 보호로, 일자리 창출에서 소득 보장으로 정책의 패러다임을 전환한다.

둘째, 한국형 기본소득 도입을 서둘러야 한다. 로봇세와 데이터세를 재원으로 하는 단계적 도입 계획을 수립한다.

셋째, 평생학습 시스템의 혁신이 필요하다. 싱가포르의 직무역량 향상 정책(SkillsFuture)을 벤치마킹한 K-SkillsFuture를 즉시 도입해야 한다.

넷째, 노동시간 단축 실험을 시작한다. 공공 부문부터 주 4일제를 도입하고 성과를 바탕으로 민간까지 확산시켜야 한다.

다섯째, 미래 세대를 위한 교육혁명이 필요하다. 직업교육에서 창의성과 인문학 교육으로 전환하는 것이다.

노동의 종말, 그러나 인간의 시작

인류는 지금 역사상 가장 급진적인 변화의 물결 앞에 서 있다. 수천 년간 문명을 지탱해 온 노동이라는 개념 자체가 근본적인 도전을 받는 중이다. 1916년 자동차가 마차를 대체하며 운송의 패러다임을 바꿨듯이 이제 AI와 로봇은 모든 산업 분야에서 인간의 노동을 대체하는 혁명을 주도하고 있다.

AI 시대는 단순히 노동력을 대체하는 것을 넘어 인간의 역할과 가치를 재정의하는 기회가 될 것이다. 정부는 과거의 노동 패러다임에 갇히지 않고, AI와 로봇이 주도하는 미래의 본질을 꿰뚫는 혁신적인 노동 정책을 모색해야 한다. 이는 빠르게 다가오는 노동 없는 사회에 대한 근본적인 대비이자 지속 가능한 인류 사회를 위한 필수적인 전환점이 될 것이다.

3
구조조정의 원인은 AI

"앞으로는 지금과 같은 규모의 '사무직'이 필요 없을 수도 있다."

최근 유출된 아마존 내부 이메일을 통해 대기업이 조심스럽게 다뤄온 현실이 사실로 확인됐다. AI가 인간 근로자를 대체하고 있다는 점이다. 2025년 6월 아마존 CEO 앤디 재시는 직원들에게 보낸 이메일에서 더 많은 AI 에이전트를 도입함으로써 회사가 필요로 하는 전문 인력이 줄어들 것이라 말했다. 제시는 다만 기존 업무를 담당하는 일부 인력은 감소하겠지만 새로운 유형의 업무를 수행할 사람은 늘 것이라며, 미래의 노동력 감축 규모는 현재로서는 예측하기 어렵다고 덧붙였다.

아마존, AI 도입으로 인력 감축

얼마 후 아마존이 조직개편을 단행하며 AI가 구조조정의 직접적인 원인임이 밝혀졌다. 이는 거대기업이 인력 감축의 원인으로 효율성이나 시장 수요 변화가 아닌 AI를 언급한 최초의 사례다. 제시의 발언은 글로벌 기업이 직면한 인력 재편 흐름과 궤를 같이한다. 더불어 AI로 인한 잠재적 인력 감축이 이미 현실화되었을 가능성을 시사한다. 2025년 1월 세계경제포럼이 발표한 「일자리 미래 보고서」에 따르면, 전 세계 고용주의 40%가 'AI로 대체 가능한 직무를 맡은 직원을 감원할 계획'이라고 답했다. 동시에 70%는 'AI 역량을 갖춘 신규 인재를 채용하겠다'는 입장을 밝히며 AI로 옮겨가는 고용 패러다임이 뚜렷해졌다. 실제로 2025년에만 인텔·디즈니·메타·모건스탠리 등 주요 기업이 구조조정에 나섰으며 상당수가 AI 효율성 제고를 명분으로 내세웠다.

재시의 이번 발언은 기술 발전이 기업의 운영 방식과 인력 계획에 미치는 심대한 영향을 보여주는 또 다른 사례로 기록될 전망이다. AI 기술의 발전이 가속화됨에 따라 기업들은 효율성 증대와 비용 절감이라는 이점을 얻는 동시에, 기존 인력의 재배치 및 새로운 직무 개발이라는 과제를 안게 될 것으로 보인다.

한편 'AI의 대부'로 불리는 제프리 힌턴 Geoffrey Hinton도 같은 메시지를 보냈다. 그는 콜센터, 초급 분석가, 법률 보조원 등 평범한 지적 노동이 곧 사라질 것이며, 감원으로 인한 삶의 목적 상실이 광범위한 불행을 초래할 것이라고 경고했다. 아마존 같은 거대 기술기업이 AI를 해고의 명확한 원인으로 지목하고, AI 분야의 선구자가 특정 직종의 '모든 사람'이 대체될 것이라고 말하는 상황은 화이트칼라 사회의 안전망이 흔들리기 시작했다는 심각한 경고음과 같다.

구글, 예고 없는 해고

구글은 AI 챗봇 제미나이Gemini의 응답 품질 개선 업무를 담당한 계약자 200여 명을 해고했다. 문제는 사전 경고 없이 해고를 단행했다는 것이다. 해고된 계약자들은 구글의 AI가 내놓는 답변이 지나치게 기계적이지 않도록 조율하고, 인간적인 표현을 반영하는 일을 했다. 그러나 이들은 오랫동안 낮은 임금, 불안정한 고용 형태, 열악한 근무 조건 등을 문제 삼으며 구글과 갈등을 빚어왔다.

노동자들은 특히 해고가 아무런 사전 통보 없이 이뤄졌다는 점에 분노를 표출했다. 일부는 회사의 핵심 서비스 품질 향상에 기여했음에도 하루아침에 버려졌다며 구글이 사람을 비용 절감 수단으로만 취급한다고 비판했다. 구글에 남아 있는 계약자들 사이에서도 불안감이 확산되고 있다. 이들은 현재도 AI 응답을 평가하고 개선하는 업무를 하고 있지만, 아이러니하게도 자신들이 수행하는 작업이 장기적으로는 AI 평가 시스템 자체에 의해 대체될 것이라고 우려한다. 한 계약자는 "우리가 하는 일은 AI를 더 인간답게 만드는 것인데 회사는 결국 그 과정을 자동화하려 한다"며 "사람을 필요 없게 만드는 기술을 우리가 직접 훈련시키고 있는 셈"이라고 말했다.

구글은 예고 없는 해고에 관한 공식 입장을 내놓지 않았으나 업계에서는 비용 절감과 AI 중심 전략 가속화가 배경에 있다고 분석했다. 최근 구글은 검색과 챗봇 서비스에 AI 기능을 대대적으로 통합하는 과정에서 사람의 개입을 최소화하고 자동화 비중을 높이고 있는 것으로 알려졌다. 또한 계약자 해고는 구글뿐 아니라 실리콘밸리 전반에서 반복되는 흐름과도 맞닿아 있다. AI 도입 확산으로 인해 콘텐츠 검수, 데이터 라벨링, 사용자 경험 개선 등 사람이 맡아왔던 역할이 점차 기계로 대체되고 있기 때문이다.

전문가들은 이번 사태가 단순히 한 기업의 인력 조정 차원을 넘어 AI 시대 노동의 가치와 고용 구조 전반에 대한 질문을 던진다고 지적한다. 특히 글로벌 IT 기업들이 'AI 혁신'을 내세우는 한편, 그 기초 작업을 해온 인력을 외면하는 이중적 행태에 대한 비판이 거세다. 한 노동단체 관계자는 AI가 만들어내는 결과물이 더 '인간적으로' 보이도록 만든 것은 바로 인간 계약자들이었다며 "회사가 진정 인간적인 가치를 존중한다면, 기술 뒤에 있는 사람들을 먼저 존중해야 한다"고 말했다. 이 사건은 AI 혁신이 가져올 미래가 단순히 기술적 진보만은 아님을 보여준다. 인간과 기계의 경계가 흐려지는 속도만큼 노동자들의 불안과 갈등도 함께 커지고 있다.

서브프라임 AI 위기

최근 AI에 대한 두 가지 상반된 이야기가 거세게 맞부딪치고 있다. 하나는 기술 업계의 주장으로, 앞으로 AI가 인간 지능을 대체할 뿐 아니라 이미 세상과 노동시장을 급진적으로 변화시키고 있다는 것이다. 다른 하나는 AI는 결국 인간을 돕는 것이 아니라 기회를 뺏는 쓸모없는 것에 불과하며, 웹을 스팸으로 가득 채우고 정신건강 위기를 유발하는 등 부작용만 남긴다는 비판이다. 이처럼 첨단 AI 시스템은 여전히 결함이 많고 실질적 유용성을 제공할 만큼 개선될 가능성도 낮다는 지적이 나오고 있다.

그럼에도 불구하고 기업들은 결함 많고 검증도 되지 않은 AI 기술 도입에 주저함이 없다. 그 결과 화이트칼라 해고가 눈에 띄게 증가했다. 하지만 실상 AI가 인간이 하던 일을 제대로 해내지 못한다면 무슨 일이 벌어지게 될까? 이러한 혼란의 피해를 입은 한 노동자의 사례가 최근 영국의 인터넷 신문 〈인디펜던트〉에 소개되며 주목받고 있다.

21년 차 소프트웨어 엔지니어인 K는 스타트업에서 해고된 이후 AI 열풍에 시달려 온 직장인들의 전형적인 모습이 되었다. K는 "우리는 회사의 방향을 AI 중심으로 바꾸고, 소프트웨어 전반에 AI 기능을 추가하며 고객에게 AI를 최대한 활용하려고 노력했다"고 말했다. 그런데 구조조정과 전략 수립 직후 그는 해고되었다. 베테랑 엔지니어였던 K는 새로운 일자리를 찾는 데 어려움을 겪었다. 결국 트레일러로 이사해 식사 배달 앱 관련 일을 하며 생계를 유지했고 800건이 넘는 구직 신청서를 보낸 끝에 계약직으로 다시 일하게 됐다. K는 하루 종일 컴퓨터 앞에 앉아 일하는 사람은 누구나 끝장이라고 확신했다. 시간문제일 뿐이라는 그의 말은 AI 자동화가 가져온 노동 현실의 모순을 여실히 보여준다.

기술 저널리스트 에드 지트론 Ed Zitron은 최근 분석에서 "월가의 막대한 AI 지출에 대한 예산안은 이미 기한이 한참 지났다"고 지적했다. AI가 인간 노동력을 대체하지 못하는 재정적 현실에 직면한 기업들은 간접비를 절감하고 마진을 개선하기 위한 조치로 해고에 나설 가능성이 높다는 것이다.

스타트업에서 연 15만 달러 이상을 벌던 엔지니어 K가 겪은 경험은 이런 추세의 전형이다. LLM(대형 언어모델)은 오류가 많은 코드를 작성하는 경우가 많지만, AI의 오답을 수정하는 'AI 채점자'라는 새로운 계약직 시장이 생기면서 기업은 훨씬 저렴한 비용으로 K와 같은 직원의 업무를 대체할 수 있게 됐다.

지트론은 수십억 달러에 달하는 AI 지출과 AI의 실제 능력 간의 모순이 '서브프라임 AI 위기'로 이어져 근로자들이 기술 산업의 재정적 부담을 떠안게 될 것이라고 경고한다. 즉 AI가 서류상으로 좋아 보이기 위해 기업을 운영하는 인간을 희생해야 하는 것이다. 지트론은 "수만 명이 일자리를 잃고, 기술 업계의 상당수가 영원히 성장할 수 있는 유일한 것은 암이라는 사실을 깨닫고 어려움을 겪게 될 것"이라며 "기술 업계는 혁신보다 성장, 충성보다 독점, 그리고 실제로 무언가를 만드는 사람보다 경영을 중시하는 경제 구조로 인해 창의성이 부족한 채 기괴한 심판의 날을 향해 나아가고 있다"고 비판했다.

오픈AI, AI는 위협이 아니라 조력자

생성형 AI가 사회와 일자리에 미칠 영향에 대해 낙관론과 종말론이 엇갈리는 가운데, 샘 올트먼 오픈AI CEO는 '제3의 길'을 제안했다. 올트먼은 미국 연방준비제도이사회(FRB) 회의에서 AI가 민주적 도구로서 더 많은 사람들이 기술의 혜택을 누릴 수 있게 만드는 역할에 주목했다. 일자리를 대체하는 '위협'이 아니라, 개개인의 생산성과 능력을 높일 혁신의 '수단'이라는 입장을 내놓은 것이다.

올트먼은 AI 기반 도구가 이미 수많은 근로자의 업무 역량을 실질적으로 강화하고 있다고 강조했다. 오픈AI에 따르면 하루 평균 25억 건의 메시지가 챗GPT를 통해 오가며, 이 중 3억 3,000만 건이 미국에서 발생한다. 다수 사용자는 무료 버전을 활용하지만 그 역시 업무 자동화, 코드 작성, 사업 아이디어 구상 등 다양한 영역에서 가치를 창출하고 있다는 설명이다. 또한 올트먼은 "AI를 더 많은 사람들이 쉽게 활용할 수 있도록 하는 것 자체가 기술의 독점화를 방지하는 핵심"이라고 밝혔다. AI 도구가 소수 전문가나 대기업만을 위한 것이 아니라 전 세계 누구에게나 열려 있다면, AI가 일자리를 빼앗는 '위협'이 아니라 강력한 '조력자'가 될 수 있다는 논리다.

업계 관계자는 올트먼이 제시한 제3의 길은 AI 시대에 일자리를 잃는다는 양극단의 프레임을 넘는 시도라라며, 기술 보급과 교육·직업 전환 지원이 병행된다면 AI가 오히려 대다수 근로자에게 실질적 혜택을 줄 수 있다고 평가했다. 오픈AI가 주도하는 'AI 민주화'는 과연 미래 일자리에 어떤 변화를 불러올까.

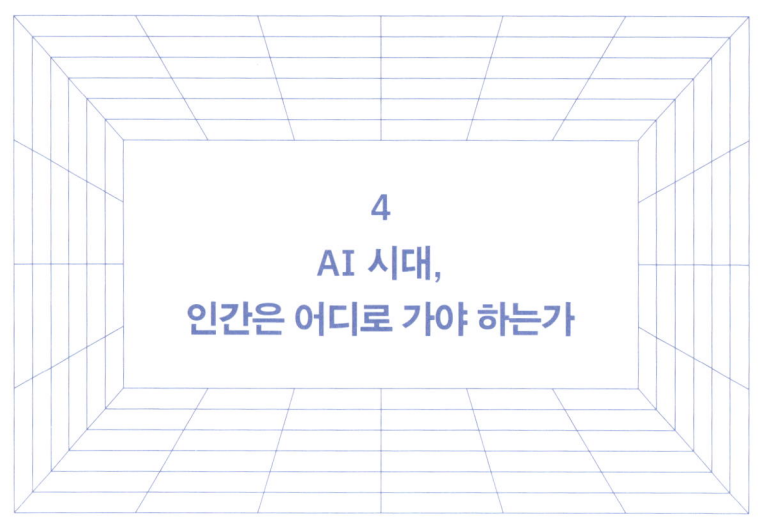

4
AI 시대, 인간은 어디로 가야 하는가

　AI 시대, 우리는 어디로 가야 할까? AI가 가져올 노동시장의 변화는 단순히 '일자리 감소'라는 단일 차원으로 설명할 수 없는 복합적인 양상을 띠고 있다. AI가 모든 것을 자동화하는 미래는 기존의 직업 개념을 송두리째 흔들겠지만, 동시에 개인의 역량을 극대화하고 새로운 형태의 가치 창출을 가능하게 할 잠재력을 지니고 있다. 따라서 AI 시대의 성공적인 적응은 기술을 단순히 대체제로 보는 것을 넘어 개인과 사회가 새로운 기회를 어떻게 포착하고 활용할지에 달려 있을 것이다. 과연 우리는 AI가 가져올 대변혁의 파도 속에서 어떤 선택을 하고, 어떤 미래를 만들어갈 것인가.

혁신의 파도와 인간의 새로운 역할

우리는 지금 AI 발전의 변곡점에 와 있다. 불과 1~2년 전만 해도 "AI가 당신을 대체하는 것이 아니라, AI를 쓰는 사람이 당신을 대체할 것이다"라는 슬로건이 소셜미디어를 지배했다. 하지만 지금은 그 단계를 훌쩍 넘어 AI가 직접적으로 인간의 업무와 일자리를 자동화하며 전 산업에 걸친 변화의 충격파가 몰아치고 있다.

실제로 2025년 상반기만 해도 글로벌 대기업들은 AI 도입을 이유로 수만 명의 인력을 구조조정하거나 아예 신규 채용 자체를 최소화하는 등 대규모 조직 개편을 단행했다. AI의 효율성, 비용 절감, 업무 처리 속도는 인간의 능력을 압도하고 있으며, 언어·코딩·기획·그림·영상 제작 등 전문가 직군까지 광범위하게 영향을 받고 있다.

이렇듯 AI에 의한 업무 대체가 가시화되면서 미래 일자리의 생존전략에 대한 논의 또한 뜨겁다. 현상은 곧 두 가지 극명한 관점으로 갈라진다.

첫째, 'AI는 위대한 평등화자'라는 낙관론적 시각이다.

이 관점에 따르면 AI는 기업의 자동화 비용을 혁신적으로 낮춤으로써 개인에게까지 강력한 자동화 도구를 제공한다. 과거에는 수십 명이 필요했던 업무도 AI 에이전트와 협력하는 1인이 저렴한 비용으로 처리할 수 있다. 한 명이 디자인, 마케팅, 고객 응대, 콘텐츠 제작 등 다양한 역할을 AI와 협업해 수행하는 '1인 기업' 시대가 본격적으로 펼쳐질 가능성이 높아졌다. 인터넷이 온라인 사업의 진입

장벽을 낮췄던 것처럼, AI는 노동력의 제약마저 허물고 있다. AI로 무장한 프리랜서, 소규모 스타트업, 심지어 학생과 은퇴자도 직접 시장에 나설 수 있을 만큼 창업과 창작의 기회가 전례 없이 평등하게 열린다는 것이다.

둘째, 'AI는 양극화를 심화한다'라는 비관론적 전망이다.

AI의 고도화는 사회 전체의 일자리를 줄일 것이며 살아남는 사람은 상위 10%의 고성과자일 것이란 시선이다. 탁월한 능력과 경험, 높은 학습 효과를 가진 사람들은 AI의 지능과 힘을 빌려 수많은 일을 혼자서 처리하며 전에 없던 생산성을 누릴 수 있다. 반면 나머지 다수는 AI가 대신할 수 없는 희소한 아이디어, 복잡한 문제 해결, 리더십, 감정 노동 등의 분야에 진출하지 않는 이상 기존 업무 대부분이 자동화의 벽에 맞닥뜨릴 우려가 크다는 것이다. 인간만의 고유 가치를 지속적으로 강화한 전문직이 아닌 한 소수만이 미래 노동시장에서 경쟁력을 갖게 되는 구도다.

두 가지 관점 중 정답은 어디에 있을까? 역사를 되짚어 보면 산업혁명과 디지털 혁명의 물결마다 절박한 '일자리 종말론'은 되풀이되었다. 하지만 시간이 흐르면서 새로운 일자리와 상상도 못 한 직업군이 탄생해 왔다. 예를 들어 19세기 농부와 20세기 공장 노동자에게 오늘날 크리에이터, 팟캐스트 진행자, 환경 컨설턴트, 데이터 해설가, 디지털 노마드 같은 직업은 상상도 할 수 없는 영역이었다.

AI 역시 기존 일자리를 대체하면서 동시에 전혀 새로운 형태의 직업과 라이프스타일, 경제 조직을 만들어낼 수 있다. 이미 AI 개발자, 프롬프트 엔지니어, 데이터 큐레이터 등 신규 직업이 시장에 출현하고 있다. 이뿐 아니라 사회 전체가 AI와 어떻게 공존하느냐에 따라 교육, 복지, 소득 재분배, 새로운 공유경제 모델이 부상할 수도 있다.

결국 중요한 것은 'AI에 밀려날 것인가'가 아니라 'AI와 협력해 어떤 새로운 영역과 가치를 창출할 것인가'에 대한 질문이다. AI 대중화로 누구나 초지능적 도구를 활용할 수 있게 된 지금 개인의 호기심, 창의성, 연대와 협력이 그 어느 때보다 결정적인 경쟁력이 될 전망이다. 일과 일자리의 진짜 미래, 그 조용한 혁신은 이미 시작되었다.

얼굴 문신만큼 해로운 코딩 교육

인공지능이 급속도로 사무직 일자리를 잠식하면서 한때 황금 티켓으로 통하던 소프트웨어 개발자 경력 경로가 흔들리고 있다. 글로벌 위기관리 컨설턴트 이언 브레머Ian Bremmer는 최근 미국 HBO 시사 프로그램 〈빌 마허의 리얼 타임〉에 출연해 충격적인 발언을 했다. 그는 "불과 5년 전만 해도 아이들에게 '코딩을 배워라'가 가장 현명한 진로 조언이었지만, 이제는 오히려 '얼굴에 문신을 새겨라' 보다 나쁜 조언이 됐다"라며 직격탄을 날린 것이다. 브레머는 AI의 급속한 발전은 전 세계적으로 수많은 사무직 일자리를 대체하고 있으며, 프로그래머의 전통적인 경력 경로를 단숨에 무너뜨렸다고 진단했다.

실제로 최근 뉴욕 연방준비은행의 노동시장 보고서에 따르면, 컴퓨터과학과 컴퓨터공학 전공 대학 졸업생의 실업률이 저널리즘, 정치학, 심지어 영문학 전공 졸업생보다 더 높게 나타났다. 구체적으로 컴퓨터과학 전공자는 6.1%의 실업률로 7번째로 높았고, 컴퓨터공학 전공자는 7.5%로 3번째로 높았다. 이는 전체 대학 졸업생 실업률인 5.8%보다 높은 수치로, 한때 안전하고 수익성이 높은 분야로 여겨졌던 IT 업계의 위상이 크게 흔들렸다는 반증이다.

브레머는 AI가 단순히 반복적이고 저수준의 코딩 작업을 넘어 고급 문제 해결까지도 빠르게 대체하고 있다고 지적했다. 이로 인해 예전에는 안정적이던 소프트웨어 개발자들이 생계를 위해 게임 아이템까지 팔아야 하는 극단적 상황까지 벌어지고 있다고 전했다. 토론 중 브레머의 동료 패널이자 역사가, 작가인 뤗허르 브레흐만Rutger Bregman은 AI가 사무직을 흡수하는 현상에 대해 긍정적인 시각을 내비쳤다. 그는 결국 자본가들은 기술로 인해 일자리를 잃은 사람들을 위해 새로운 일자리를 만들어낼 것이라고 말했다.

그러나 기술 스타트업 전문가인 조 프로코피오Joe Procopio는 한 칼럼에서 "AI를 배우라"는 새로운 조언도 장기적으로는 "코딩을 배우라"는 조언만큼 효과적이지 않을 것이라고 경고했다. 프로코피오는 우리는 이미 AI 기반 자동 코드 완성 도구인 깃허브 코파일럿 GitHub Copilot으로 코딩할 줄 아는 AI 인재 계층을 무심코 만들어냈으며, 이것이 더 나은 비즈니스 성과를 위한 더 나은 코드를 만들어내지는 못할 것이라고 지적했다. 또한 이런 악순환은 결국 망할 것이라고 단언하며, 단순히 기술만 쫓는 인재 양성 구조에 경종을 울렸다.

이처럼 AI가 코딩 산업을 넘어 사무직 전반을 빠르게 대체하는 가운데 기술 분야의 인재 양성과 진로 선택에 대한 근본적인 재고가 필요한 시점이다. 전문가들은 단순 기술 습득은 단기적인 도움만 될 뿐이며 AI와 협업하거나 AI가 잘하지 못하는 창의적이고 윤리적인 영역에서의 역량 강화가 필요하다고 입을 모았다. 이는 AI 시대에 인간이 가야 할 방향이 아닐까?

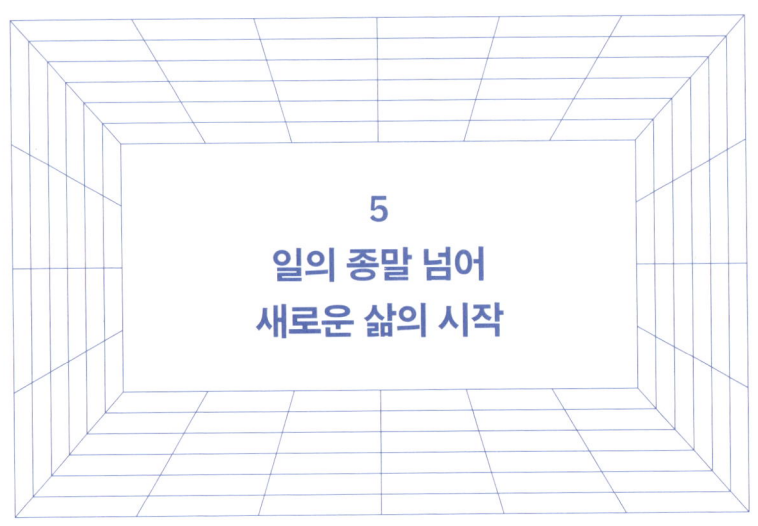

5
일의 종말 넘어 새로운 삶의 시작

AGI의 발전은 단순히 노동시장의 변화가 아닌 인류의 존재 방식과 사회 구조 전반을 뒤흔들 거대한 변화를 예고한다. AGI가 인간의 지적 능력에 필적하거나 이를 뛰어넘으면서 많은 일자리가 대체되고 사실상 노동의 종말이 도래할 수 있다는 전망이 나온다.

AGI는 반복적이고 규칙적인 작업뿐만 아니라 복잡한 문제 해결, 창의적 사고, 심지어 감성적 상호작용이 필요한 영역까지 인간의 능력을 대체할 수 있다. 현재의 화이트칼라 직업군인 회계사, 변호사 보조, 데이터 분석가 등은 AGI의 고도화된 정보 처리 및 분석 능력으로 상당 부분 자동화될 것이다. 블루칼라 직업군 역시 로봇 기술과 결합된 AGI로 인해 생산, 물류, 서비스 등에서 인간의 개입이 최소화되거나 사라질 수 있다. AGI는 지치지 않고, 오류가 적으며, 끊임없이 학습하고 발전한다. 이는 기업 입장에서 생산성 극대화와 비용 절감을 위한 최적의 대안이 될 것이며, 결과적으로 대다수의 인간 노동력은 경쟁력을 잃게 될 수밖에 없다.

추가 생산성을 '삶의 시간'으로

기업들이 AI 도입에 따른 자사 제품의 생산성 혁신을 대대적으로 홍보하는 가운데 미국 버몬트주 버니 샌더스Bernie Sanders 상원의원은 기술 산업이 자동화로 절약되는 시간을 근로자에게 돌려줄 것을 강력히 촉구하고 나섰다. 진보의 아이콘인 샌더스 의원은 기술은 기술을 소유한 사람들과 대기업 CEO들뿐만 아니라 근로자를 발전시키는 데 기여할 것이라며, AI 제공에 따른 생산성 향상은 거리로 내몰기보다 근무 시간을 줄이는 것이 기술 진보의 정당한 이익 배분이라고 강조했다. 이에 따라 주당 근무시간을 줄이는 방향으로 가야 한다는 것이다.

샌더스 의원은 AI 덕분에 높아진 생산성을 CEO와 주주가 아닌 노동자에게 배당해야 한다고 주장했다. 그는 4년간 단계적으로 표준 노동시간을 40시간에서 32시간으로 줄이고 초과분에는 의무적 시간 외 수당을 적용하는 법안을 발의했다. 그의 제안은 대부분의 근로자에게는 반가운 소식이다. 그러나 주주 가치 극대화에 초점을 맞춘 기술 엘리트들에게는 다소 불편한 개념으로 받아들여질 수 있다.

기술 기업의 관점에서 AI 기반 생산성 향상은 기업이 더 많은 일을 하거나 인원 감축을 통해 비용을 절감하는 것을 의미할 수 있다. 실리콘밸리 기업들은 AI 기반 생산성 향상을 근거로 인력 감축과 추가 수익 창출을 모색하고 있다. 반면 노동계는 같은 논리로 '임금 삭감 없는 노동시간 단축'을 요구한다. 노동자들에게 이러한 AI에 따른 효율성 향상은 임금 삭감 없이 기존 업무를 더 짧은 시간 안에 완료할 수 있음을 뜻하며, 이는 자녀의 리틀 야구 경기에 참석하는 등 개인 시간을 더 확보할 기회로 이어질 수 있다. 샌더스 의원의 다음 발언은 이 같은 대립 구도 속에서 'AI 혜택의 사회적 재분배'를 촉발하는 신호탄과 같다.

"AI는 소수의 배만 불려선 안 된다. 우리가 얻은 추가 생산성을 '삶의 시간'으로 환원할 때 기술 진보는 완성된다."

해고 대신 여가를, 짧은 노동

샌더스 의원은 자신의 주장이 그렇게 급진적인 아이디어는 아니라며 전 세계적으로 이런 방식이 어느 정도 성공을 거둔 회사들이 있다고 덧붙였다. 실제로 영국에서는 61개 기업(약 2,900명)이 2022년 하반기에 6개월간 주 4일 근무제를 시범적으로 도입했다. 그중 재무 데이터를 공유한 23개 기업은 시범 운영 시작부터 끝까지 매출이 평균 1.4% 증가거나 동일하게 유지된 것으로 나타났다. 인력 유출과 결근율은 57%와 65% 감소했다.

미국의 크라우드펀딩 플랫폼 킥스타터Kickstarter는 2021년부터 주 4일 근무제를 시행하고 있다. 이후 직원 만족과 이직률이 개선됐고 프로젝트 성공률도 유지하고 있다. 마이크로소프트 일본은 2019년 '워킹 재팬'이라는 프로젝트에 주 4일 근무제를 도입했으며, 그 결과 생산성이 40% 증가하고 전력 사용률과 인쇄물은 각각 23%와 59% 감소했다고 보고한 바 있다. 샌더스 의원은 기술을 활용해 근로자들에게 혜택을 제공하는 것이 핵심이며, 이는 가족과 친구와 교육에, 그리고 노동자들이 하고 싶은 모든 것을 할 수 있는 시간을 더 많이 주는 것을 의미한다고 역설했다. 그의 주장은 AI 시대의 노동 환경 변화에 대한 사회적 논의를 촉발하고 있다.

경제학자들은 대규모 자동화와 생산성 성장으로 2028년에는 미국 내 제조업과 사무직의 평균 업무시간이 15% 단축될 것으로 전망한다. 노동의 종말이 현실화될 가능성이 높아진 지금 남은 과제는 임금 하락 방지, 산업별 도입 속도 격차 해소, 중소기업 지원책 마련 등이다. 주 4일제는 숙련 인력 확보 경쟁에서 '복지 무기'가 될 수 있다. 산업 경영자들은 샌더스 의원의 발언을 다시 새겨볼 필요가 있다.

AGI 쓰나미 속 인류의 새로운 생존 방정식

노동의 종말이 현실화된다면 AGI 시대에는 노동의 본질적 목적이 '생계'에서 '자아실현'으로 전환될 가능성이 크다. 이때 기본소득(Universal Basic Income, UBI)은 대량 실업과 사회적 불안정을 해소하기 위한 필수적인 안전망이자 변화를 가속화하는 핵심 요소다. AGI가 생산하는 막대한 부는 사회 전반에 걸쳐 분배되어야 하며 이는 개인의 삶의 목적과 사회 참여 방식에 지대한 영향을 미칠 것이다.

먹고사는 문제가 기본소득으로 해결되면 사람들은 '돈벌이'라는 주된 목적에서 벗어나게 된다. 이는 개인이 자신의 시간과 에너지를 자아 개발, 취미 활동, 자원봉사, 그리고 사람들과의 소통에 더 많이 할애하게 만든다. 즉 생존을 위한 노동이 아닌, 자아실현과 사회적 기여를 위한 활동이 삶의 주된 동기가 되는 새로운 사회적 가치관이 형성되는 것이다. 이는 현재의 노동 중심 사회에서 자아실현 중심 사회로의 전환을 의미한다.

IMF 연구진은 노동 소득 비중이 현재의 58%에서 0%까지 될 수 있다며 부의 재분배 없이는 대규모 사회 불안이 불가피하다고 경고한다. 이에 로봇세나 탄소세, 부가가치세 등으로 기본소득 재원을 마련하자는 논의가 활발히 진행 중이다. 이는 경제적 생존의 압박을 제거함으로써 인간의 내면적 동기(호기심, 성장 욕구, 기여 욕구)를 끌어올리는 제도적 촉진제 역할을 할 것으로 보인다.

또한 노동의 종말은 사회 구조와 경제 시스템의 근본적인 재편으로 이어질 것이다. 전통적인 경제 계급이 사라지고 의미 창출 능력에 기반한 새로운 계층이 형성될 전망이다. 창의성, 사회 기여도, 인간관계 구축 능력이 새로운 지위 척도가 된다는 것이다. 세계적으로 가장 영향력 있는 싱크 탱크 중 하나인 브루킹스 연구소는 AGI

가 관리하는 네트워크와 효과적으로 협업하고 복잡한 창의적 작업을 수행할 수 있는 지식 엘리트가 새로운 상류층을 형성할 것이라고 분석했다.

교육 분야에서도 학위와 자격증 중심의 교육이 호기심과 열정 주도 학습으로 전환될 것이다. AGI가 개인 맞춤형 교육을 제공하면서 누구나 원하는 분야를 원하는 속도로 배울 수 있게 된다. 교육의 초점은 AGI가 대체할 수 없는 창의성, 비판적 사고, 감성 지능, 복잡한 의사소통 능력으로 이동하며, 사람들은 경제적 압박 없이 순수한 지적 호기심과 자아실현을 위해 평생 학습을 추구하게 된다.

AGI 시대의 도래는 피할 수 없는 현실이지만, 이 전환을 어떻게 관리하느냐에 따라 미래는 극명하게 달라질 수 있다. 전문가들은 AGI 전환기의 성공 열쇠로 인적 자본 개발에 대한 선제적 투자, 소득 분배를 위한 새로운 사회 계약, 전환 관리를 위한 국제 협력, 혁신 유인과 공정한 결과 사이의 균형 네 가지를 꼽았다. 결국 AGI는 인류에게 가장 큰 위기이자 최대의 기회이며, 그 선택은 오늘 우리가 내리는 결정에 달려 있다. 과연 인류는 이 거대한 도전을 기회로 바꿔 역사상 가장 풍요롭고 창의적인 시대를 열어갈 수 있을까.

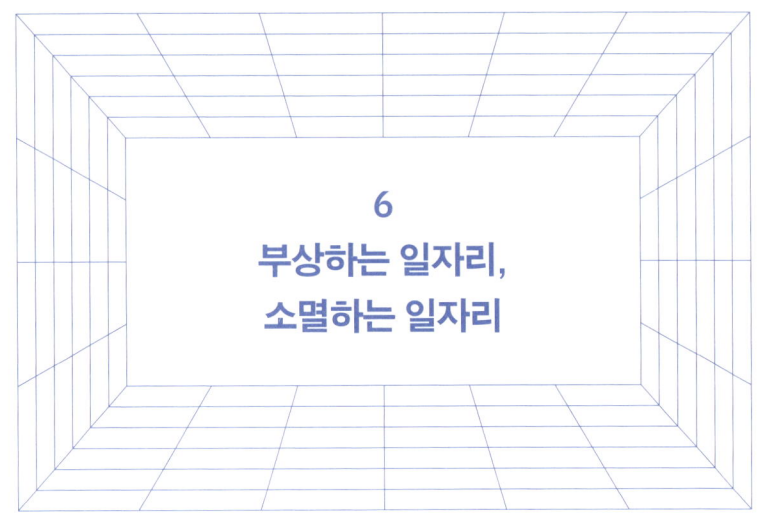

6
부상하는 일자리, 소멸하는 일자리

AI는 우리의 일자리를 빼앗을까? AI가 우리 일자리를 빼앗거나, 생계를 위협하거나, 심지어 사회에서 당신의 역할을 대체할까 봐 걱정했다면 AI가 인간보다 나은 점에 주목해야 한다. 같은 일을 해도 AI가 인간만큼 효과적이지 않을 수 있다. AI가 항상 더 많이 알고 더 정확할 수는 없다. 그리고 늘 더 공정하거나 더 신뢰할 수 있는 것도 아니다. 그러나 AI가 이미 가장 숙련된 인간보다 확실한 이점을 가지고 있다는 사실은 변함이 없다. AI의 이점이 어디에서 발생하는지, 어디에서 발생하지 않는지를 아는 것은 우리의 노동력을 유지하는 것은 물론 새로운 가치로 발전시키는 데 큰 도움을 준다.

AI가 인간보다 나은 4가지 능력

• 속도

인간이 아무리 노력해도 AI만큼 빠르지 않은 작업들이 있다. 예를 들면 이미지를 복원하거나 업스케일링하는 것이다. 픽셀화되거나 노이즈가 많거나 흐릿한 이미지를 더 선명하고 고해상도로 만드는 작업이다. 인간은 적절한 디지털 도구와 충분한 시간만 있다면 미세한 디테일까지 보완할 수 있다. 하지만 큰 이미지나 영상을 효율적으로 처리하기에는 속도가 너무 느리다. AI 모델은 눈부시게 빠른 속도로 작업을 처리하며, 이는 중요한 산업 분야에 활용된다. AI 기반 소프트웨어는 위성 및 원격 감지 데이터 향상, 영상 파일 압축, 더 저렴한 하드웨어와 에너지 절감으로 게임 성능 향상, 로봇의 정확한 움직임 지원, 난류 모델링을 통한 개발 등에 활용된다.

• 규모

인간은 한 곳에서 하나의 업무를 수행하지만, AI는 여러 곳에서 수많은 작업을 동시에 수행할 수 있다. 대표적인 예가 광고 타겟팅 및 개인 맞춤화다. 인간 마케터는 데이터를 수집해 특정 광고에 어떤 유형의 사람들이 반응할지 예측한다. 이러한 능력은 전 세계적으로 수조 달러에 달하는 광고시장에서 상업적으로 중요하다.

AI 모델은 모든 제품의 TV 프로그램, 웹사이트, 인터넷 사용자에 대해 이러한 작업을 수행할 수 있다. 이것이 바로 현대 광고 기술 산업이 작동하는 방식이다. 실시간으로 사용자가 방문하는 웹사이트 옆에 게재되는 디스플레이 광고의 가격을 책정하면 광고주는 AI 모델을 사용해 해당 가격을 언제 지불할지 결정한다. 이는 초당 수천 번씩 이루어진다.

• **범위**

AI는 한 사람 이상의 업무를 해낼 때 노동력에서 인간보다 유리하다. 챗GPT 같은 생성형 AI 시스템은 어떤 주제든 대화 참여가 가능하고, 어떤 입장이든 옹호하는 에세이를 작성할 수 있다. 또 어떤 스타일과 언어로든 시를 창작하며, 어떤 프로그래밍 언어로든 컴퓨터 코드를 작성할 수 있다. 이러한 모델이 어떤 한 가지 일에서는 숙련된 인간보다 미숙할지 몰라도 그 외의 부분에서 더 나은 능력을 갖췄다면 이는 노동력의 범위에서 큰 차이를 가져오게 된다.

노동시장에서는 역량의 조합이 가치를 창출한다. 고용주들은 소프트웨어 개발이나 데이터 과학 같은 분야의 재능에 더해 고용주가 담당하는 분야에 대한 풍부한 지식까지 함께 갖춘 인재를 찾지만 쉽지 않다. 기업은 앞으로도 최고의 코드와 설득력 있는 텍스트를 작성하기 위해 인간 전문가에게 의존할 가능성이 높다. 하지만 어느 정도 수준만 충족하면 AI에 점점 더 만족하게 될 것이다.

• **정교함**

AI는 인간보다 더 많은 요소를 고려해 결정을 내린다. 이는 특수 작업에서 초인적인 성과를 낸다. 컴퓨터는 오랫동안 인간이 추적할 수 있는 것보다 훨씬 더 복잡한 방식으로 작용하고 상호작용하는 다양한 요소들을 추적하는 데 사용되어 왔다. 딥 블루 같은 1990년대 체스 컴퓨터 시스템은 12수 이상을 예측해 성공했다.

현대 AI 시스템은 근본적으로 다른 접근 방식을 사용한다. 다층 신경망으로 구축된 딥러닝 시스템은 여러 요소 간의 복잡한 상호작용(종종 수십억 개에 달하는)을 고려한다. 신경망은 현재 최고의 체스 게임 모델과 다른 AI 시스템으로 훨씬 정교하다. 이 같은 AI의 정교함은 과학자들에게 가치를 제공하며 최근 몇 년 동안 과학 분야 전반에 걸쳐 그 활용이 기하급수적으로 증가했다.

AGI 시대, 부상하는 일자리

AGI의 도래는 단순한 기술적 진보에 그치지 않고 전 세계 고용 시장 전반에 전례 없는 변혁의 물결을 일으킬 것이다. 이는 단순한 자동화를 넘어 일하는 방식, 누가 일하는지, 어떤 기술이 가치 있는지에 대한 완전한 재구성을 의미한다. 지금부터 AGI 시대에 단순히 살아남는 것을 넘어 번성할 새로운 일자리를 분석하고, 이들이 요구하는 핵심 기능과 전문 기술을 살펴보자. 이러한 일자리의 공통점은 AI 시스템과 직접적으로 관여한다는 사실이다.

1. AI 윤리학자 및 AI 거버넌스 전문가: 책임 있는 AI 설계자

AI 윤리학자와 AI 거버넌스 전문가는 윤리, 인권, 책임성 등 AI의 사회적·정치적 영향 관리에 특화된 전문가다. 이들의 책임은 AI 정책 자문, 윤리적 개발 및 운영 가이드라인 수립, 의사결정 과정에서의 핵심적 역할을 포함한다. 또한 산업별 책임감 있는 AI(Responsible AI, RAI) 프레임워크 구축 및 관련 교육과 감사 등 다양한 역할을 수행한다.

AI 윤리 및 거버넌스 전문가의 부상은 AI의 부정적 영향(편향, 개인정보 침해, 오용 등)에 대한 인식이 높아지고 있음을 보여준다. 비윤리적인 AI는 기업에 심각한 법적 책임과 막대한 평판 손상, 그리고 대중의 신뢰 상실로 이어져 AI 채택 및 혁신을 저해할 수 있다. 각 국가의 정부 또한 EU의 AI 법안처럼 더욱 엄격한 AI 규제를 향해 나아가고 있다. AGI가 자율적인 결정을 내릴 수 있는 능력이 커질수록 강력한 윤리적 규제와 감독의 필요성은 더욱 증대된다. 이러한 역할의 증가는 기술 산업이 단순히 빠르게 움직이는 방식에서 벗어나 사회적 통합, 위험 관리, 장기적 지속 가능성을 최우선으로 고려하는 방향으로 성숙하고 있음을 의미한다. 이러한 역할에는 윤리적 프레임워크, 법률 원칙, 인권, AI 기술, 정책 개발에 대한 깊은 이해와 기술 및 비기술 영역을 연결하는 강력한 의사소통 능력이 요구된다.

2. AI 개발자, 머신러닝 엔지니어, 데이터 과학자: 핵심 혁신가

AI 솔루션 개발 분야에서 이들에 대한 수요가 폭증할 것이다. 이들은 AI 시스템 자체를 구축하고, 개선하며, 배포하는 엔지니어이자 과학자다. 이러한 직업군에 대한 수요가 폭증한다는 것은 AI 전문가가 일반적인 모델을 구축할 뿐 아니라 이를 특정 목적에 맞게 조정해야 할 필요성을 의미한다. AGI가 일반화될수록 그 진정한 가치는 다양한 산업의 독창적이고 복잡하며 불확실한 실제 문제에 적용될 때 발현된다.

AGI의 다재다능성이 증가함에 따라 도메인별 적응, 즉 특정 운영 환경에서 AI를 효과적으로 작동시키는 능력의 필요성도 커진다. 이는 순수 이론적인 AI 연구에서 실용적이고 응용적인 AI 엔지니어링으로의 전환을 의미한다. 또한 AI 개발자들은 점점 더 깊이 있는 도메인 전문 지식을 보유하거나 그러한 지식을 가진 개인들과 긴밀히 협력해야 할 것이며, 이는 전통적인 산업 역할과 AI 개발 역할 간의 경계를 모호하게 만들 것이다. 핵심 혁신가인 이들 직업군에는 강력한 프로그래밍 기술, 수학 및 통계적 기반, 머신러닝과 알고리즘 전문 지식, 데이터 관리, 클라우드 컴퓨팅, 그리고 점점 더 중요해지는 도메인별 지식이 요구된다.

3. AI 트레이너, 튜터, 운영자: AI와 현실의 가교

이들 직업은 특정 도메인에 특화된 AGI 모델의 맞춤형 훈련 및 성능 개선을 담당한다. AI 모델, 심지어 AGI조차도 유용하게 사용하기 위해서는 지속적인 인간의 개입이 필요하다. AGI는 광범위하게 학습할 수 있지만 순수한 데이터만으로는 포착하기 어려운 미묘한 차이와 예외적인 경우, 그리고 진화하는 운영 요구 사항에 대한 인간의 통찰력을 필요로 한다. 인간은 피드백을 제공하고, 데이터를 큐레이션하며, 훈련의 편향을 식별하고, 출력을 해석해 AI 모델의 추가 개선을 안내해야 한다.

AGI의 복잡성과 적응성이 증가함에 따라 AI가 인간의 의도와 실제 목표에 부합하기 위해서는 그만큼 숙련된 인간 해석자나 안내자의 개입도 중요하다. 이들 AI 트레이너의 역할은 맞춤형 훈련과 성능 개선에 중점을 두어 AI의 유용성과 현장 적용 가능성을 극대화하는 것이다. 즉 AGI는 인간 노동의 필요성을 없애는 것이 아니라, 인간과 AI의 협업으로 새로운 역할을 창출할 미래를 시사한다. 이들 직업군에는 깊이 있는 도메인 전문 지식, 분석 기술, AI 모델 행동에 대한 이해, 데이터 주석 및 큐레이션 기술, 문제 해결 능력이 요구된다.

4. AI 기반 교육 플랫폼 개발자, 콘텐츠 제작자: 미래 인력 양성

AGI가 주도하는 급변하는 직업 변혁 속도는 민첩하고 확장 가능한 교육 시스템을 필요로 한다. 전통적인 교육 모델은 느리고 경직되어 있다. AI 기반 교육 플랫폼은 초개인화된 학습 경로, 적응형 콘텐츠, 주문형 훈련으로 더욱 효율적이고 접근 가능한 재교육을 제공한다. AGI로 인한 기술의 빠른 진부화는 혁신적인 AI 기반 교육 솔루션에 대한 수요로 이어질 것이다. 이때 효과적인 재교육 메커니즘 없이는 사회적 불평등이 심화되고 노동시장의 불일치가 경제 성장을 저해할 수 있다. 이는 평생 학습이 사치가 아닌 필수가 되는 방향으로의 전환을 의미한다.

플랫폼에서 제공하는 교육 콘텐츠는 정적인 커리큘럼에서 벗어나 적응형, 역량 기반 학습으로 이동하는 역동적인 AI 지원 프로세스를 제공해야 한다. 이들 직업군의 역할은 기술적 혼란에 직면한 인류의 사회적 회복력을 위한 핵심 인프라다. 이 직업에는 교육학 전문 지식, 교수 설계, 교육 분야에서의 AI 역량에 대한 이해, 콘텐츠 제작 기술, 플랫폼 개발 및 관리 능력이 요구된다.

5. AI 윤리 컨설턴트, 리스크 감독: AI 무결성의 수호자

앞서 AI 윤리학자 및 거버넌스 전문가의 역할에서 언급했듯이 윤리적인 AI는 신뢰와 위험 완화를 위한 전략적 필수 요소다. 재무 감사 및 사이버 보안이 수십억 달러 규모의 전문 산업이 된 것처럼 AGI의 복잡성과 잠재적 영향은 AI 보증 산업을 필요로 할 것이다. 이는 AI 규정 준수를 확인하고 취약점을 식별하며, 책임을 보장하는 외부 컨설턴트, 내부 감사팀, 규제 기관을 포함한다. 이때 직업군의 범위는 회사의 내부 정책이 아닌 외부 검증 및 규제를 아우른다. 이 새로운 전문 생태계는 규제 준수, 법률, 위험 관리 및 감사 분야의 배경을 가진 전문가들에게 AI와 AGI 분야에서 전문화할 수 있는 새로운 경력을 창출할 것이다.

AGI 시대, 쇠퇴하는 일자리

AGI 시대에는 자동화 및 근본적인 변화에 취약한 전통적인 직업이 사라질 가능성이 크다. 앞으로 쇠퇴할 직업군을 살펴보며 자동화의 근본적인 메커니즘이 일부 직업을 완전히 사라지게 만든다기보다는 미묘하지만 치명적인 변화를 설명하고자 한다.

1. 고객 상담사, 콜센터 직원: 반복적인 상호작용의 자동화

반복적인 업무가 자동화된다는 것은 수많은 고객 서비스 일자리가 사라짐을 뜻한다. 미래에 남게 될 고객 서비스의 역할은 기본적인 문의를 처리하는 것이 아니라 공감, 창의적 문제 해결, 미묘한 인간적 판단이 필요한 복잡하고 감정적인 상황을 관리하는 데 초점을 맞출 것이다. 이는 양극화를 의미한다. 기본적인 대량 상호작용은 AI가 처리하고 복잡한 고부가가치 상호작용은 소수의 고도로 숙련된 인력이 처리하는 것이다. AGI가 자연어를 처리하고 방대한 지식 기반에 접근하며 기본적인 수준에서 대화형 공감을 시뮬레이션하는 능력은 일상적인 고객 서비스에 매우 효과적이다. 이러한 효율성은 자동화를 촉진하며, 이 기술은 고객 서비스를 넘어 고도의 표준화와 예측 가능한 데이터 기반 상호작용을 처리하는 모든 직업에 적용될 것이다. 인간의 숙련된 상호작용의 가치는 질적 깊이와 감성 지능으로 전환된다.

2. 법률 사무, 저숙련 사무직: 일상적인 업무의 표준화

일상적인 법률 및 행정 업무는 자동화에 매우 취약하다. 따라서 이 분야는 80~90%의 일자리가 사라질 것이다. 이는 일자리 손실을 넘어 전문 서비스의 언번들링(unbundling, 기존에 하나의 상품이나 서비스에 묶여 있던 요소들을 분리하여, 각 부분을 개별적으로 제공하는 방식)에 관한 것이다. AI는 법률 업무의 연구, 초안 작성, 데이터 정리를 인간보다 더 효율적으로 수행할 것이다. 이를 통해 고도로 숙련된 전문가(변호사, 검사 등)는 인간의 고유한 부분에만 집중할 수 있다.

이후 더 높은 가치 사슬에서 리번들링(re-bundling, 기존에 분리된 상품이나 서비스를 다시 묶어 제공하는 현상)이 발생한다. 이때 변호사는 AI 도구를 활용해 일상적인 업무에서 인간의 지원 없이도 우수한 결과를 낸다. 정보 처리, 패턴 인식, 콘텐츠 생성 분야에서 AGI의 우수한 능력은 규칙 기반, 데이터 집약적, 방대한 양의 정보를 종합하는 작업에 이상적이다. 이러한 패턴은 다른 전문 서비스(회계, 컨설팅, 의료 등)에서도 반복될 가능성이 커 이들 산업 구조가 크게 변화할 것이다. 이는 고도로 숙련된 전문가가 AI의 슈퍼 사용자가 되고, 그들을 지원하던 전통적인 직업의 역할은 감소한다는 뜻이다.

3. 콘텐츠 제작자, 단순 분석가: 창의성과 감독의 자동화

콘텐츠 제작 및 편집 직업군이 위협받는 것은 AI가 창의적이고 분석적인 업무를 해낼 수 있으며, 관리 계층이 평평해지고 있음을 보여준다. AI는 표준화되고 데이터 집약적인 작업에 탁월하다. 따라서 텍스트, 이미지, 기본적인 영상을 빠르게 대규모로 생성할 수 있다. 이는 예측 가능한 패턴을 따르거나 기존 요소를 재조합하는 일상적인 창의성을 겨냥한다. 이를 뛰어넘는 인간의 영역은 완전히 새롭거나 감성적 울림을 주는 것이다.

단순 분석가는 데이터 수집과 기본적인 통계 분석으로 미리 정의된 템플릿을 사용한 보고서를 만드는 업무를 한다. AGI는 이러한 작업을 더 빠른 속도와 정확성으로 처리한다. AGI가 일관된 콘텐츠를 생성하고 방대한 양의 데이터를 분석하여 통찰력을 얻으며, 규칙에 따라 워크플로를 관리하는 능력은 기존 분석가의 역할을 약화할 것이다. 단순 분석가라는 직업군은 복잡한 문제 식별과 가설 생성 및 전략적 해석에 집중해 AGI와의 차별성을 가져가야 한다.

4. 단순 사무 및 회계, 데이터 입력: 자동화 취약성의 정점

이들 직업군은 AI 자동화로 빠르게 사라질 것이다. AI는 데이터 입력과 조정에 있어 탁월한 속도와 정확성, 낮은 비용을 보인다. 단순 사무 및 회계 등 데이터 입력을 바탕으로 하는 직업의 핵심 기능은 정보 처리 및 전송인데, AGI는 이를 자율적이고 완벽하게 수행할 수 있다. 이는 AI가 미리 정의된 규칙에 따라 디지털 정보를 조작하는 모든 직업군에 영향을 미칠 것이다. 이 분야는 가장 놀라운 속도로 인간의 전통적인 업무 기술이 구식이 되고 있으므로 새로운 기술을 신속하게 습득할 필요가 있다.

AGI 시대의 필수적인 인간 역량

AGI가 지배하는 세상에서 인간만이 발휘할 수 있는 역량은 점점 더 중요한 가치를 가질 것이다. 그러한 역량은 무엇이며 그 능력이 AGI와 협업했을 때 어떠한 가치를 지닐 것인지 살펴보자.

첫 번째로 창의력이다. AI가 콘텐츠를 생성할 수는 있어도 새로운 아이디어를 개념화하고 이를 직관적으로 발전시키며 감성을 울리는 독창적인 작품을 생산하는 것은 인간의 지속적인 영역이다. 미래에 인간의 역할은 창의적인 작업의 유일한 실행자에서 비전가, 개념화자, 감성적 안내자로 전환된다. 이때 빠른 프로토타이핑 및 실행을 위해 AI를 도구로 활용할 것이다.

두 번째는 도덕적 나침반이라 할 수 있는 윤리적 판단력이다. AGI가 점점 더 다양한 분야에서 결정을 내림에 따라 옳고 그름을 분별하고 사회적 함의를 이해하며 도덕적 원칙을 적용하는 능력이 가장 중요해진다. 윤리는 복잡하고 때때로 상충되는 가치를 탐색하고, 맥락에 따른 미묘한 차이를 이해하며, 데이터나 규칙이 모호할 때도 인간의 안녕과 사회적 공정성을 우선시하는 결정을 내리는 것이다. 이는 논리적이거나 계산적인 문제가 아니다. 공감, 지혜, 그리고 인간 경험에 대한 깊은 이해에서 나온다. AI를 윤리적 규칙으로 프로그래밍할 수는 있지만 인간처럼 결과를 느끼거나 도덕적 복잡성을 직관적으로 이해할 수는 없다.

세 번째는 비판적 해석 능력이다. AI는 방대한 데이터를 처리하고 분석할 수 있다. 하지만 복잡한 패턴을 해석하고 근본 원인을 식별해 데이터 기반 통찰력을 실행 가능한 전략으로 전환하는 능력은 인간에게서 나온다. AGI는 압도적인 양의 데이터와 분석 결과를 생성하지만, 이를 비즈니스적 또는 사회적 맥락에서 필터링하고 우선순위를 정하는 것은 인간의 역할이다. 즉 AGI의 숫자 계산을 전략적 스토리텔링으로 완성시키는 것이다.

네 번째는 인간 대 인간의 커뮤니케이션이다. 일상적인 작업이 자동화되는 AGI 시대에 인간의 비교 우위는 대인 관계 및 감성적 영역으로 전환된다. 인간 고객과 동료에 대한 공감, 갈등 해결을 위한 협상 기술, 새로운 아이디어 채택을 유도하는 설득력, 신뢰와 유대감을 형성하는 능력 등의 소프트 스킬은 기술이 매개체가 되는 시대에는 저평가되었다. 하지만 인간과 AI가 협업하며 복잡성이 증가하고 AI의 사회적 함의를 인간이 관리해야는 AGI 시대에는 오히려 성공을 위한 새로운 하드 스킬이 될 것이다.

AGI 시대는 단순한 기술적 전환을 넘어 심오한 사회경제적 재편성을 의미한다. 일자리 변혁의 물결은 실제로 거세며 상당한 일자리 대체와 함께 완전히 새로운 고부가가치 직업의 출현으로 이어지고 있다. 미래는 적응하는 사람들의 것이다. 이는 개인이 평생 학습을 수용하고 독특한 인간 역량에 집중하며 인간과 AI 협업의 기술을 숙달해야 함을 뜻한다.

AGI가 가져올 변화의 규모는 인간을 주눅 들게 만들지만 미래 전망은 인간의 쓸모없음을 의미하지 않는다. 대신 인간 지능이 인공지능에 의해 증강되어 전례 없는 복잡성의 문제를 해결하고 창의성과 생산성의 새로운 지평을 열 수 있는 시대를 그리고 있다. 핵심은 AI가 범용지능을 달성하더라도 필수불가결하게 남아있을 인간 고유의 능력, 즉 창의성, 윤리적 판단력, 비판적 해석, 그리고 깊은 인간적 소통 능력을 인식하고 육성하는 데 있다. 미래의 일은 단순히 기술에 관한 것이 아니라 기술과 함께 진화하는 인류의 능력에 관한 것이다. 그리고 인간만의 고유한 역할은 미래 노동시장 변화의 열쇠가 될 것이다.

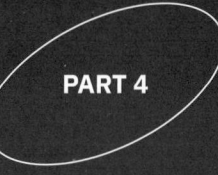

AGI의 경제 자동화, 무엇을 얻을 것인가

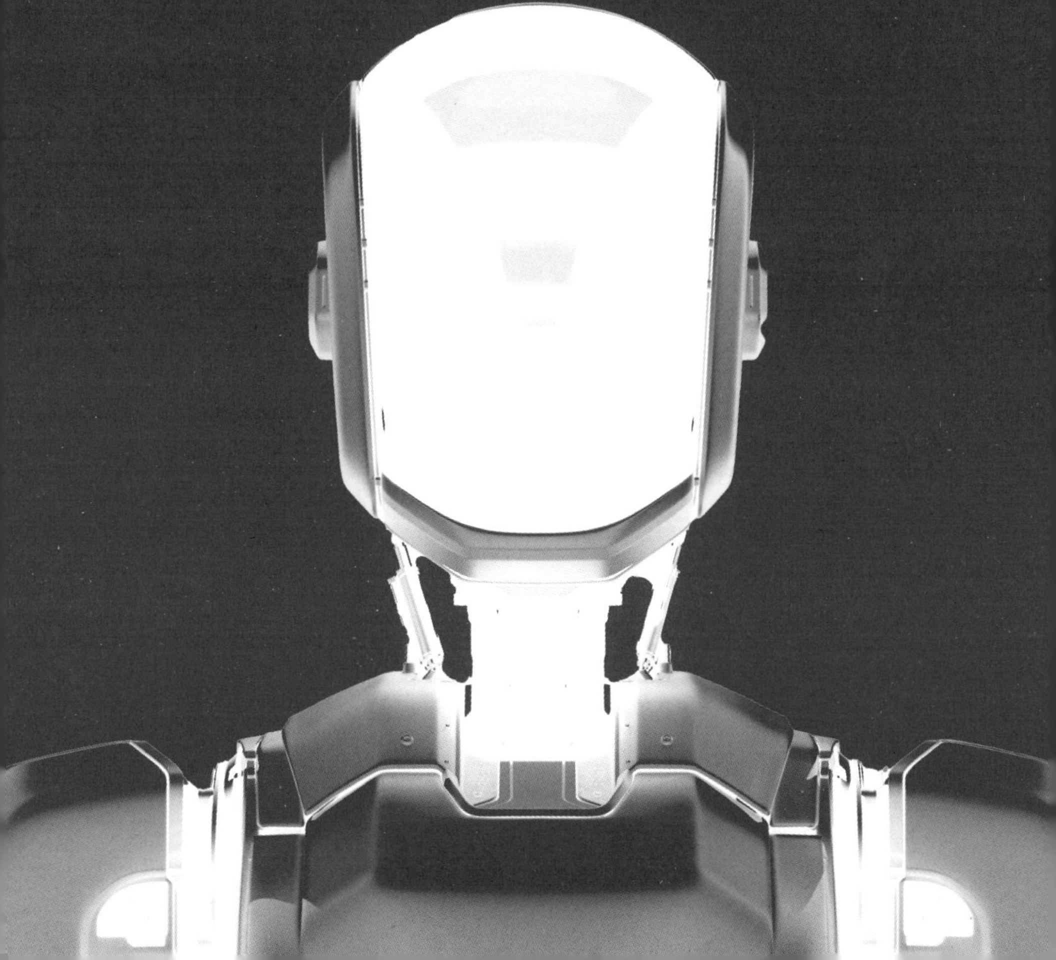

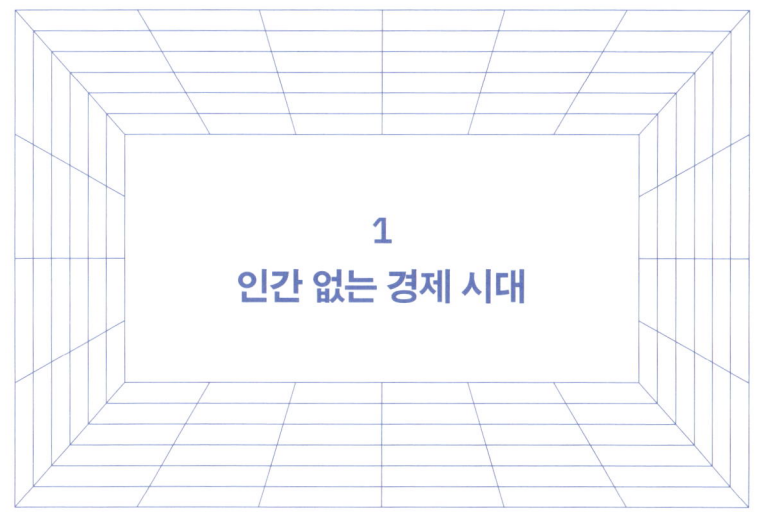

1
인간 없는 경제 시대

AI가 전례 없는 속도로 새로운 억만장자를 만들어내고 있다. 시장 조사 기관 CB 인사이츠에 따르면 현재 전 세계 AI 분야의 유니콘 기업(기업 가치 10억 달러 이상 비상장사)은 498개에 이르며, 전체 기업 가치는 2조 7,000억 달러에 달한다. 이 중 100개 기업은 2023년 이후 불과 2년 남짓한 기간 동안 새롭게 설립됐다.

폭발적 성장세는 구체적인 사례에서 확인된다. 오픈AI에서 챗GPT 개발을 총괄한 미라 무라티Mira Murati가 설립한 씽킹 머신 랩Thinking Machines Lab은 출범한 지 불과 5개월 만에 기업 가치 120억 달러를 기록하며 20억 달러의 자금을 조달했다. AI 신흥 강자로 떠오른 앤스로픽은 불과 몇 달 사이에 기업 가치가 세 배 가까이 뛰어올라 1,700억 달러에 육박한 것으로 전해졌다.

또 다른 사례로 25세 창업자 마이클 트루엘Michael Truell이 이끄는 애니스피어Anysphere는 99억 달러였던 기업 가치가 몇 주 만에 180억~200억 달러 인수 제안으로 치솟았다. 블룸버그 분석에 따르면 단 네 개의 AI 스타트업 창업자 15명의 자산 총액은 이미 380억 달러에 달하며, 추가 펀딩 라운드가 마무리되는 대로 억만장자 창업자는 최소 14명이 더 늘어날 것으로 보인다.

AI, 부의 폭발을 불러오다

AI 분야의 이 같은 성장 속도는 과거 어느 기업의 역사와도 비교하기 힘들다. 아마존이 시가총액 1조 달러를 달성하는 데 24년이 걸렸고, 구글은 21년, 페이스북은 9년이 걸렸다. 그러나 오픈AI는 불과 6년 만에 기업 가치 5천억 달러에 근접했으며, 대부분의 성장은 챗GPT 출시 이후 18개월 사이 집중적으로 이루어졌다.

전문가들은 이러한 거품에 가까운 성장세의 원인으로 운영 방식의 특수성을 지적한다. 과거 빅테크 기업이 물리적 인프라 구축과 사용자 유치에 수년을 투자해야 했던 것과 달리 AI 기업은 기존 클라우드 컴퓨팅과 거대 플랫폼을 활용해 즉시 확장이 가능하다. 여기에 전 세계에서 몰려드는 거대 자본까지 더해져 기업 가치가 가속적으로 치솟고 있다는 분석이다.

그러나 경계의 목소리도 적지 않다. 다수의 AI 기업은 아직 실체적 성과보다 기대치에 기반해 평가받고 있다. 일부는 오픈AI처럼 비영리와 영리를 혼합한 복잡한 지배 구조 탓에 실질 가치 측정이 어렵다. 중국의 AI 스타트업 딥시크DeepSeek의 경우 평가액이 전문가에 따라 10억 달러에서 1,500억 달러까지 널뛰기를 보이는 등 불확실성이 뚜렷하다. 한 금융권 관계자는 AI 열풍이 현대 역사상 최대 규모의 부 창출을 불러오고 있는 것은 분명하지만, 아직 수익화 모델이 불명확한 기업들이 대다수라며 거품이 꺼질 경우 상당한 조정이 뒤따를 수 있다고 경고했다.

디지털 화폐와 AI 에이전트의 결합

AI 에이전트가 디지털 화폐를 만나면서 인간의 개입 없이 자율적으로 작동하는 새로운 경제 시스템이 가속화될 것이라는 예측이 나왔다. 암호화폐 및 금융 업계의 주요 인사들은 AI 에이전트와 프로그래밍 가능한 화폐가 결합하며 경제 속도를 극적으로 높이고, 전통적인 금융 및 상거래 방식을 완전히 뒤바꿀 것으로 보고 있다.

2025년 초, 대형 스테이블코인 발행사 테더Tether의 CEO 파올로 아르도이노Paulo Ardoino는 향후 15년 내에 1조 개에 달하는 AI 에이전트가 자체 디지털 지갑을 소유하고 비트코인 및 스테이블코인을 활용해 인간의 감독 없이 자율적으로 거래하는 시대가 올 것이라고 예측했다. 이들은 생각하고 결정하며 소비 활동까지 수행하는 완전히 독립적인 경제 행위자다. 테더는 이미 1,650억 달러 이상의 자산을 운용하며, 미국 재무부 채권 보유 기업 순위로는 세계 19위에 올라 있다. 아르도이노는 폭발적으로 확대될 기계 대 기계(M2M) 경제에 대비해 테더도 인프라를 준비 중임을 시사했다.

최근 뉴욕 증권 거래소에 상장한 스테이블코인 발행사 서클Circle의 CEO 제러미 알레어Jeremy Allaire도 같은 의견이다. 그는 AI 에이전트의 확산으로 화폐 유통 속도와 경제 효율이 대폭 상승할 것으로 진단하고 모든 활동이 블록체인에 기록되어 투명한 검증이 가능한 '온체인 AI 에이전트'의 등장을 새로운 경제적, 조직적 원시라고 칭했다. 코인베이스 개발자들 역시 AI 에이전트가 향후 이더리움 네트워크의 최강 고객으로 부상해 오래전에 방치된 웹표준을 활용해 실제 온체인 결제를 수행할 것으로 내다봤다.

자판기처럼 작동하는 경제

변화는 이미 현실이 되고 있다. 자율형 AI 에이전트들은 이미 인간의 개입 없이 실시간으로 암호화폐를 거래하고, 시장 데이터를 분석해 포트폴리오를 실시간으로 최적화하는 인프라를 구축하고 있다. 예를 들어 AI 비서가 반려견 건강을 체크하고 최신 수의학 논문을 탐색한 뒤, 여러 공급처 가격을 비교해 프로그래밍 가능한 화폐로 직접 구매까지 하는 것이다. 이 모든 과정은 블록체인 기술을 기반으로 미리 정해진 조건이 충족되면 자동으로 실행되는 디지털 계약 프로그램인 스마트 컨트랙트를 기반으로 이루어진다. 송금, 카드 결제, 승인 등 구시대 금융 프로세스는 AI 주도 경제 앞에서 빠르게 퇴장하고 있다.

또한 AI 에이전트가 가격을 자율적으로 협상하고 거래를 실행함에 따라 인간의 감정을 목표로 하는 전통적인 광고는 무의미해질 것으로 보인다. AI와 디지털 화폐의 결합은 전 세계 모든 거래에서 발생하는 문제를 해결한다. AI 에이전트는 인간의 개입 없이 API 호출, 데이터 저장, 연산 능력 등을 수행해 자율적으로 비용을 지불하며 결제 및 송장, 분쟁 처리 등은 스마트 컨트랙트가 책임진다. 자판기처럼 AI가 결제 요청, 승인, 구매, 서비스 이용까지 한 번에 해결하는 미래가 도래하는 것이다.

완전한 경제적 자율성 구축

놀라운 점은 AI 에이전트가 단순히 결제하는 것에 그치지 않고 서비스를 자율적으로 연결해 완전한 경제적 순환을 이룬다는 것이다. 자율주행 택시는 스스로 충전 비용을 지불하고, AI 콘텐츠 생성자는 필요한 데이터와 컴퓨팅 파워를 자동으로 구매한다. 공급망 에이전트는 실시간으로 계약을 협상하고 결제를 실행한다. 이미 하이퍼볼릭 랩스Hyperbolic Labs와 프로디아 랩스Prodia Labs 같은 기업들은 AI 에이전트가 언어 모델과 미디어 콘텐츠 사용 비용을 자율적으로 지불하는 실험을 진행하고 있다.

전문가들은 기하급수적인 자동화와 프로그래밍 가능한 화폐의 만남이 인간의 이해를 뛰어넘는 비즈니스 속도를 만들어낼 것이라고 경고한다. AI와 암호화폐 인프라를 선점한 기업들은 수조 건의 기계 간 결제·계약·신호를 처리하며 비즈니스 속도를 혁명적으로 끌어올릴 것으로 전망된다. 반면 여전히 결제마다 인간의 최종 승인을 요구하는 기업들은 결국 디지털 시대의 공룡으로 전락할 것이다. 지금 이 변화는 단순히 거래를 자동화하는 수준이 아니라 경제적 의사결정 자체를 자동화하는 혁명적 변화라고 할 수 있다.

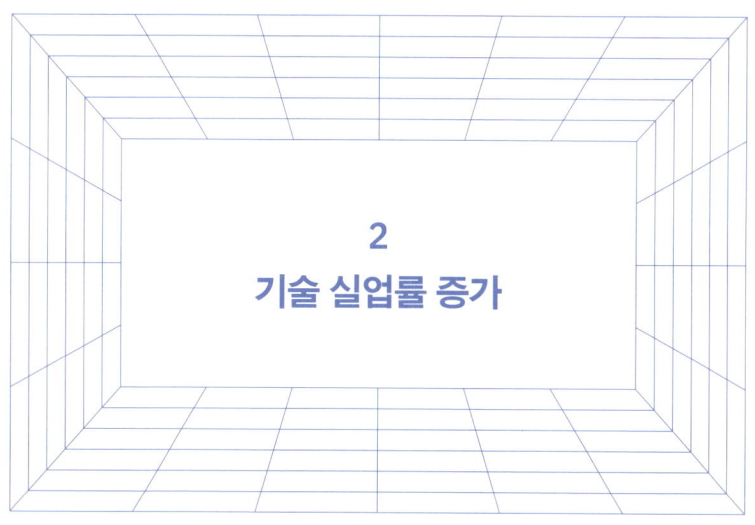

2
기술 실업률 증가

2025~2050년에는 전 세계 대부분 지역에서 기술 실업률이 급격히 증가할 것이다. 이에 따라 경제적, 정치적, 사회적, 문화적 격변이 일어난다. 산업혁명 이후 200년 동안 새로운 기술의 발전은 파괴하는 일자리보다 더 많은 일자리를 창출해 왔다. 하지만 21세기 초에 이르러 변화가 일어나기 시작했다.

이미 수십 년 동안 정체 상태인 중위 임금은 특히 선진국에서 뚜렷한 경향을 보였다. 과거 고소득 국가에서의 주요 실업 원인은 저임금 시장으로의 일자리 아웃소싱이었다. 주로 제조업과 육체노동에 종사하는 블루칼라 노동자들을 위협했다. 그러나 2020년대 후반부터 자동화와 AI, 로봇공학의 조합이 일자리 이동에 훨씬 더 큰 영향을 주고 있다. 생성형 AI와 대규모 언어 모델(LLM)의 급속한 발전으로 화이트칼라 전문직에 큰 혼란이 일어나기 시작했다. 특히 카피라이팅, 저널리즘, 소프트웨어 개발, 그래픽 및 웹 디자인, 회계, 고객 지원, 법률 서비스 같은 분야는 신입 사원들이 상당한 실직의 영향을 받고 있다.

지식 경제 인력이 필요 없는 세상

현재 널리 채택되고 있는 정교한 AI 모델은 한때 인간의 창의성과 판단력이 필요하다고 여겨졌던 작업을 자동화할 수 있다. 이러한 시스템 중 일부는 점점 더 에이전트적으로 변하고 있다. 이는 사용자가 설정한 목표를 달성하기 위해 외부 개입 없이 독립적으로 전략을 세우고 실행하는 AI 시스템을 뜻한다. 장기간에 걸쳐 자율적으로 작동하고 목표를 추구해 지속적인 인간의 감독 없이 주어진 일을 수행할 수 있다. 예를 들어 기존 챗봇은 단순 대화에 집중하지만 AI 에이전트는 딥러닝이나 생성형 AI를 활용해 업무 자동화, 데이터 분석, 의사결정 지원으로 복잡한 문제를 직접 해결한다. AGI가 현실에 더 가까워지는 변곡점이 임박한 것이다.

협소한 용도에 국한된 이전의 AI 도구와 달리 AGI는 노동력을 증강할 뿐만 아니라 많은 영역에서 노동력을 대체하는 등 인간 수준 또는 그 이상의 광범위한 작업을 수행할 수 있는 잠재력을 가지고 있다. 전략 계획 및 과학적 연구에서 실시간 의사결정과 복잡한 문제 해결에 이르기까지 AGI는 짧은 시간 내에 지식 경제의 많은 부분을 불필요하게 만들 위험이 있다.

자동화와 자율화가 가져올 실업률

2010년대에는 자율주행 자동차에 관해 낙관적 예측이 대부분이었다. 그런데 2025년인 지금까지도 자율주행 자동차는 큰 비중을 차지하지 못하고 있다. 자율주행 자동차는 택시·트럭·배달차량 등 통제된 환경이나 특정 도시 노선에는 존재하지만 지속적인 안전 문제와 예측 불가 상황에 대한 시나리오 및 규제 등의 복잡성으로 채택은 여전히 제한적이다. 현재 소형 차량은 급속한 자동화를 경험 중이며 이 분야의 고용에 큰 영향을 미치고 있다. 미국 샌프란시스코와 피닉스의 무인 자율주행 택시 웨이모 Waymo 초기 실험은 전 세계 수많은 기업과 도시가 자율주행 자동차를 더 많이 채택할 수 있는 길을 열었다. 한편 트럭이나 기차, 선박, 심지어 항공기 같은 대형 자율주행 차량도 속도는 느리지만 AI 기술을 바탕으로 점차 자동화와 자율성으로 전환하기 시작했다. 2030~2040년에 AI의 실시간 의사결정과 인프라가 표준화되면 보다 광범위한 배포가 가능할 것으로 보인다.

20세기 후반부터 이미 대대적으로 자동화된 제조업은 머신러닝과 AI의 획기적인 발전에 힘입어 더욱 다재다능하고 적응력이 뛰어난 로봇으로 근로자를 가속화하고 있다. 2035년까지 첨단 휴머노이드 로봇과 산업용 로봇은 광범위하고 복잡한 조립 작업을 수행하며 제조업에서 수많은 노동자의 역할을 대체할 것이다.

이 기간에 요식업, 노인 요양, 병원, 보안 순찰, 가사 산업 등 다른 영역에서도 로봇이 널리 채택되고 있다. 2030년대가 펼쳐지면 기업들은 로봇이 인간 작업자와 비교해 훨씬 비용 효율적이고 안정적이며 업무 확장도 가능하다는 사실을 체득할 것이다.

2040년이 되면 전 세계 노동 참여율이 현저히 감소할 것이다. 1990년 70%가 넘었던 노동 연령(15세~64세)의 고용비율은 2025년에 이미 67%로 떨어졌다. 이러한 감소 추세는 현재 크게 가속화되고 있으며 2050년에는 41%까지 낮아질 가능성이 크다. 운송, 제조, 행정 서비스, 소매, 요식업 및 식품 서비스, 금융, 의료 등의 산업이 대규모 일자리 감소에 직면해 있다.

실업률 증가와 부의 불평등

실업률 증가는 초기에 전 세계적인 불안을 가져올 것이며 과격한 시위와 정치적 위기를 촉발할 것이다. 고용주에 대한 영향력이 줄어든 전통적인 노동조합은 약화되고 있으며 정부는 효과적으로 대응하기 위해 고군분투하고 있다. 점점 더 빨라지는 일자리 이탈(고용 및 기술 수요의 끊임없는 변화)은 많은 근로자가 재빨리 충분한 재교육을 받거나 새로운 역할로 전환하지 못하는 혼란을 가중시킨다. 부의 불평등은 악화되고 포퓰리즘과 반(反)기술 정서를 부채질할 것이다.

사회적 불안과 경제 침체를 완화하기 위해 각국 정부는 보편적 기본소득 같은 해결책을 점점 더 많이 수용하고 있다. 이전에 논란이 되었던 이 개념은 부의 불평등을 해소할 대안이 나타나지 않아 정치적 스펙트럼 전반에 걸쳐 광범위한 지지를 얻고 있다. 2010년대와 2020년대에 제한된 규모로 시범 운영되었으며 2030년부터 일자리 감소가 증가함에 따라 보편적 기본소득 제도는 경제적 안정성과 소비자 지출을 유지하는 데 필수 조건이 될 것이다. 보편적 기본소득이 널리 보급되는 동안 일부 국가에서는 추가로 공공 서비스를 확대하거나 최저 소득 보장, 음의 소득세(고소득자에게는 세금을 징수하고 저소득자에게는 정부로부터 보조금을 지급하는 소득세 제도), 보편적 기본 서비스, 고용 보장 제도 같은 표적 접근 방식을 채택해야 한다.

국가는 문화적, 경제적 요인에 따라 보편적 기본소득을 다르게 시행할 수밖에 없다. 유럽의 포괄적 복지 국가들은 기존의 복지 프로그램을 점진적으로 간소화된 보편적 기본소득 시스템으로 전환하며, 미국은 극단적인 이념적 분열로 인한 초기 저항에 직면해 적응 속도가 느리다. 그러나 대량 실업과 불안이 심화되면서 본격적으로 국가들은 보편적 기본소득을 시행할 것이다. 이러한 소득 시스템은 사회를 경제적으로 안정시킬 뿐만 아니라 개인에게 교육, 재교육, 기업가 정신 및 창의적 노력을 위한 자원을 제공하는 데 도움이 된다.

대량 실업으로 인한 단기적인 격변과 어려움에도 불구하고 보편적 기본소득의 광범위한 채택과 자동화, AI 및 로봇공학의 지속적인 발전은 개인이 자신의 조건에 따라 의미 있는 일, 평생 학습 또는 여가를 추구할 수 있는 미래를 위한 토대를 마련한다. 2050년까지 경제는 자동화의 지원을 받아 보다 창의적이고 탄력적인 모델로 전환하고 점점 더 인류 복지에 초점을 맞출 것이다. 처음에는 위기로 여겨졌던 기술적 실업은 점차 개인의 자유와 사회적 결속을 향한 진화의 과도기로 인식되고 있다.

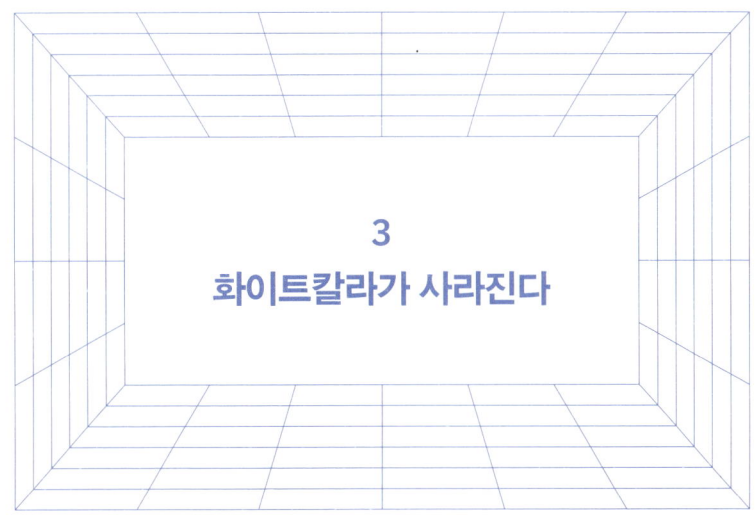

3
화이트칼라가 사라진다

　AI가 사무직을 대체하는 시대가 곧 도래한다. 전통적인 직업 경로는 사라지고 있으며 AI 기반 생산성은 가능성의 영역을 재정의하고 있다. 타임라인은 다소 불확실하지만 압도적인 합의는 결국 기계가 대부분의 일을 대체한다는 것이다. 2년 뒤인지 20년 뒤인지 언제 이런 일이 일어날지에 대한 논쟁에 얽매이기보다 AI 시스템이 점점 더 보편화되고 종종 인간의 일자리를 희생하는 세상에서 적응하고 번창하기 위해 무엇을 할 수 있는지 묻는 것이 더 생산적이다. 그렇다면 이 변화의 쓰나미 속에서 누가 살아남을까? 그리고 그들 중 누가 번영할까? AI 혁명 속에서 살아남는 것을 넘어 성공하기 위한 5가지 의미와 전략을 살펴보자.

1. 보편적 기본소득

AI가 여러 산업에서 인적 자본을 대체함에 따라, 우리는 일종의 기본소득을 향해 나아가고 있다. 한 가지 가능한 아이디어는 생산성이 크게 향상되는 기업들이 직원 수가 아닌 수익성을 기준으로 새로운 세금을 부과받을 수 있다는 것이다. 이러한 세금은 기술과 함께 발전하는 경제 구조에서 일자리를 잃은 지식 노동자들을 지원할 수 있을 것이다.

2. AI를 활용하는 1인 기업

2030년까지 AI 시스템은 완전히 자율적인 기업을 만들어낼 것이다. AI 전문 로펌, 마케팅 에이전시, 그리고 24시간 연중무휴로 운영되는 의료 기관들이 그 사례다. S&P 500 기업의 매출 100만 달러당 직원 수는 1980년대 8명에서 현재 2명으로 급감했다. 2030년대에는 기업가가 비전을 구상하고 AI가 나머지 모든 것을 처리하는 1인 기업이 등장할 가능성이 높다. 미래는 AI와 경쟁하는 것이 아니라 AI를 조율하는 기업가의 것이다.

3. 가격은 낮추고 품질은 높이고

대부분이 간과하는 점은 일자리가 변화함에 따라 생활비도 함께 변화한다는 것이다. 의료, 교육, 치료, 보육 등 모든 것이 화폐 개혁을 겪게 될 것이다. AI는 양질의 서비스를 더욱 풍부하게 만들고 비용을 획기적으로 낮춰 일자리 감소를 새로운 경제적 균형으로 상쇄할 것이다.

4. 직원에서 기업가로

AI를 활용하는 기업가들은 기업 설립 및 인수 주기가 그 어느 때보다 빨라질 것이다. 이때 기업이 직원을 AI로 대체함에 따라 효율성 지표는 급등한다. 다른 직업을 구하겠다는 생각은 접어두고 오직 나만이 만들어낼 수 있는 가치를 창출해야 한다. 나는 어떤 문제를 해결하는 데 깊은 관심을 가지고 있는지 고민해 보자.

5. 끝없는 호기심

AI가 만연한 세상에서는 암기된 지식보다 질문의 질이 더 중요하다. 어떤 사람들은 "왜?"라고 질문하는 반면, 어떤 사람들은 현실을 그저 받아들일 뿐이다. 질문하는 사람이 미래를 지배할 것이다. 호기심을 갖는 사고방식, 즉 추측이 아닌 경이로움으로 세상에 접근하는 것이 바로 미래의 궁극적인 경쟁 우위다. AI 세상에서 가장 중요한 자산은 무엇을 아는 것이 아니다. 얼마나 빨리 배우고, 적응하고, 가능성을 새롭게 구상할 수 있느냐가 중요하다.

일의 미래와 인간의 웰빙

AI 시스템이 우리 일자리를 대체할 때 어떤 일이 벌어질까. 사람들은 궁핍해질 것인가, 아니면 여가 시간을 즐기고 자신의 방식대로 삶을 살 힘을 얻을 것인가. 후자의 시나리오는 단순히 일하지 않는 게 아니다. 생계를 꾸려야 한다는 끊임없는 압박 없이 열정을 탐구하고, 여행하고, 배우고, 성장할 수 있는 시간과 자원을 갖는 것이다. 이 시나리오에서 사람들은 여전히 일할 자유가 있지만, 의무적이기 때문이 아니라 원하기 때문에 일할 수 있다.

일의 미래는 AI 시스템에 의한 대규모 자동화로 이러한 시스템은 병가를 사용하지 않고 24시간 연중무휴로 운영할 수 있다. 또 사무실 공간이나 교육에 돈을 쓸 필요도 없다. AI가 직원으로 있는 기업은 확장하고 싶다면 컴퓨터나 로봇을 더 사면 된다. 인간의 생산성을 제한하는 수많은 요인이 대부분의 AI 시스템에는 적용되지 않는다.

오늘날에는 일자리를 얻지 못하면 상당한 스트레스와 불안이 발생하며, 실업은 우울증과 불안의 위험이 더 크다. 하지만 재정적으로 안정된 사람은 생계를 꾸려야 한다는 스트레스가 없어 직장 대신 자신의 열정을 추구할 수 있다. AI는 우리 일자리를 가져가 버릴 수 있지만 동시에 AI가 생산한 풍요로움을 공유할 수도 있다. 그 방법을 찾는다면 일자리를 잃어도 빈곤이나 노숙으로 어려움을 겪지 않는 세상을 만들 수 있다. 사람들은 자신의 열정과 관심사를 추구할 자유를 얻고, 기쁨을 가져다주는 일을 하며 하루를 보낼 수 있다. 이 세상에서 일은 필수가 아니라 선택이 될 것이고 사람들은 깨어 있는 시간의 대부분을 다른 사람을 위해 일하는 데 보내지 않을 것이다.

누군가가 일의 종말을 예측한 것은 이번이 처음은 아니다. 하지만 이번에는 근본적으로 다르다. 과거에는 기술의 발전으로 인간의 일이 더 효율적인 방식으로 변화했다. 구멍을 파는 데 수백 명의 인력을 투입하는 대신 증기 삽을 가진 한 사람이 몇 시간 만에 파낼 수 있었다. 손으로 하나하나 힘들게 만드는 대신 공장에서 같은 수의 근로자가 매시간 수백 개를 생산할 수 있다. 하지만 여전히 사람이 필요했다. 이제 사람이 없는 공장이나 스스로 운전하고 작동하는 건설 장비가 있다고 생각해 보라. 사람이 없는 생산은 AI 시스템이 스스로 운영 결정을 내리고 예외를 처리할 수 있기 때문에 가능하다.

이제 인류는 AI 자동화의 성과를 공유할 방법을 찾아야 한다. 일부 소수에게만 이로운 것이 아니라 모든 사람에게 이로운 해결책을 찾는 데 집중해야 한다. AI 시스템이 생산하는 풍요로움을 공유할 방법을 찾지 못한다면 전 세계 대부분의 사람들은 뒤처지고 큰 고통을 겪을 것이다. 지금 우리 앞에는 디스토피아적 불평등이 있거나 모든 사람을 위한 충분한 자원이 있는 밝은 세상이 있다. 안타깝게도 아무것도 하지 않으면 기본값은 디스토피아가 된다. 밝은 세상으로 가기 위한 해결책은 다음에 다룰 '보편적 기본소득' 부분에서 좀 더 자세히 논의하고자 한다.

4
기본소득이 온다

AI 기술의 발전과 함께 일자리 소멸에 대한 우려가 커지면서 AI 시대의 필연적인 사회 시스템으로 기본소득 도입을 주장하는 목소리가 힘을 얻고 있다. 특히 미래 기술 리더들은 AI가 인간의 많은 일자리를 대체하게 될 것이며, 이에 따라 기본소득 없이는 사회가 유지되기 어렵다는 논리를 펼치고 있다.

먼저 테슬라와 스페이스X CEO 일론 머스크는 AI의 잠재적 위험성을 경고하며, AI로 인해 대규모 실업이 발생하면 기본소득이 필요할 것이라고 여러 차례 언급했다. 미국의 기업가 출신 정치인 앤드류 양Andrew Yang은 2020년 미국 대선 경선에 출마하며 자동화로 인한 일자리 감소에 대비한 자유 배당금(freedom dividend, 성인에게 매월 1,000달러 지급)을 핵심 공약으로 내세워 큰 주목을 받았다. 그는 자동화가 기존 일자리를 대체하는 현상이 이미 진행 중임을 강조했다. 오픈AI CEO 샘 올트먼과 메타 CEO 마크 저커버그도 AI 기술 발전의 사회적 영향에 대해 논하며 기본소득과 같은 사회 안전망의 중요성을 언급한 바 있다. 그 외 실리콘밸리의 기술 기업가와 미래학자, 일부 경제학자들 역시 기술 발전의 속도와 사회경제적 영향 분석을 통해 AI 발전이 가져올 미래 사회 변화에 대한 대비책으로 기본소득을 진지하게 논의하고 있다.

기본소득은 어차피 온다

기본소득이라는 개념은 수천 년 전으로 거슬러 올라가는 오랜 역사를 지니고 있다. 하지만 지난 몇 년간 보편적 기본소득(UBI)에 대한 지지가 급격히 증가하면서 마치 최근에 등장한 새로운 개념처럼 여겨지기도 한다. 기본소득 개념은 오랜 시간 동안 다양한 형태로 논의되었으며 여러 활동가에 의해 유사한 아이디어들이 지속적으로 제기되었다.

1900년 이후 기본소득 개념은 크게 세 번의 물결을 겪었다. 첫 번째 물결은 제1차 세계대전 이후로, 사회 불평등과 경제적 어려움이 증가하면서 기본소득에 대한 관심이 높아졌다. 하지만 제2차 세계 대전 이후 경제 성장과 사회 안전망 확대로 인해 기본소득에 대한 관심은 점차 식어갔다. 두 번째 물결은 1960년대와 1970년대로 자동화와 기술 발전으로 일자리 감소와 경제적 불안정성이 다시 증가한 시기다. 이후 1980년대의 신자유주의 정책 등장과 함께 기본소득에 대한 관심은 다시 한번 위축되었다. 세 번째 물결은 2008년 금융 위기 이후 경제 불평등이 심화되고 기술 발전으로 더 많은 일자리가 사라질 것이라는 우려가 커지면서 시작됐다. 현재 다양한 분야의 활동가들이 기본소득 운동에 참여하고 있으며 보편적 기본소득 실험도 여러 국가에서 진행 중이다.

핵심은 AI와 자동화가 가져올 기술적 실업(Technological Unemployment)에 있다. AI는 이미 단순 반복 업무뿐만 아니라 분석, 판단, 창의성이 요구되는 영역까지 그 능력을 확장하고 있다. 많은 전문가들은 AI가 인간의 노동력을 대체하는 속도가 인간이 새로운 기술을 습득하고 적응하는 속도보다 훨씬 빠를 것으로 예측한다. 제조업, 운송업(자율주행), 고객 서비스, 데이터 입력, 심지어 일부 전문직까지 자동화의 영향권 아래 놓이게 된다. 그리고 AI 도입에 따른 생산성 향상의 혜택은 AI 기술을 소유하거나 활용하는 소수의 기업과 자본가에게 집중될 가능성이 높다. 대다수 인구는 소득을 보장하던 일자리를 잃거나 불안정한 저임금 일자리에 머물게 되어 소득 불평등이 극심해질 수 있다.

광범위한 일자리 소멸은 대규모 빈곤층 발생과 소득 불안정으로 이어져 사회적 불만, 범죄 증가, 계층 갈등 등 심각한 사회 문제를 야기할 수 있다. 기본소득은 모든 시민에게 최소한의 생계비를 보장하여 이러한 문제를 완화하고 사회의 기본적인 안전망 역할을 할 수 있다는 논리다. 더불어 생계 유지의 압박에서 벗어난 개인들은 교육, 훈련, 창업, 예술 활동, 사회봉사 등 자신이 진정으로 원하는 일이나 사회에 기여할 수 있는 활동에 시간을 투자하며 인간만의 잠재력을 더욱 발휘할 수 있다는 긍정적인 측면도 제시된다.

보편적 기본소득의 필요성

보편적 기본소득은 최근 몇 년 동안 자동화로 인해 발생하는 문제에 대한 잠재적 해결책으로 주목받고 있다. 보편적 기본소득의 핵심은 고용 상태나 재정 상황에 관계없이 모든 개인에게 일정 금액의 소득을 제공하는 정부 조항이다. 이 무조건적인 소득은 모든 사람에게 일자리나 고용주에 얽매이지 않은 재정적 기반을 제공한다. 고용, 저축 또는 소득 수준에 따라 달라지지 않는다. 보편적이므로 가장 가난한 사람부터 가장 부유한 사람까지 시스템에 속한 모든 사람이 동일한 금액을 받는다.

보편적 기본소득을 구현하는 데 가장 큰 문제는 자금을 조달하는 방법이다. 미국에서 개인 소득세는 정부 수입의 주요 원천이다. 그러나 이 상황은 세금이 소득에서 발생하고 소득이 세금에서 발생하는 순환 문제를 야기할 것이다. 근로자와 비근로자 모두를 위한 보편적 기본소득에 맞춰 세금 시스템을 조정하면 고용된 사람들에게 지속 불가능한 부담을 주게 된다. 게다가 AI 시스템이 인간의 일자리를 점점 더 대체함에 따라 줄어드는 노동력은 자금 조달의 부담을 계속해서 키울 것이다.

소득세 납부자가 감소하는 문제는 보편적 기본소득을 제외하고도 시급한 문제가 될 것이다. AI가 일자리를 대체함에 따라 소득세 수입은 줄어들고 동시에 도움이 필요한 사람의 수는 늘어나기 때문이다. 여전히 일자리를 가지고 있는 사람들에게 지속적으로 세금을 인상하는 것은 불가하다. 그렇다고 수많은 사람들이 거리에서 굶어 죽게 내버려두는 것도 합리적인 선택은 아니다. 극도로 불공평하고 비인도적이며 정치적으로 옳지 않다. AI 자동화의 직접적인 혜택을 받는 사람들이 그렇지 않은 사람들에게 "배가 고프면 케이크를 먹으러 가라"고 무례하게 말한다면 그들은 아마도 과거 그 말을 뱉었던 사람이 매우 격렬한 반발을 겪었던 것과 비슷한 상황을 맞이하게 될 것이다.

이제 각 국가는 일자리가 없는 사람들을 지원할 방법을 찾아야 한다. 현재의 실업 및 복지 시스템은 AGI의 거대한 파도에 적절하지 않다. 일자리가 없는 사람들을 지원하고 지속 가능한 재원에서 자금을 조달할 수 있는 해결책은 무엇일까.

일하는 AI, 세금 내는 AI

일부 국가에서는 이미 소득세가 줄어드는 문제를 해결하기 위한 해결책으로 판매세를 제안했다. 미국은 개인과 기업의 판매 규모에 따라 판매세를 징수하고 있는데 이는 주정부와 지방정부가 정하는 간접세로 우리나라의 부가가치세와 유사하지만 각 주에 따라 세율이 천차만별이다. 미래에 이를 확대해 보편적 기본소득의 재원으로 사용하자는 것이다. 다만 판매세는 역진적 조세(과세 물건의 수량 또는 금액이 증가함에 따라 세율이 낮아지는 조세)이므로 돈이 적은 사람이 돈이 많은 사람에 비해 소득의 더 큰 부분을 지불할 수도 있다. 이런 부분을 잘 짚어 설계를 수정한다면 어느 정도 효과를 볼 수도 있다. 예를 들어 식료품, 의료비, 주택과 같은 필수품에 대한 세금을 면제하는 방식이다.

가장 이상적인 방식은 AI 기반 수익을 올리는 기업에 판매세를 적용해 세금의 대부분을 부담하는 것이다. 이때 기업이 단순히 비용을 고객에게 전가할 것이라고 예상할 수도 있지만, AI 기반 생산성의 이점은 이러한 비용으로 상쇄시켜야 한다. 즉 AI 자동화로 비용을 절감한 부분에 세금을 부과하는 시스템을 만들어 기업은 자동화의 이점을 누리면서 이전보다 더 크게 사회적 이익에 기여하는 것이다. AI의 이점을 사회와 공유해야 한다는 이 핵심 개념은 보편적 기본소득의 근본적인 목표다.

AI 시스템의 일부 작업이 인간의 일자리를 빼앗을 것이지만 AI가 수행하는 총작업량은 대체되는 인간의 일자리 수보다 훨씬 많을 가능성이 높다. 그 이유 중 하나는 AI가 사람이 하기에는 너무 어렵고 위험한 일을 하거나, 반대로 너무 사소하고 지루한 일을 할 수 있기 때문이다. 또 다른 이유는 AI 시스템이 인간의 노동력보다 더 쉽게 확장될 수 있다는 것이다. 이는 AI 작업에 부과하는 세금이 현재 인간의 작업에 부과하는 세금보다 훨씬 낮은 세율을 적용할 수 있음을 의미한다. 즉 일자리를 잃은 인간의 소득이 줄어들고, 노동 비용을 줄인 기업이 내는 세금도 모두 줄어들 수 있다는 것이다. 따라서 우리는 AI 시스템이 인간의 작업과 그에 따른 인간의 급여 수입을 대체하려면 인간의 세금 납부도 대체하는 방향으로 시스템을 변경해야 한다.

어떻게 돈을 마련할 것인가

AI 시대의 기본소득 도입을 주장하는 이들은 다음과 같은 전략과 재원 마련 방안을 제안한다.

- AI, 자동화 생산성에 대한 과세: AI 기술 도입 및 자동화로 인해 발생하는 생산성 향상 이익에 대해 로봇세 등 새로운 형태의 세금을 부과해 기본소득 재원을 마련하자는 주장이다.

- 거대 기술 기업에 대한 과세 강화: AI 기술을 통해 막대한 이익을 얻는 구글, 아마존, 메타 등 대형 기술 기업에 대한 법인세율 인상과 디지털 서비스세 도입 등을 통해 재원을 확보하자는 방안이다.

- 탄소세, 부유세, 금융 거래세 등 활용: 기후 변화 대응이나 부의 불평등 해소를 위해 논의되는 세금들을 기본소득 재원과 연결하자는 주장도 있다.

- 기존 복지 시스템 효율화 및 통폐합: 복잡하고 행정 비용이 많이 드는 기존의 다양한 복지 수당 및 제도를 기본소득으로 통합해 행정 효율을 높

이고 절감된 비용을 재원으로 활용하자는 방안이다.

- 국가 자산 또는 데이터 소유권 활용: AI 시대의 핵심 자산이 될 데이터나 AI 관련 기술에 대한 국가적 소유권을 인정하고 그 이익을 분배하거나, 국부 펀드를 조성해 기본소득 재원으로 활용하자는 장기적인 논의도 있다.

이렇게 거둬들인 세금은 모든 성인 국민에게 소득 수준이나 노동 여부와 상관없이 정기적으로 일정 금액을 지급하는 보편적이고 무조건적인 방식이 기본소득의 핵심 원칙이다. AI 기술 발전이 가져올 사회경제적 변혁, 특히 대규모 일자리 변동에 대한 예측은 기본소득을 미래 사회의 생존과 안정을 위한 필수 불가결한 시스템으로 여기는 논리의 가장 강력한 기반이다. 이러한 논리는 점차 확산되고 있으며 전 세계 여러 국가에서 실제 정책 실험 및 진지한 논의로 이어지고 있다.

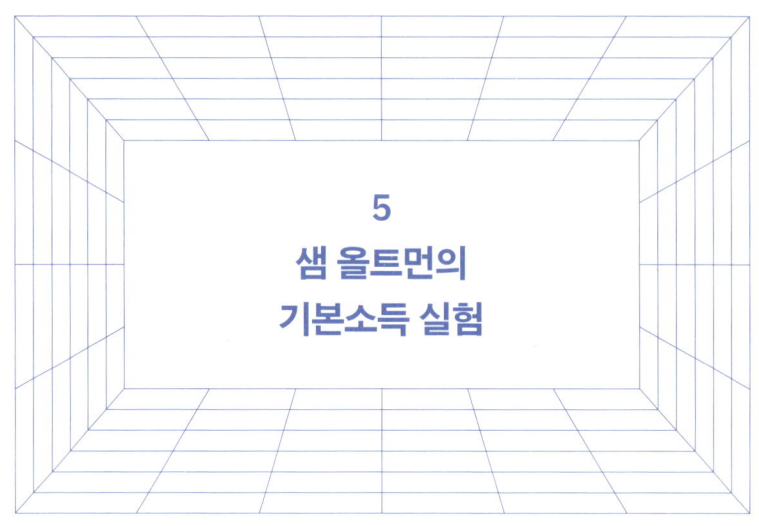

5
샘 올트먼의
기본소득 실험

AI에 대한 대비책으로서 기본소득 논의가 활발히 이루어지고 있다. 또한 지금까지 여러 국가와 지역에서 장기 기본소득에 관한 연구와 실험이 진행되었다. 다음은 기본소득 실험 국가와 그 결과다.

• 미국 (알래스카)

1982년부터 알래스카 영구 기금 배당금을 통해 모든 주민에게 매년 일정 금액을 지급하고 있다. 이는 기본소득의 일종으로 간주되며 주민들의 경제적 안정에 기여하고 있다.

• 인도(마디아프라데시)

2011년부터 2012년까지 20개 마을의 주민들에게 매달 일정 금액을 지급하는 기본소득 실험을 진행했다. 그 결과 주민들의 건강, 교육, 경제적 상태가 개선되었다.

- **케냐**

2016년부터 기본소득 실험을 진행하고 있다. 40개 마을의 주민들에게 매달 일정 금액을 지급하고 있으며 주민들의 생활 수준이 향상되었다.

- **핀란드**

2017년부터 2018년까지 2년간 제한적인 기본소득 실험을 진행했다. 실업자 2,000명을 대상으로 매달 560유로를 지급했다. AI로 인한 전면적 실업 상황을 가정한 실험은 아니었으나 기본소득을 받은 참가자들은 더 큰 행복감과 정신적 안정감을 느꼈으며, 노동 시장 참여 및 복지 시스템 단순화 등에 대한 시사점을 얻었다.

- **캐나다(온타리오)**

2017년부터 2019년까지 저소득층 4,000명을 대상으로 매달 최대 1,400캐나다 달러를 지급했다. 실험 결과 참가자들은 건강 상태와 삶의 질이 향상되었다고 보고했다. 현재도 여러 주와 연방 차원에서 기본소득 도입에 대한 논의가 활발하게 이루어지고 있다.

- **미국 (캘리포니아, 스톡턴)**

2019년부터 2021년까지 자선기금 등을 활용해 저소득층

125명에게 매달 500달러를 지급했다. 실험 기간 동안 참가자들은 더 큰 경제적 안정감을 느꼈으며, 정신 건강이 향상되었다.

- **네덜란드**

여러 도시에서 기본소득 실험을 진행하거나 계획하고 있다. 이들 실험 역시 복지 시스템 개혁과 연관되지만, 미래 사회 변화에 대한 대응이라는 측면도 포함된다.

- **스위스**

2016년 전 국민 대상 기본소득 도입 국민투표를 실시했으나 부결되었다. 하지만 이는 기본소득에 대한 사회적 논의를 촉발하는 중요한 계기가 되었다.

- **대한민국**

AI로 인한 일자리 소멸에 대비한 논의는 초기 단계이나 경기도의 청년 기본소득 정책 등 일부 형태의 조건부 기본소득과 보편적 수당 논의가 이루어지고 있다. 현재 전 국민 기본소득에 대한 찬반 논쟁이 활발하며 AI 시대의 미래 변화에 대한 대비라는 측면이 점차 논의에 포함될 가능성이 크다.

이처럼 기본소득 실험은 다양한 나라와 장소에서 진행되었으며, 대부분의 연구 결과는 기본소득이 삶의 질 향상에 긍정적인 영향을 미친다는 것을 보여주고 있다.

샘 올트먼의 무조건적 기본소득 실험

오픈AI CEO 샘 올트먼은 AI가 전통적인 일자리를 없애고 소수가 보유한 막대한 부를 창출함에 따라 기본소득이 필요할 것임을 공언해 왔다. 2021년에는 공공 정책이 조정되지 않으면 대부분은 현재보다 더 나빠질 것이라고 말했다. 그는 미국 최대 규모의 무작위 기본소득을 실험했다. 실험 결과는 AGI 시대의 보편적 기본소득의 실행을 더욱 강하게 뒷받침하는 동시에 미래 사회 설계에 중요한 이정표가 될 것이다. 이 연구는 2020년 11월부터 미국 일리노이와 텍사스에서 2019년 가계 소득이 연방 빈곤선의 300% 미만인 저소득층을 대상으로 3년간 진행되었다. 참가자들에게는 매월 조건 없이 1,000달러가 지급됐다. 이는 현금을 지급하는 기본소득 실험 중 가장 긴 기간에 가장 많은 금액을 지급한 조건이다. 또 다른 2,000명에게는 매월 50달러를 지급했다.

연구 결과 기본소득을 받은 참가자들은 식량, 주거, 의료 등 필수적인 생활비 지출에 주로 사용했으며 삶의 질이 향상되었다. 특히 한부모 가정의 경우 육아와 일을 병행하는 데 어려움을 겪었는데, 기본소득 덕분에 육아에 더 집중하고 경제적 부담을 줄일 수 있었다. 또한 참가자들은 근무시간을 크게 줄이지 않으면서도 더 큰 자율성과 재정적 안정감을 느끼는 것으로 나타났다.

수혜자들은 월평균 310달러를 더 지출했는데 대부분 주택, 식비, 자동차 비용이었다. 그러나 이들의 전반적인 소득은 매월 약 125달러 감소했다. 그만큼 덜 일했기 때문이다. 전체적으로 노동 시장 참여 시간은 약 2% 감소했는데 이는 주당 약 1.3시간이며 1년에 약 8일의 근무시간이 단축된 것이다. 기본소득 논쟁에서 가장 논란이 많고 정치적으로 중요한 부분 중 하나는 그것이 노동에 미치는 영향이다. 비판적인 경제학자와 정책 전문가들은 기본소득이 일하려는 욕구를 없앨 수 있다는 점에 관심이 많다. 그리고 언뜻 보면 결과는 사람들이 일을 조금 덜 한다는 것을 분명히 보여준다. 다만 좀 더 깊이 들어가 보면 이 현상은 젊은 한부모 가정에 집중됐다. 한부모 가정에서 연간 8일의 휴가를 추가로 선택한 것이 노동시간 단축에 유의미한 영향을 준다고 할 수 있을까?

1,000달러를 받은 수혜자들은 직장 밖에서 한 달에 5시간 30분을 더 얻었고 이 시간에 125달러를 효과적으로 사용했다. 친구의 집 지하실에서 아이들과 함께 살았던 셀렌은 집을 마련하는 데 기본소득의 도움을 받았다. 그녀는 "그렇게 실패했다는 느낌이 들지 않았기 때문에 마음이 맑아졌다"라고 말했다. 또 코로나19 팬데믹으로 직장을 잃은 도미니크는 "기본소득이 한 가장 큰 일은 마음의 평화를 누리는 시간을 갖게 해준 것이다. 그래서 내가 인생에서 정말로 원하는 것이 무엇인지 탐색할 수 있게 됐다"라고 말했다.

현금이 건강에 미치는 영향은 좀 더 명확하게 드러났다. 별 효과가 없었다. 일부 참가자의 혈액 샘플과 영양 섭취를 포함한 상세한 데이터에서는 신체 건강이 개선되었다는 증거를 본질적으로 찾지 못했다. 대신 스트레스 감소를 통해 정신 건강이 단기적으로 개선되었다. 그리고 참가자들이 병원과 치과 의사를 더 자주 방문하고 의료비로 매월 20달러를 더 지출했다는 점도 확인할 수 있었다. 장기적으로 보면 건강에서도 간접적인 이익을 얻은 셈이다.

결국 무조건적인 기본소득 지급은 수혜자가 어떤 유형의 소비에 우선순위를 둘지 스스로 선택할 수 있는 자유를 제공한다. 그 자유의 본질은 건강을 개선하고 건강 격차를 줄이는 도구가 되었다. 이럴 때 AI 리더들이 기본소득에 관심을 쏟는다면 AI가 우리의 모든 일자리를 훔칠 것이라는 두려움은 기본소득에 대한 열광으로 옮겨갈 것이다. 다만 AI로 인한 실업의 파도가 생각보다 높지 않다면 기본소득에 관한 지원도 줄어들 것이다.

6
무료 주택 시대가 온다

최근 서구 사회를 중심으로 고층 아파트를 허물고 저층 주거지를 조성하는 움직임이 확산되고 있다. 인구 감소에 따른 주거 수요 변화, 노후화된 고층 건물의 유지 보수 어려움, 그리고 잠재적인 대규모 재난 위험이 주요 원인으로 꼽힌다. 이러한 변화는 한국과 같은 고밀도 주거 형태에 다양한 시사점을 제기한다.

서구권에서 고층 아파트 철거가 증가한 가장 큰 이유는 인구 감소와 그에 따른 공실 증가다. 전문가들은 인구 감소가 본격화되면 고층 아파트의 빈집이 기하급수적으로 늘어날 것이며, 이는 수도관 파열, 전기 설비 노후화 등 건물 관리 부실로 이어져 궁극적으로 건물 붕괴 같은 대형 재난으로 이어질 수 있다고 경고한다. 실제로 많은 서구 국가에서는 과거 경제 성장에 따라 지어진 고층 아파트들이 노후화되면서 유지 보수 비용이 천문학적으로 증가하고 있다. 이에 대한 대안으로 철거 후 저층 주택 재건축을 고려하는 것이다.

고층 아파트를 허물고 저층 주거지로

미국 맨해튼의 빼곡한 초고층 빌딩은 한국과 달리 대부분 사무실이나 오피스텔 용도로 사용된다. 주거는 저층 주택이나 타운하우스 형태가 주를 이룬다. 이는 서구 사회에서 주거 공간에 대한 선호가 개인 주택이나 저층 주거지로 향하는 경향을 반영한다. 실제로 뉴욕 시민 대다수는 맨해튼의 초고층 아파트보다는 인근 교외 지역의 주택에서 거주하는 방식을 선호하는 것으로 알려져 있다.

한국은 국토교통부 2023년 주거실태조사에 따르면 아파트 거주 가구 비율이 전체의 63.6%에 달한다. 특히 수도권 지역에서는 그 비율이 더욱 높다. 이에 반해 서구 국가들의 아파트 거주 비율은 한국보다 현저히 낮다. 미국 인구조사국 자료에 따르면 미국의 주택 소유율은 65% 이상으로, 이 중 대부분이 단독 주택이다. 초고층 아파트에 거주하는 비율은 통계적으로 유의미한 수치를 보이지 않는 경우가 많다. 이는 서구 사회가 한국에 비해 상대적으로 넓은 국토 면적을 보유하고 있고, 주거 문화 또한 개인의 프라이버시와 독립성을 중시하는 경향이 강하기 때문으로 분석된다.

통계를 반증하듯 현재 고층 아파트를 철거하고 저층 아파트를 짓는 대표적인 나라와 도시는 주로 유럽과 북미 지역에 있다. 독일은 과거 동독 시절 건설한 대규모 고층 아파트 단지들이 인구 감소와 함께 노후화 문제가 심각해지면서 대대적인 철거를 진행 중이다. 작센안할트주의 할레나 라이프치히 지역에서는 수십 년 된 고층 아파트를 철거하고 그 자리에 공원이나 소규모 주택 단지를 다시 짓는 사례가 많다. 이는 도시 재생 사업의 일환으로 주거 환경 개선과 함께 지역 경제 활성화를 목표로 한다.

영국은 런던을 비롯한 일부 도시에서 과거 빈민층 주거 안정을 위해 지었던 고층 아파트 단지들을 사회 문제와 노후화에 따라 해체하고 있다. 특히 1960~1970년대에 건설한 콘크리트 구조의 고층 아파트들은 유지 보수 비용이 과도하게 들고 범죄 발생률이 높다는 비판을 받으면서 철거 후 저층 주택이나 테라스 하우스 형태로 재건축하는 경우가 늘고 있다.

프랑스 파리 외곽 지역의 고층 아파트 단지들 역시 도시 재생 사업의 주요 대상이다. 이곳의 고층 아파트들은 노후화뿐만 아니라 슬럼화로 사회 문제의 온상이라는 비판을 받아왔다. 이에 따라 프랑스 정부는 대대적인 재개발 프로젝트를 통해 고층 아파트를 철거하고 인간 중심적인 저층 주거지와 공공시설을 조성하는 데 힘쓰고 있다.

미국의 경우 특정 도시보다는 산업 쇠퇴로 인구가 급감한 러스트 벨트(미국 중서부와 북동부 지역의 쇠락한 중공업·제조업 지대)에서 이러한 현상이 두드러진다. 디트로이트나 클리블랜드 같은 도시는 방치된 고층 아파트나 상업 건물을 철거하고 새로운 형태의 저층 주거지나 상업 지구를 조성하는 시도가 이루어지고 있다.

서구의 고층 아파트 해체 현상은 단순히 건물 철거를 넘어, 인구 구조 변화와 도시 재생, 그리고 지속 가능한 주거 환경 조성이라는 복합적인 의미를 담고 있다. 한국 역시 인구 감소와 고령화가 가속화되는 상황에서 서구의 사례를 면밀히 분석하고 우리 실정에 맞는 주거 정책을 모색해야 한다. 획일적인 고층 아파트 건설보다는 다양한 주거 형태를 고려하고 노후 아파트의 효율적인 관리 및 재활용 방안을 마련하는 것이 국가적 재난을 예방하고 지속 가능한 도시를 만드는 데 중요한 과제가 될 것이다.

빈집 쓰나미와 국민 무료 주택 시대

한국은 기록적인 저출산과 고령화로 인구 감소라는 거대한 파고에 직면했다. 이에 따라 주택 시장에도 심각한 변화의 바람이 불고 있다. 급격한 인구 감소는 곧바로 주택 수요 감소로 이어져 전국적으로 빈집이 빠르게 증가하는 추세다. 전문가들은 이러한 현상이 심화되면 머지않아 심각한 사회적 문제로 확산될 수 있다고 경고한다.

통계청 자료에 따르면 2023년 기준 대한민국 총주택 수는 1,900만 호를 넘어선 것으로 추정된다. 그러나 인구 감소와 함께 빈집 또한 꾸준히 증가해 2023년 빈집 수는 150만 호에 달한다. 이는 전체 주택의 약 8%에 해당하는 수치로 적지 않은 규모다. 특히 지방 소멸 위기에 직면한 지역에서는 빈집 문제가 더욱 심각한 수준이다.

한국의 인구 감소 추세는 더욱 가팔라질 전망이다. 통계청의 장래인구추계에 따르면 다음과 같이 인구가 감소할 것으로 예상된다.

2030년: 약 4,900만 명

2040년: 약 4,500만 명

2050년: 약 4,300만 명

2080년: 약 3,000만 명

2100년: 약 2,000만 명(최악의 시나리오 기준)

이는 추정치로 사회 변화에 따라 변동될 수 있다. 하지만 분명한 것은 대한민국 인구가 지속적으로 감소할 것이라는 사실이다.

인구 감소와 함께 빈집 수는 더욱 빠른 속도로 증가한다. 주택산업연구원의 분석에 따르면 현재 추세가 지속되면 2050년에는 전국 빈집 수가 300만 호를 넘어선다는 암울한 전망이 나온다. 이는 전체 주택의 약 15%에 해당하는 엄청난 규모. 특히 수도권 외곽 지역과 지방 중소도시의 빈집 증가는 더욱 심각할 것으로 우려된다.

그렇다면 먼 미래에는 모든 국민에게 빈집을 무료로 나눠줄 수 있는 시대가 올까? 이론적으로 인구 감소와 빈집 증가 추세가 지속된다면 불가능한 시나리오는 아니다. 특히 21세기 후반으로 갈수록 주택 수요는 더욱 감소하고 유지 보수가 어려운 노후 빈집은 더욱 늘어날 가능성이 높다. 그러나 현실적인 어려움도 존재한다. 모든 빈집이 거주 가능한 상태가 아니며, 지역 및 주택 유형에 따라 선호

도도 크게 다르기 때문이다. 빈집을 무료로 제공하더라도 유지 보수 및 관리 비용은 여전히 발생하며, 이는 사회적 부담으로 작용할 수 있다.

또한 빈집의 무상 공급은 기존 부동산 시장의 가치 하락과 혼란을 야기하고, 주택 배분 과정에서의 형평성 문제와 이에 따른 사회적 갈등이 발생할 수 있다. 따라서 국민 무료 주택 시대를 현실화하기 위해서는 단순히 빈집 수 증가 외에도 주택의 효율적인 관리 및 활용 방안, 사회적 합의 도출 등 복잡하고 어려운 과제들을 해결해야 한다.

전문가들은 급증하는 빈집 문제에 대한 선제적 대응과 정책 전환이 시급하다고 입을 모은다. 단순히 빈집을 방치할 것이 아니라, 이를 활용한 다양한 방안을 모색해야 한다는 것이다. 예를 들어 노후 빈집을 리모델링하여 저렴한 공공 임대 주택으로 공급하는 것이다. 또 빈집을 활용해 귀농 귀촌을 장려하고 지역 경제 활성화를 도모하는 방안도 고려할 수 있다. 스마트 기술을 활용한 빈집 관리 시스템을 구축하면 활용도를 높일 수 있다.

서구권의 주거 복지 강화

다가오는 주택 과잉 시대에 세계 여러 국가들은 소유의 시대에서 공생과 복지, 관리의 시대로 대전환을 맞이하고 있다. 서구 국가들이 전 국민을 대상으로 무료 주택을 도입하는 시점은 구체적으로 확정되거나 공식화된 바 없다. 현재 미국과 유럽 등의 선진국은 주로 저소득층과 청년, 1인 가구 등 사회적 약자를 대상으로 한 공공임대주택, 주거 바우처, 무이자 또는 일부 면제형 대출 프로그램 등의 주거 지원 정책을 확대하고 있다. 다만 인구 감소로 전국적으로 집이 남아도는 것은 아니다. 오히려 대도시에서는 여전히 주거난이 심하고, 지방 소멸 지역이나 농촌 일부에 한정해 향후 수십 년 내 빈집 무상 배정 논의가 나올 수 있다는 정도의 연구 전망이 있다.

유럽 각국(프랑스, 독일, 스웨덴 등)은 사회주택(공공임대) 비중이 매우 높으며, 인구 감소 지역(이탈리아 남부, 프랑스 지방 등)에서는 빈집 일부를 무상으로 양도하거나 저가에 임대하는 실험이 증가하는 추세다. 그러나 공식적으로 전 국민 무료 주택 도입 시점을 명시하거나 계획한 국가는 없다. 서구의 미래 인구 예측 자료 및 주거정책 전망에서는 현재와 같은 이민자 유입과 대도시 쏠림이 유지된다면 무료 주택 전환 단계는 최소 2070년~2100년대에나 일부 지방 및 고령화 심화 지역부터 제한적으로 시도될 가능성이 언급된다. 따라서 현재는 모든 국민 대상 무료 주택 지급이 아닌, 저가 사회주택 및 공공임대 공급 확대와 주거 복지 강화를 점진적으로 늘려가는 데 중점을 두고 있다.

AGI 시대,
대학이 사라진다

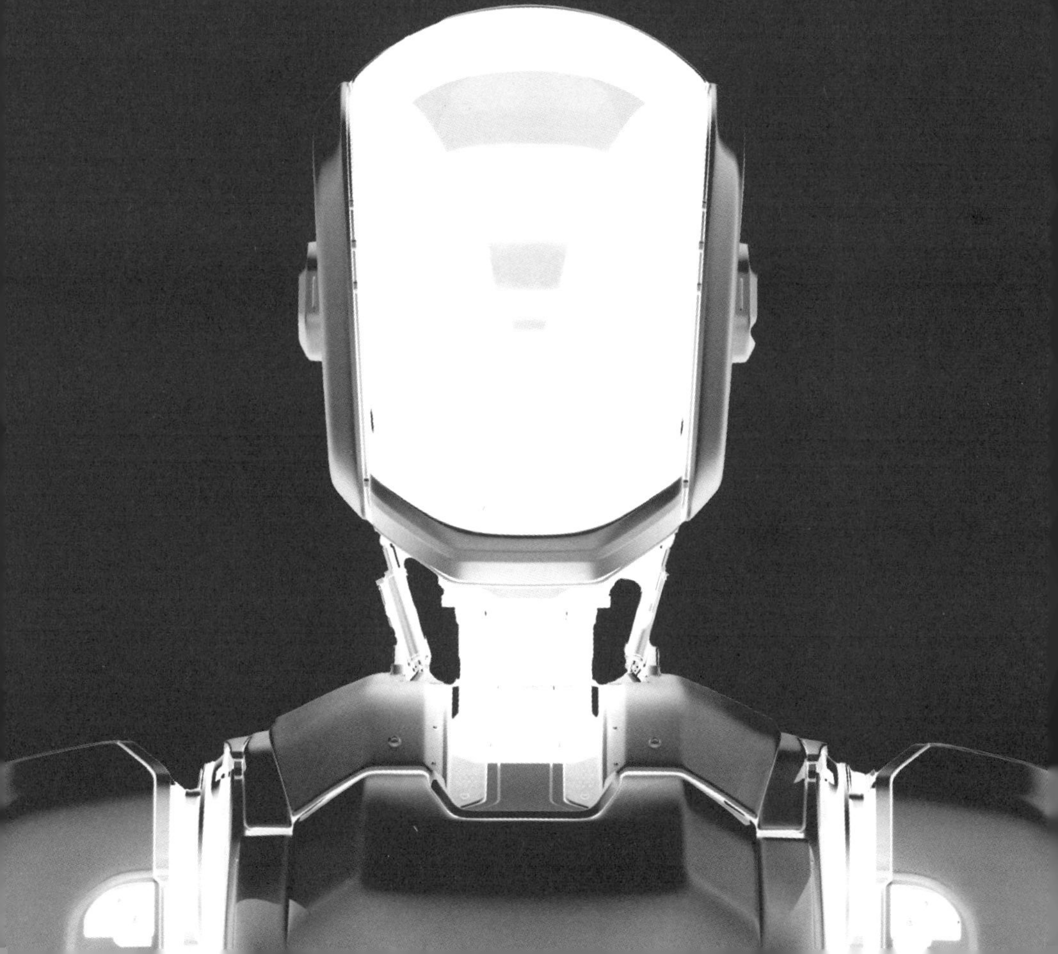

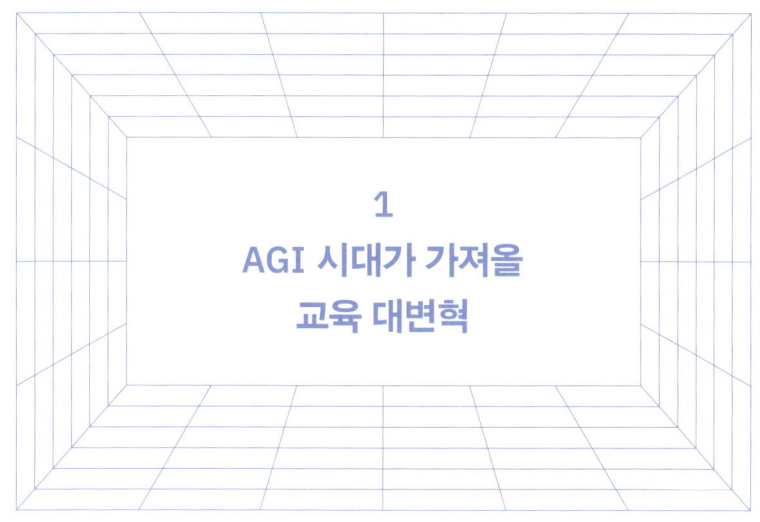

1
AGI 시대가 가져올 교육 대변혁

2030년대, 인류는 그간 상상 속에서만 존재하던 AGI 시대에 본격적으로 진입할 것으로 예상된다. AGI, 즉 인간 수준의 종합적 사고와 문제해결 능력을 가진 인공지능의 등장은 교육 현장을 근본적으로 뒤바꿀 것이다. 가장 두드러지는 변화는 개인 맞춤형 교육의 실현이다. 지금까지 AI 기반 도구는 학생별 진단과 처방에 그쳤다. 반면 AGI는 학생 개개인의 학습 능력, 흥미, 성격, 성장 속도에 따라 맞춤형 교육을 설계한다. 초등학생이든 대학생이든 누구나 자신만을 위한 AGI 튜터를 받을 수 있으며 이들에겐 평가·보충·상담·진로탐색 등이 실시간으로 제공된다. 실제로 IBM의 왓슨연구소 등 AI 활용 사례에서도 맞춤형 학습을 통해 60% 이상 성적 향상 효과가 나타나고 있다. 앞으로는 그 폭과 깊이가 훨씬 커질 것으로 전망된다.

초개인화 맞춤 교육

팬데믹 이후 확산된 에듀테크 기반의 원격교육과 생성형 AI는 지식 전달 중심의 교육 패러다임을 급속히 변화시키고 있다. 특히 K-12(유치원부터 고등학교) 시장에서는 2030년까지 전 세계 교육 시장의 절반 이상을 차지하며 가장 빠르게 성장할 것으로 전망된다. 결국 AGI 시스템은 개개인의 학습 스타일, 이해 수준, 흥미와 목표에 따른 초개인화 학습 플랫폼으로 자리 잡을 것이며, 인간 교사는 이러한 시스템을 보조하고 관리하는 역할로 변모하게 된다.

자동화가 빠르게 확대되면 교사들의 행정 업무와 평가, 반복적 지식 전달 등은 AGI가 책임진다. 이에 따라 AGI 시대 교사는 학습 콘텐츠를 제작해 정보를 전달하는 단순 강사에서 벗어나 AI가 생성한 다양한 학습 자료를 인간적 관점에서 선별하고 보완하는 큐레이터 역할, 그리고 학생의 감정과 동기를 이끄는 멘토이자 조력자로 변화한다. AGI는 학생별로 사고력·비판력·창의력을 맞춤형으로 강화하고 인간 교사는 집단활동, 의사소통, 갈등 해결 등 사회성 교육에 더욱 집중하는 것이다. 이에 따라 팀 프로젝트, 커뮤니케이션, 도덕적 사고 함양 등이 중요 과목으로 부상할 가능성이 크다.

시험과 평가, 결과에서 과정 중심으로

AGI는 기존 성적표 중심 평가에서 벗어나 학습 과정 데이터 전반을 실시간으로 분석해 피드백할 수 있다. 학생이 어떤 방식으로 생각하고 문제를 풀었는지, 협업 과정에서 어떤 태도를 보였는지까지 세밀하게 진단해준다. 따라서 기존의 표준화 평가 방식은 AGI 시대에 부적합해진다. 단순 지식 암기나 맞고 틀림을 따지는 평가가 아니라, 창의적 문제해결과 몰입, 성장 등 과정이 주요 평가 요소가 될 전망이다. 이러한 기능들은 단순한 정답 채점이 아닌 복합적 사고력과 문제해결력, 창의성 발전을 측정하는 새로운 평가 시스템을 만들 것이다.

전통적인 교실과 분절된 과목 중심 커리큘럼은 융합 기반 프로젝트 학습과 목적 기반 자기주도 학습 형태로 재편될 것으로 보인다. AI 문해력, 데이터 문해력, 프롬프트 엔지니어링(AI 모델이 사용자의 의도를 정확히 이해하고, 관련성 높은 결과를 생성할 수 있도록 프롬프트를 구조화하고 작성하는 과정), 알고리즘 이해 등 기술 중심 과목이 그 중요성을 더해갈 전망이다. 동시에 인간 고유의 가치인 비판적 사고, 감성지능, 윤리의식 같은 역량은 더욱 강조되며 교육 커리큘럼이 균형 있게 재구조화되어야 한다. 학생들은 학교라는 울타리 안팎에서 AGI의 도움을 받아 자신의 미션을 탐색하고 이를 중심으로 필요한 지식과 역량을 학습한다. '왜 배우는가'에 집중하는 목적 중심 교육이 확대되는 것이다.

AGI 활용 과정에서 프라이버시, 데이터 편향, 평가의 공정성, 디지털 격차 등 새 윤리 문제가 부상할 것으로 보인다. 미국 스탠퍼드 대학교는 2014년에 100년 후 AI 기술의 발전을 알아보기 위해 'AI 100(100년의 인공지능 연구)'이라는 프로젝트를 시작했다. AI 기술 발전 상황을 모니터링하고 AI 기술이 인류에게 가할 수 있는 잠재적 위험성을 예방하기 위한 목적이다. AI 100은 2030년경 AI 활용이 확대되면 여러 분야에서 긍정적 효과가 나타날 것으로 전망하면서도 개인정보 보호 등은 문제가 확대될 것이라고 지적했다. 그러므로 신뢰할 수 있는 데이터 관리, 알고리즘 투명성, 인간 주도권 강화 등 철저한 윤리적 기준이 요구된다. 교사, 학생, 학부모 등 교육의 당사자들은 AGI 활용 원칙을 함께 논의하고 다양한 사회적 합의를 이뤄가야 할 것이다. AGI 시스템이 학생 데이터를 다루는 과정에서 생길 수 있는 윤리적·법적 문제에 대한 사전 대응 체계 구축이 필요하다.

인류는 AGI라는 거대한 변곡점 앞에 서 있다. 2030년대 교육은 AGI를 중심으로 초개인화, 평가 혁신, 교사 역할 재정립이라는 세 축 위에서 빠르게 진화할 것으로 전망된다. 이때 새로운 기술 도입에 따른 위험과 불평등을 줄이기 위한 사회 전체의 준비와 고민도 결코 소홀히 해서는 안 된다. 변화된 기술 기반 교육 접근이 디지털 격차를 심화시키지 않도록 국가 차원의 공공 인프라 투자와 정책 지원이 필요하며, AI를 이해하고 활용할 수 있는 교사의 역량 개발도 병행되어야 한다.

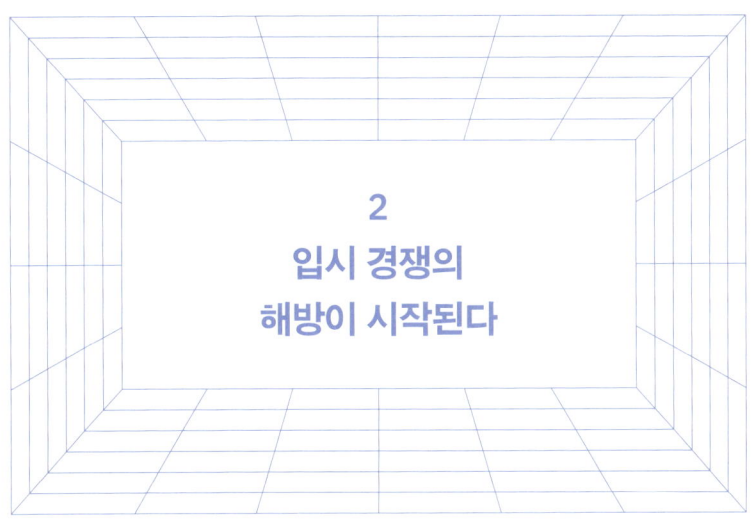

2
입시 경쟁의 해방이 시작된다

한국의 대학 입시 경쟁 체제가 AI 혁명 앞에서 무너지고 있다. 2025년부터 전 세계 교육 시스템이 AI 중심으로 재편되는 가운데 연간 20조 원을 쏟아붓는 한국의 사교육 시장과 수능 중심 입시 제도는 더 이상 지속 가능하지 않다는 경고가 나온다. 미국 기업들이 학력 요구 조건을 폐지하고 AI가 교사를 대체하기 시작하면서 암기 위주의 한국식 교육은 시대착오적 유물이 되고 있다.

중국은 2025년 9월부터 전국 모든 학교에서 AI 교육을 의무화하고, 에스토니아는 오픈AI와 손잡고 세계 최초로 전국 단위 AI 교육 시스템을 구축했다. 한국 정부도 2025년 3월부터 AI 디지털 교과서를 도입하고 교사 연수에 1조 원을 투자하지만, 전문가들은 근본적인 교육 철학의 전환 없이는 한계가 명확하다고 지적한다.

AI 로봇이 교사가 되는 교실

2025년 인도 케랄라주의 한 교실, 휴머노이드 로봇 아이리스가 수업을 진행한다. 1,800만 원짜리 이 로봇은 다국어를 구사하며 개인별 맞춤 학습을 제공한다. 중국의 유치원에서는 로봇 키코가 이들과 놀이를 통해 컴퓨팅 사고력을 가르치고, 일본에서는 이미 500개 이상의 학급에서 AI 로봇이 영어를 가르친다.

글로벌 AI 교육 시장은 2030년까지 420조 원 규모로 성장할 전망이다. 중국의 교육 기술 기업 스쿼럴 AI Squirrel AI는 아시아 전역 1,200개 도시에서 100만 명 이상의 저소득층 학생들에게 무료 AI 과외를 제공한다. 맥킨지 연구에 따르면 2035년까지 현재 교사 업무의 20~40%가 자동화되고, 교사들은 주당 13시간을 절약하게 될 것이다.

한국도 2025년 3월부터 초중고에 AI 디지털 교과서를 단계적으로 도입했다. 정부는 2026년까지 교사 연수에 1조 원을 투자하고 2028년까지 전국 모든 공립학교에 AI 교육을 확대할 계획이다. 그러나 교사들은 일자리 위협을 우려하고, 학부모들은 디지털 의존성을 걱정한다.

학벌이 무의미해지는 시대

현재 미국에서는 70%의 기업이 이력서에 학력란을 없앴다는 이야기가 나오고 있다. 이는 과장된 주장이지만 실제 변화는 극적이다. 2024년 기준 미국 구직 공고의 17.8%만이 4년제 학위를 요구했으며, 이는 5년 전 20.4%에서 감소한 수치다. 구글, 애플, IBM, 테슬라 등 빅테크 기업들은 이미 대부분의 직무에서 학위 요구 조건을 폐지했다. 학위를 대체하는 평가 기준은 명확하다. 기업의 68%가 면접 중 실무 과제를 부여하고, 54%가 사전 역량 테스트를 실시한다. 인증 프로그램, 부트캠프 수료, 포트폴리오 기반 평가가 학위를 대체하고 있다. 프로젝트 관리 분야는 학위 요구가 67.3%에서 58.1%로 급감했다.

그러나 한국 기업들의 변화는 더디다. 삼성, LG, 현대, SK 등 4대 재벌이 국가 GDP의 40.8%를 차지하는 상황에서 이들 기업은 여전히 SKY 대학 출신을 선호한다. 중소기업 직원 연봉이 재벌 기업의 50%에 불과한 현실은 학벌 경쟁을 더욱 부추긴다.

학위가 무의미해지면서 전 세계적으로 AI 교육에 특화된 새로운 교육 기관이 급성장하고 있다. 2011년 이후 AI 학위 프로그램은 120% 증가했고, 현재 미국에서만 14개 대학이 AI 전공 학사 학위를 제공한다. 카네기멜론 대학교는 2018년 최초로 AI 학사 학위를 신설했고, MIT는 2022년, 펜실베이니아대학은 2024년에 합류했다.

6개월에서 1년 과정의 AI 부트캠프는 1,000만~1,500만 원의 학비로 실무 중심 교육을 제공한다. AI 엔지니어 초봉은 평균 1억 5,300만 원, 머신러닝 엔지니어는 1억 6,600만 원에 달해 전통적인 4년제 대학 졸업생보다 높은 경우가 많다. 교육 내용도 80%가 실습이며 이론은 20%만으로 구성되어 즉시 현장 투입이 가능하다.

한국 입시 지옥의 균열

2024년 한국의 사교육비 지출은 29조 2,000억 원으로 역대 최고치를 경신했다. 학생 1인당 월평균 47만 4,000원을 사교육에 쓰고, 상위 20% 가구는 월 114만 원을 지출한다. 서울 강남구 대치동의 불법 프리미엄 과외는 월 1,000만 원을 호가한다. 수능을 앞둔 학생들은 하루 평균 5.5시간만 자고 16시간 이상 공부한다. 30% 이상이 심각한 스트레스를 호소하고, 단 한 번의 8시간짜리 시험이 인생을 결정하는 구조 속에서 청소년 정신과 입원이 증가하고 있다.

그러나 AI 시대에 암기 위주 교육의 가치는 급속히 추락하고 있다. 19세기식 복사-붙여넣기 모델은 더 이상 작동하지 않는 것이다. 대신 비판적 사고, 창의성, AI 문해력, 복잡한 추론 능력이 핵심 역량으로 부상했다. 한국이 사교육비를 AI 교육 도구와 창의적 활동에 투자한다면 세계 최고의 AI 교육 강국이 될 것이다.

에스토니아는 2025년 9월 세계 최초로 전국 단위 AI 교육 시스템을 구축했다. 오픈AI와 파트너십을 맺고 고등학교 10~11학년 2만 명을 시작으로 2026년까지 5만 8,000명으로 확대한다. 핀란드는 현상 기반 학습에 AI를 통합해 25%의 학업 성취도 향상을 예상한다. 중국은 2025년 9월부터 6세 이상 모든 학생에게 연간 최소 8시간의 AI 교육을 의무화한다. 바이두, 알리바바, 센스타임이 교육 콘텐츠 개발에 참여하며 2026년까지 AI 분야에 270억 달러를 투자할 계획이다. 싱가포르는 1억 2,000만 싱가포르달러를 투자해 2030년까지 AI 교육 강국이 되겠다는 청사진을 제시했다. 미국은 메릴랜드주를 시작으로 20개 이상의 주가 공무원 채용에서 학위 요건을 폐지했다. 영국과 일본도 각자의 방식으로 AI 교육 혁신을 추진하고 있다. 여러 국가가 각자의 방식으로 AI 교육을 추진하는 가운데 높은 교육열, 우수한 디지털 인프라, 빠른 변화 적응력을 가진 한국은 이 강점을 AI 교육 시대의 핵심 경쟁력으로 삼아야 한다.

생존을 위한 로드맵

AI 교육 혁명은 선택이 아닌 생존의 문제다. 한국의 입시 경쟁 체제는 이미 균열이 시작됐고, 학벌 사회의 토대가 흔들리고 있다. 입시 경쟁의 종말은 곧 진정한 교육의 시작을 의미한다. 학벌이 아닌 실력으로, 암기가 아닌 창의력으로 평가받는 시대가 열린 것이다. 2030년까지 전 세계 AI 교육 시장은 420조 원 규모로 성장하고, AI가 현재 교사 업무의 20~40%를 대체할 것이다.

한국 교육의 미래는 두 갈래다. 20조 원의 사교육비가 창의적이고 생산적인 교육 투자로 전환되고 교육의 근본적 철학을 강조한다면 한국은 AI 시대 인재 강국으로 도약할 수 있다. 반대로 기존 시스템에 안주하면 글로벌 경쟁에서 도태될 것이다. 문제는 시간이 많지 않다는 것이다. 2025년은 이미 시작됐고, 세계는 기다려주지 않는다.

3
대학의 종말

　학령 인구 감소와 급변하는 기술 주기가 맞물리면서 전 세계 대학은 유례없는 위기에 직면했다. 미국에서는 매월 4개의 대학이 문을 닫고 있으며, 2025년에만 최대 80개 대학이 폐교할 것으로 예상된다. 한국과 일본을 비롯한 동아시아 국가들은 급격한 인구 감소로 대학 정원을 채우지 못하고 있고, 유럽 역시 2100년까지 2,730만 명의 인구가 감소할 것으로 전망되면서 대학의 미래가 불투명해졌다.

　더욱 충격적인 것은 글로벌 기업들이 앞다퉈 '대학 졸업장은 불필요하다'고 선언한다는 사실이다. 테슬라의 일론 머스크가 2014년 시작한 이 움직임은 이제 주류가 됐다. 2024년 기준 미국 기업의 45%가 일부 직무에서 학사 학위 요구사항을 폐지했으며 구글, IBM, 월마트, 뱅크오브아메리카 등 대기업들이 합류했다.

인구 절벽과 기술 혁명의 이중고

미국에서는 2007년 경기 대침체 이후 출생률이 급감하면서 예고된 인구 절벽이 2025년 가을부터 본격화됐다. 2010년부터 2021년까지 대학 등록 학생 수는 15% 감소해 270만 명이 줄었다. 이는 단순한 교육 위기가 아니라 경제 전체의 위기다. 미국 필라델피아 연방준비은행의 분석에 따르면 최악의 시나리오에서는 10만 명 이상의 학생과 2만 명의 교직원이 영향을 받을 것으로 예상된다.

한국과 일본의 상황은 더욱 심각하다. 한국은 1990년대 18%에 불과했던 고등교육 진학률이 2022년 53%로 급증했지만 저출산으로 지방 소규모 대학부터 연쇄 폐교가 시작됐다. 일본 역시 비슷한 상황이며 특히 해외 유학생 비율이 3.4%에 불과해 인구 감소의 충격을 그대로 받고 있다.

여기에 기업들의 대학 졸업장 거부 선언은 대학의 종말에 기름을 부었다. 2024년 조사에 따르면 미국 기업의 80%가 학력보다 경험을 중시한다고 응답했다. 특히 정보기술, 소프트웨어, 건설, 금융 분야에서 학위 요구사항 폐지가 활발하다. 월마트는 수백 개의 본사 직무에서 대학 학위 요구사항을 제거하며 불필요한 장벽을 없앤다고 선언했다. 구글은 자체 IT 지원 전문가 자격증 프로그램을 운영 중인데 참가자의 절반 이상이 4년제 대학 학위가 없는 것으로 나타났다.

이런 현상에 따라 전통적인 4년제 학위를 대체하는 단기 교육 프로그램들이 급부상하고 있다. 2021년에서 2022년 사이 미국에서는 30~90일 이내에 특정 역량을 인증해 주는 초단기 전문 자격 프로그램인 마이크로크리덴셜(micro-credential)이 95% 증가했다. 구글, 마이크로소프트, IBM 등은 자체 교육 프로그램을 운영하며 6개월 이내에 실무 기술을 습득할 수 있도록 한다. 이는 MZ 세대의 교육 습득 방식과도 잘 맞는다. Z세대와 밀레니얼은 교육 과정의 규모가 작은 학습을 소화하는 데 익숙하다. 이들에게 120학점이 넘는 대학의 학위 제도는 너무 큰 부담이다. 대학들도 이런 트렌드에 맞춰 단기 프로그램을 도입하고 있지만, 아직 기업의 속도를 따라가지는 못한다.

전문가들은 이 같은 움직임에서 대학이 살아남으려면 근본적인 변화가 필요하다고 지적한다. 독일, 이탈리아, 폴란드 등은 이미 대학 구조조정에 들어갔다. 일본은 학과 다양화, 대학 간 합병, 캠퍼스 이전, 지자체 인수, 폐교라는 5가지 전략을 구상하고 있다. 한국과 유럽도 비슷한 길을 갈 가능성이 크다. 긍정적으로 본다면 AGI가 가져오는 교육의 변화는 대학의 종말이 아닌 재탄생의 시작일 수도 있다. 중요한 것은 변화의 속도에 맞춰 얼마나 빨리 적응하느냐다.

학위 버블의 붕괴

현재의 대학 위기는 단순한 인구 감소 문제가 아니다. 4년제 학위 중심의 교육 모델이 21세기 지식경제와 맞지 않게 된 것이다. 미국은 2008~2024년에 312개 대학이 문을 닫았다. 특히 2024년 상반기에만 28개 대학이 폐교했다. 한국도 지방 소규모 대학부터 도미노처럼 무너지고 있다. 해법은 명확하다. 대학은 18~22세 청년들만을 위한 기관에서 벗어나 전 생애주기 학습자를 위한 플랫폼으로 변해야 한다. 싱가포르 국립대학이나 애리조나 주립대학처럼 모듈형 교육과정을 도입하고, 학습자가 필요에 따라 조합하는 교육을 제공하는 것이다.

경제학적 관점에서 현재 상황은 '학위 버블의 붕괴'다. 미국은 평균 학자금 대출이 3만 달러를 넘어섰고, 사립대학은 연간 5만 달러 이상의 학비를 요구한다. 그에 반해 대학 졸업자 임금 프리미엄은 계속 감소하는 추세다. 2024년 데이터를 보면 대학 졸업자의 중위 임금은 고등학교 졸업자보다 37% 높지만 학자금 대출과 4년간의 기회비용을 고려하면 실질 수익률은 마이너스인 경우가 많다. 기업들이 학위 요구를 포기하는 것도 같은 맥락이다. 구글의 데이터 분석가 자격증 프로그램은 6개월에 불과하지만 졸업생들의 평균 초봉은 7만 달러가 넘는다. 투자수익률 관점에서는 압도적이라 할 수 있다. 그만큼 대학의 효용 가치와 경제 효과가 떨어진 것이다.

챗GPT 같은 AI의 등장 역시 전통적인 대학 교육의 가치를 흔들었다. 정보를 암기하고 시험을 치르는 방식은 이제 무의미해졌다. 2024년 조사에서 기업의 60%가 구직자에게 AI 능력을 요구한다고 응답했다. 하지만 대부분의 대학은 아직도 20세기 커리큘럼에 머물러 있다. 코딩 부트캠프나 온라인 과정이 인기를 끄는 이유가 여기 있다. 코세라Coursera, 유다시티Udacity, 에드엑스edX 같은 교육 플랫폼은 실시간으로 업데이트되는 실무 중심 교육을 제공한다. 여기서는 전통 대학이 4년에 걸쳐 가르치는 내용을 6개월에 배울 수 있다.

대학 재탄생의 조건

전 세계적으로 진행되는 대학의 위기는 단순한 교육 분야의 문제가 아니다. 이는 산업혁명 이후 구축된 교육과 노동 시스템의 재편을 의미한다. 인구 감소와 기술혁명이라는 두 가지 메가 트렌드가 만나면서 전통적인 대학 모델은 더 이상 지속 가능하지 않게 됐다. 하지만 이는 교육의 종말이 아니라 새로운 시작일 수 있다. 이를 위해 대학은 변화에 적응해야 한다. 다음은 대학이 새롭게 재탄생하기 위한 조건이다.

• 단기 집중 교육 과정 확대

4년제 학위 과정 대신 특정 기술이나 직무 역량에 집중한 6개월~2년 이내의 단기 집중 교육 프로그램을 활성화한다. 이는 급변하는 기술 환경에 빠르게 적응하고 실무 역량을 갖춘 인재를 양성하는 데 효과적일 것이다.

• 산업계와의 연계 강화

대학은 더 이상 학문의 상아탑에만 머물지 말고 기업과의 긴밀한 협력을 통해 현장 맞춤형 교육과정을 개발하고 실제 문제해결 능력을 키우는 데 주력해야 한다. 산학 협력 모델을 통해 학생들은 졸업 후 바로 직무에 투입될 수 있는 경쟁력을 갖추게 될 것이다.

- **평생 교육 기관으로의 전환**

특정 시기에만 교육을 제공하는 기관이 아닌 전 생애에 걸쳐 학습을 지원하는 평생 교육 기관으로의 역할 확장이 필요하다. 재취업, 이직, 새로운 기술 습득 등 다양한 필요에 맞춰 유연하게 교육 프로그램을 제공함으로써 끊임없이 변화하는 사회에 적응할 수 있도록 지원해야 한다.

- **온라인 및 하이브리드 교육 모델 활성화**

코로나19 팬데믹을 계기로 보편화된 온라인 교육은 시공간 제약을 넘어 더 많은 사람에게 교육 기회를 제공할 수 있는 장점이 있다. 온·오프라인을 결합한 하이브리드 교육 모델은 학습자의 편의성을 높이고 교육의 접근성을 확대하는 데 기여할 것이다.

- **마이크로 디그리 및 나노 디그리 도입**

정규 학위 대신 특정 역량을 인증하는 마이크로 디그리(micro degree, 학점당 학위제)나 나노 디그리(nano degree, 단기 교육과정) 같은 유연한 학위 시스템을 도입해 개인의 필요에 따라 맞춤형 학습 경로를 설계할 수 있도록 해야 한다.

- **대학의 역할 재정의**

대학은 단순히 지식 전달을 넘어 비판적 사고, 문제해결 능력,

창의성 등 AI 시대에 필요한 핵심 역량을 함양하는 데 중점을 두어야 한다. 또한 사회적 책임과 윤리의식을 함양하는 인성 교육의 역할도 강화해야 할 것이다.

평생학습, 맞춤형 교육, 실무 중심 학습이 새로운 표준이 되는 시대. 살아남는 대학은 이런 변화를 주도하는 곳이 되고 그렇지 못한 대학은 역사 속으로 사라질 것이다. 4년제 학위의 시대는 끝났다. 이제는 평생에 걸쳐 필요에 따라 학습하고 성장하는 새로운 교육 패러다임이 시작되고 있다.

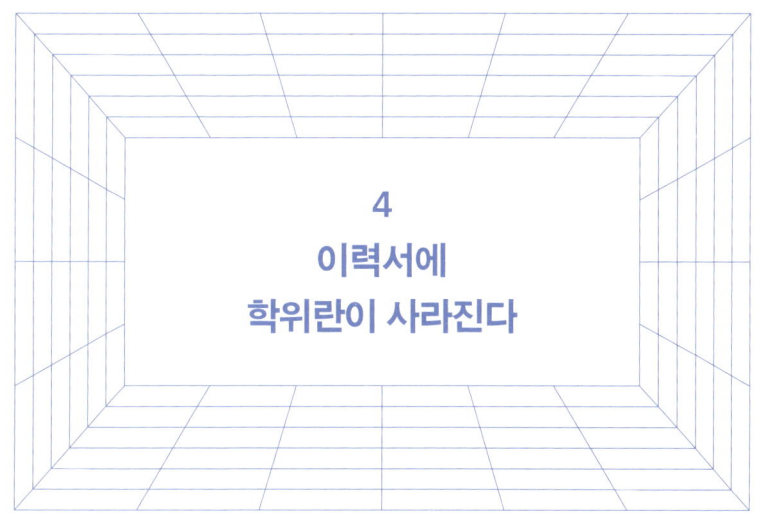

4
이력서에 학위란이 사라진다

현재 글로벌 고용 트렌드는 입사 지원서에 학위란을 지우고 깃허브 주소를 쓰는 것이다. 미국은 구글, 애플, MS, IBM, 테슬라 같은 빅테크는 물론 NASA, 주정부, PwC, 액센추어Accenture, 월마트까지 깃허브나 해커톤(해킹과 마라톤의 합성어로 기획자, 개발자, 디자이너 등의 직군이 팀을 이루어 제한 시간 내 주제에 맞는 서비스를 개발하는 공모전), 프로젝트 포트폴리오를 채용의 1차 증거로 채택했다. 이러한 변화가 촉발한 시기는 2014~2017년이었으며 가속 페달을 밟은 것은 코로나 이후 원격 및 오픈소스 협업 문화였다. 변화의 이유는 인재난, 기술 변동성, 비용, 다양성, 검증 툴 발달로 요약할 수 있다. 따라서 학위라는 간판만으로는 글로벌 고용 방식과 직결된 경쟁력을 확보하기 어렵다.

글로벌 기업의 고용 트랜드

기업	채용 조건 변화
구글	채용 공고에 학위란 삭제
애플	채용 공고에 '학사 또는 동등 경력'으로 변경 AI·ML 직군 코딩 과제 중시
MS	'학위 대신 역량' 선언
IBM	학위 대신 어프렌티십 프로그램(직업 실무 경험과 이론 교육을 결합해, 일정 기간 실무자와 멘토의 지도 아래 직무 역량을 키우는 현장 중심 교육 제도) 도입
테슬라, 스페이스X	학위 필요 없이 능력 입증만 요구
액센추어, 월마트, GM	순차적 실무 중심 평가
EY	학위 기준 폐지, 자체 적성검사 실시
PwC	
뱅크 오브 아메리카	SW·사이버 보안 직군 무학위 채용 트랙 도입
록히드 마틴	
연방정부, NASA	직무 수행에 필요한 지식, 기술, 능력 평가제도 KSAs(Knowledge, Skills, and Abilities) 실시
주(州)정부	20개 주 이상이 공공직 '4년제 학위' 요건 삭제

위의 표에서 확인할 수 있듯이 미국과 글로벌 시장에서 대기업, 공공기관, 연방·주정부까지 학위 대신 실력과 포트폴리오 등 경험을 중시하는 채용 트랜드가 빠르게 확산되고 있다. 이 흐름은 2010년대 후반부터 시작되어 2020년대 들어 본격화되었으며 앞으로도 더욱 강화될 전망이다. 학위가 아닌 실력이 글로벌 스탠더드가 된 것이다.

3조 원으로 간판을 늘릴 텐가, 고임금 인재를 키울 텐가

글로벌 기업들이 학위 대신 실력 기반 채용으로 전환하는 가운데 한국 정부가 추진 중인 '서울대 10개 만들기'에 연간 3조 2,000억 원을 투자하는 계획이 시대착오적이라는 지적이 제기됐다. IBM은 미국 채용 공고의 절반 이상에서 학위 요구사항을 삭제했고, 구글의 직업 자격증(career certificates)은 이미 학위와 동등하게 인정받고 있다. 애플은 2017년 88%였던 학위 요구 비율을 2021년 72%로 낮췄다. 2014년 테슬라가 '코딩 테스트만 통과하면 학력 불문'을 선언한 이후 미국 20여 개 주정부와 포춘 500 기업 다수가 공무원 및 기술직의 학위 요건을 폐지했다.

이런 상황에서 충격적인 것은 한국의 교육 현실이다. 세계 최고 수준인 73.7%의 대학 진학률에도 불구하고 4년제 대학 졸업자의 취업률은 66.3%에 그쳤다. 반면 마이스터고(특성화 직업계고) 졸업생들은 100% 취업률을 기록했다. 대학 졸업자들은 평균 9.7개월을 첫 직장을 찾는 데 소비하고 있다. 경제적 수익률도 암울하다. 대졸자의 임금 프리미엄도 고졸자 대비 24%로, 미국(69%)의 3분의 1에 불과하다.

전문가들은 '서울대 10개 만들기'에 투자할 3조 2,000억 원이면 전혀 다른 미래를 만들 수 있다고 주장한다. 이 예산으로 코딩 부트캠프(2~6개월)를 진행하면 15만 5,000명~26만 9,000명의 AI 실무 인재를 양성할 수 있다. 이들은 평균 취업률 70%, 월급 4,000만 원을 받을 수 있다. 서울대 10개가 추가로 수용할 1만 5,000명~3만 명의 추가 교육자와 비교했을 때 최대 10배의 효율을 낼 수 있는 수치다.

또한 100개 지역에 AI 교육센터를 설립하고 AI 기반 개인화 학습 플랫폼을 구축해 각종 AI 교육 프로그램을 시행할 수도 있다. 100만 명의 AI 전문가를 양성하고 깃허브 포트폴리오 개발 커리큘럼 도입도 가능하다. 블록체인 기반 국제 인증 시스템 구축과 유엔 IAIA(International AI Agency)의 한국 유치 프로젝트도 기대해 볼 수 있다.

한 교육 전문가는 한국이 '서울대 10개 더 만들기'를 논의하는 동안 세계 선도 기업들은 이미 결정을 내렸다며 그들은 코딩할 수 있는 코더, 디자인할 수 있는 디자이너, 문제를 해결할 수 있는 문제 해결사를 원한다고 강조했다. 또 다른 전문가는 3조 2,000억 원이면 한국을 교육 불안의 나라에서 실용적이고 우수한 기술의 허브로 변모시킬 수 있다며 미래는 학위를 가진 사람이 아닌 할 수 있는 사람의 것이라고 덧붙였다. 글로벌 트렌드와 국내 현실을 종합적으로 고려한 교육 정책의 근본적인 재검토가 필요한 시점이다.

세계는 '학위 신드롬'에서 '기술 혁명'으로 넘어갔다. 서울대 10개가 꿈꾸는 지역 균형과 사교육 완화는 간판 증설로는 불가능하다. 같은 예산으로 AI 대학 및 국가 인증체계를 구축하면 더 많은 청년이 짧은 기간에 직무 역량을 갖추고 고임금 일자리에 진입할 수 있다. 글로벌 시장이 요구하는 것은 졸업장 있는 사람이 아니라 그 일을 할 수 있는 사람이다. 정책의 방향키를 학위 우선에서 기술 또는 기량 우선으로 돌릴 시점이다.

5
교육비 부담 제로 시대

한국 사회를 짓눌러온 초저출산의 근본 원인으로 지목돼온 두 축인 '과도한 교육비'와 '천정부지 집값'이 AI 시대의 본격적인 도래와 함께 새로운 희망을 얻고 있다. 끊임없이 치솟는 교육비와 집값은 젊은 세대의 결혼과 출산을 가로막는 주요 원인으로 지목되어 왔으나 AI 시대로 두 영역에서 구조적 변화가 일어나며 이 난관을 해소할 가능성이 커지고 있다는 분석이 나온다.

사교육 시장, AI에 잡아먹히다

과거 한국 부모들에게 자녀 교육은 '투자'라기보다 '생존'을 위한 전쟁이었다. 사교육비는 가계 지출의 핵심을 차지했고, 강남 대치동을 중심으로 한 쪽집게 과외와 해외 어학연수는 부의 상징이자 필수 코스처럼 여겨졌다. 때문에 한국 젊은이들은 '내 집 마련-결혼-출산'의 순서로 삶을 계획하며 막대한 경제적 부담에 허덕여왔다. 특히 자녀 교육비는 가계 지출의 큰 비중을 차지하며 출산율 하락의 주요 원인으로 작용했다.

그러나 AI 기술의 발전은 이러한 교육비 지형을 근본적으로 뒤흔들 것으로 전망된다. 국내 스타트업들은 이미 초등학생부터 고등학생까지 단계별 학습 수준에 맞춘 AI 수능 대비 플랫폼을 출시했고, GPT 기반 영어 튜터는 원어민 수준의 발음과 문장 피드백을 24시간 제공한다. 이렇듯 해외 유학, 원어민 과외, 고액 입시 컨설팅의 시대는 조금씩 종말을 고하고 있다.

전문가들은 향후 5년 내 사교육 산업의 60% 이상이 AI 기반 맞춤형 학습 서비스로 대체될 것으로 전망한다. 한 조사에 따르면 학부모 10명 중 7명은 "AI 과외가 사람 과외보다 더 효율적"이라고 응답했으며, 월 3만 원대로 연중무휴 1:1 학습이 가능해지면서 교육비에 대한 부담은 급속히 낮아지고 있다. 또한 로봇을 활용한 외국어 교육 시스템이 고도화되면서 해외 어학연수를 위한 막대한 비용 지출도 불필요해질 가능성이 커지고 있다. 이는 젊은 부부들이 자녀 교육비에 대한 부담 없이 출산을 결정할 수 있는 환경을 조성할 것으로 기대된다.

부동산 패러다임 전환과 젊은 세대의 미래 설계 리셋

동시에 2030년 이후에는 부동산 시장의 패러다임 변화가 저출산 문제 해결에 긍정적인 영향을 미칠 것으로 예상된다. 과거 부동산 불패 신화 아래 집값 상승에 대한 기대감으로 투자 및 투기가 성행하며 젊은 세대의 내 집 마련의 꿈은 번번이 좌절됐다. 그러나 이제는 부동산 투자 및 투기가 사회적으로 죄악시되고 타인의 부를 강탈하는 형태로 집값을 올리는 행위가 철저히 금지될 것이라는 강력한 메시지가 확산되고 있다.

이러한 정책적, 사회적 변화는 부동산을 더 이상 투기의 대상이 아닌 거주의 공간이자 삶의 필수재로 인식하게 만들 것이다. 투기 수요가 사라지고 합리적인 가격에 주택 공급이 이루어진다면 젊은이들은 더 이상 결혼과 출산을 미루는 이유로 비싼 집값을 꼽지 않을 가능성이 높다. 안정적인 주거 환경은 곧 안정적인 가정생활의 기반이 되어 출산율 반등에 기여할 것으로 기대된다.

이처럼 AI가 가져올 교육 환경의 변화와 부동산 시장의 질서 재편은 한국 사회의 고질적인 저출산 문제를 해결하는 데 중요한 전환점이 될 수 있다. 그동안 젊은 세대가 아이를 낳는 것을 주저했던 가장 큰 이유는 '경제적 부담'이었다. AI 기술이 교육비를 낮추고 투기 없는 부동산 시장이 주거 안정을 가져온다면, 젊은 세대가 미래 설계에 있어 더 이상 경제적 장벽에 좌절하지 않고 본연의 행복과 가치를 추구할 수 있는 기반이 마련될 것이다.

물론 이러한 변화가 단기간에 출산율 상승으로 이어지기는 어렵다. 그러나 젊은 세대가 아이를 낳고 기르는 데 따르는 경제적 부담을 획기적으로 줄여준다면 대한민국의 미래에 긍정적인 신호탄이 될 것이라는 기대감이 커지고 있다. AI와 새로운 사회적 합의가 만들어낼 미래 사회의 모습이 저출산이라는 인류적 난제에 대한 해답을 제시할지 귀추가 주목된다.

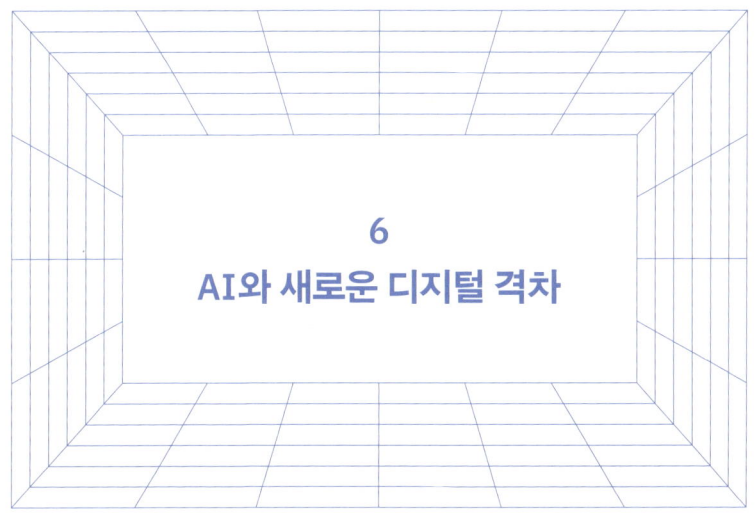

6
AI와 새로운 디지털 격차

과거 가정 내 컴퓨터 보급이 학업 성취를 좌우했던 것처럼 이제는 AI 접근성이 새로운 교육 격차의 근원이 되고 있다. 1990년~2000년대 연구에 따르면 컴퓨터를 꾸준히 사용한 학생들은 평균 15~20% 높은 성적을 거두었으며, 디지털 활용 능력을 일찍 습득해 대학 입시와 취업 경쟁에서도 앞서 나갔다. 오늘날 이러한 격차는 AI로 이어졌으며 과거에 비해 속도와 영향력은 훨씬 강력하다.

AI는 새로운 학습 가속기

AI 기반 학습 도구에 접근할 수 있는 학생들은 글쓰기, 수학, 프로그래밍, 문제해결에 이르기까지 전반적으로 빠른 성장세를 보이고 있다. AI 튜터는 개인의 학습 스타일을 즉각 반영해 교사가 매 순간 제공하기 어려운 맞춤 피드백을 24시간 지원한다. 스탠퍼드 대학교 연구에 따르면 AI 튜터를 활용한 학생들의 수학 성적 향상 폭은 그렇지 않은 학생보다 30% 더 높았다. 뉴욕의 한 시범 프로그램에서는 AI가 교사의 에세이 채점 시간을 절반으로 줄여 실제 수업과 개별 지도에 더 많은 시간을 할애할 수 있도록 했다.

미국 커먼센스미디어의 조사에서는 58%의 청소년이 이미 AI를 숙제 도움에 쓴 적이 있다고 답했으며, 교사의 51%는 학생들이 수업 중 AI를 활용하고 있다고 보고했다. 글로벌 AI 튜터링 시장 규모는 2030년까지 100억 달러를 넘어설 것으로 전망된다.

교육 불평등의 새로운 이름, AI 디바이드

문제는 이러한 혜택이 일부에게만 집중되고 있다는 점이다. 자원이 풍부한 학교와 학부모는 학생들에게 AI 활용 기회를 제공하지만 재정 지원이 부족한 지역이나 전통적 교육방식에 의존하는 학교는 여전히 사용을 금지하거나 주저하는 경우가 많다. 그 결과 AI 활용 능력을 익힌 학생들은 몇 년 안에 학습과 진로에서 크게 앞서 나가며, 이는 곧 사회적 불평등으로 이어질 가능성이 크다. 과거 컴퓨터 보유 여부가 성취를 갈랐던 것처럼 이제는 AI 접근성이 새로운 판단 기준이 되고 있는 것이다.

이 같은 격차를 줄이기 위해 각국 정부는 선제적으로 대응 전략을 준비하고 있다. 한국 정부는 '지방시대' 정책과 연계해 지역 시니어층을 위한 AI 문해 교육 프로그램을 확충하고 있다. 이는 단순히 젊은 세대가 아닌 디지털 소외 위험이 큰 고령층까지 포함해 세대 간 격차를 완화하겠다는 의도다. 시니어들은 생활 속에서 활용 가능한 AI 기초교육을 통해 디지털 회복탄력성을 기를 수 있으며, 이는 지역사회 기반의 디지털 포용성 강화 정책과 직결된다.

또한 초·중·고등학교에서도 AI 관련 수업이 점차 확대되고 있다. 일부 학교는 AI 윤리와 책임 활용을 다루는 AI 문해력 교과목을 신설하고 있다. 또한 프로그래밍과 수학 교육 등 정규 수업에 AI 보조 툴을 통합하려는 시도도 늘고 있다. 이는 단순히 기술 도입을 넘어 학생들이 AI가 제시하는 답변을 비판적으로 검토하고 활용할 수 있는 능력을 기르도록 돕는 방향이다.

미래 교육의 핵심 '속도'

AI 격차가 특히 심각한 이유는 그 전개 속도가 과거보다 훨씬 빠르기 때문이다. 컴퓨터가 보급되고 디지털 능력 격차가 교육과 노동시장에 반영되기까지는 수십 년이 걸렸다. 그런데 AI는 불과 몇 년 내에 동일한 양극화를 만들어낼 수 있다.

따라서 대응의 핵심은 'AI를 도입할 것인가'가 아니라 '얼마나 빨리, 얼마나 공정하게 도입할 것인가'다. 지금 적극적으로 AI 교육을 확대하면 AGI 시대가 와도 학생과 시니어 모두 변화의 파도 속에서 기회를 찾고 위기에 대응할 능력을 키울 수 있다. 반대로 도입을 미루는 순간 디지털 격차는 더 깊어지고 한 세대 전체가 뒤처질 위험에 처할 수 있다. AI가 교실과 지역사회에서 차별적 요소가 아닌 기회의 촉매제가 되도록 하는 것은 교육 현장의 시급한 과제다.

PART 6

기후 재난과 AGI가 동시에 닥친다

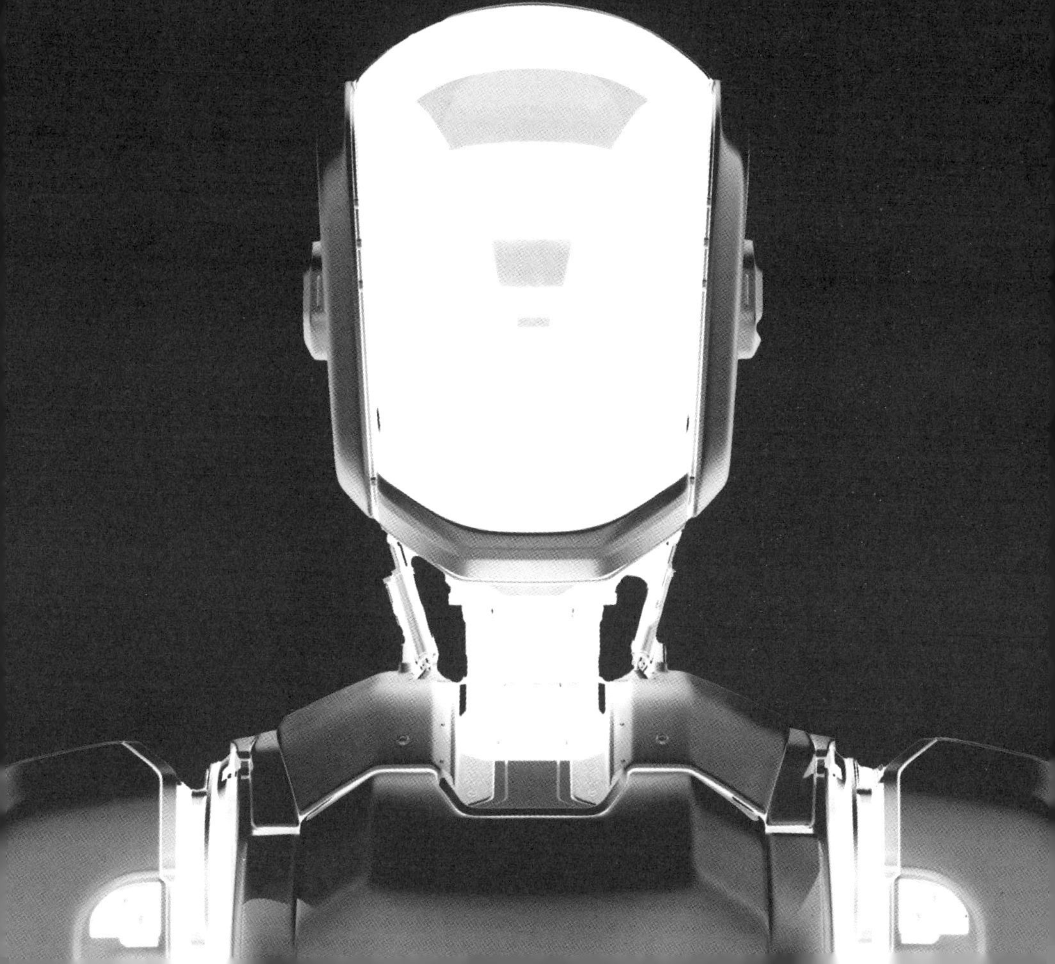

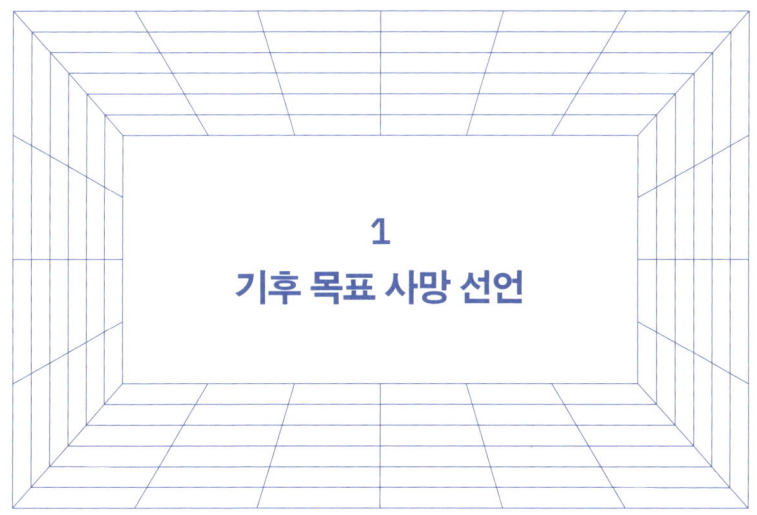

1
기후 목표 사망 선언

지구 평균 기온이 2024년에 처음으로 산업화 이전 수준보다 1.5°C 이상 상승했다. 기후 한계를 돌파한 것이다. 이는 무엇을 의미할까?

기후 과학자들은 평균 기온 1.5°C 상승 사실을 발표하면서 당장은 하나의 지표일지 몰라도 이는 세계가 절망의 영역으로 이동하고 있음을 냉철하게 일깨워주는 사건이라고 말했다. 그것도 생각했던 것보다 더 빨리 이동하는 최악의 사건 말이다. 영국 엑서터 대학교의 사회과학자이자 기후 위험을 연구하는 게일 화이트먼Gail Whiteman 교수는 "물리적 현실이자 상징적 충격이기도 하다"라며 인류는 안전하다고 생각했던 기후의 끝에 다다랐다고 말했다.

지구 온난화는 가속화되고 있을까?

이 발표는 지구 온도를 독립적으로 추적하는 몇몇 국제기구에서 공동으로 발표했다. 각 기구가 저마다 계산한 수치는 조금씩 달랐으나 데이터의 중앙값은 2024년 지구 온도가 인간이 대기로 대량의 온실가스를 배출하기 전인 산업화 이전, 즉 1850~1900년의 평균보다 1.55°C 높다는 데 의견이 일치했다. 이는 역사상 가장 높은 지구의 평균 기온을 기록한 2023년의 열 기록을 다시 뛰어넘은 수치다. 동시에 175년간의 지구 평균 기온 관측 기록 가운데 최고치다. 기후 과학자들은 2년간의 기온 급등이 일시적인 현상인지 아니면 지구 온난화가 가속화되고 있음을 의미하는 지구 기후 시스템의 변화를 나타낸 것인지 조사하고 있다.

2015년 12월 프랑스 파리에서 열린 제21차 유엔기후변화협약에서 195개국은 파리 기후협정에 서명하며 지구 평균 기온 상승 폭을 산업화 이전 수준 대비 1.5°C를 마지노선으로 설정하고 기후 변화를 제한하는 데 합의했다. 그러나 화석 연료 및 기타 출처의 탄소 배출량은 계속 증가했으며 풍력과 태양광 같은 청정 에너지원의 급속한 성장에도 불구하고 계속해서 최고치의 평균 기온을 기록했다.

세계기상기구(WMO)는 「2024 전 지구 기후 현황 보고서」를 통해 2024년이 가장 더운 해가 될 수밖에 없었던 주요 지표들을 공개했다. 주요 온실가스인 이산화탄소의 농도가 지난 80만 년 중 최고치에 이르렀고 바닷속 열에너지 총량인 해양 열용량 역시 역대 최고치를 경신했다. 바닷물이 뜨거워지면서 해빙이 감소하고 해수면 상승이 이어진 것이다. 유엔 사무총장 안토니오 구테흐스Antonio Guterres도 2024년에 평균 기온이 1.5°C 이상 상승했을지는 몰라도 장기적으로 1.5°C 이하라는 목표는 아직 달성 가능하다고 말했다. 이를 위해 각국은 지금 당장 재생 가능 에너지를 확대해야 한다고 강조했다.

뜨거운 공기

과학자들은 온도 데이터에서 노이즈(정상적인 기후 변화)를 걸러내기 위해 종종 10년 평균 데이터를 보고한다. 이를 통해 지구의 장기적 온도 추세를 파악하고 모델을 개선해 앞으로 더 나은 예측을 세울 수 있다. 연구자들은 이 척도로 세계가 산업화 이전 수준보다 1.3°C까지 따뜻해졌으며 1.5°C가 완전히 깨지기까지는 몇 년 더 걸릴 수 있다고 추정하기도 한다. 이러한 데이터를 바탕으로 한다면 아직은 인류가 최악의 기후 변화에 다다른 것은 아니며 지구 온난화를 1.5°C 이하로 유지할 기회가 있다는 의미로 해석할 수 있다.

버지니아주 알링턴의 자연보호단체(The Nature Conservancy) 수석 과학자 캐서린 헤이호Katharine Hayhoe는 기온 측면에서 "우리는 여전히 평균 기온이 1.3°C 상승한 세계에 살고 있다"라고 말했다. 그녀는 온실가스에 의해 갇힌 열의 대부분은 지구의 바다, 육지, 얼음에 흡수된다며 최근 10년간 평균 기온이 1.5°C 이상 상승할 때쯤이면 지구는 더 많은 열을 축적하게 되어 폭풍과 화재, 생태계 피해,

해수면 상승이 더욱 심화될 것이라 경고했다.

과학자들은 지구의 평균 기온 상승을 1.5°C 이하로 유지하는 것이 기후 변화를 극복할 마법은 아니라고 강조한다. 단지 지구 온난화를 평균 기온 상승 2°C로 제한한다는 목표에 부합하는 조건에 불과하다는 것이다. 2°C는 기온 상승으로 해빙이 녹아 해수면 상승으로 이어지면 섬나라를 포함한 여러 국가가 침수될 위험이 크기에 취약한 국가들을 보호하기 위해 파리 협정에서 정한 정치적 목표에 불과하다. 결국 평균 기온 상승이 1.5°C 이하라고 해서 세계가 안전한 것은 아니며, 동시에 이 목표가 깨진다고 해서 갑자기 모든 것이 무너지는 것도 아니다. 지구 온난화는 스펙트럼과 같으며 온난화에 영향을 주는 모든 것이 중요하다.

최고의 기후 과학자, 기후 목표 사망 선언

한편 저명한 과학자들은 논문을 통해 파리 기후협정의 대체 목표인 지구 온난화를 장기적으로 2°C 이하로 유지하는 것은 이제 불가능하다고 발표했다. 기후학자 제임스 핸슨 James Hansen 이 주도한 이 논문은 학술지 〈환경: 지속 가능한 개발을 위한 과학과 정책 (Environment: Science and Policy for Sustainable Development)〉에 등재되었으며, 지구의 기후가 이제껏 생각한 것보다 온실가스 배출 증가에 더욱 민감하다는 결론을 내렸다.

핸슨과 동료 과학자들은 2010년 이후 지구 온난화가 갑자기 심해진 것은 기후를 냉각시키는 황산염 에어로졸 입자의 급격한 감소라고 주장했다. 기존 선박 연료는 아황산가스를 배출했다. 아황산가스는 공기 중에 화학작용을 일으켜 황산염 에어로졸을 형성하는데 이것은 햇빛을 산란시켜 구름의 생성과 분포에 영향을 주어 기온을 떨어트렸다. 그런데 중국을 비롯한 여러 국가에서 오염 감축을 위해 아황산가스 배출량을 줄이면서 황산염 에어로졸이 감소해 지구 평균 기온이 상승한 것이다. 실제로 2010년까지는 10년당 0.18°C씩 오르던 지구 평균 기온은 2013년 이후 10년간 0.25°C 상승했다.

결국 유엔 기후 패널(UN IPCC)은 새로운 기후 변화 시나리오로 2100년까지 지구 온난화를 2°C 이하로 유지할 확률을 50%로 제시했다. 이에 1988년 미국 의회에서 NASA의 기후 과학자로서 지구 온난화가 진행 중이라고 발표하며 이름을 알린 핸슨은 불가능한 시나리오라고 말했다.

그와 동료 과학자들은 화석 연료를 태울 때 대기 중으로 배출되는 온실가스의 양이 온난화의 가속화를 보장한다고 주장했다. 이들은 향후 몇 년간 지구 평균 기온은 1.5°C 상승을 유지할 것이며 이는 산호초를 파괴해 더욱 심각한 온난화를 가져온다고 설명했다. 또 2045년까지 지구 평균 기온이 2°C까지 상승할 것으로 예측했다.

그러나 다른 전문가들은 핸슨의 분석에 이의를 제기했다. 유엔 기후 패널의 공동 의장인 발레리 마손-델모트 Valerie Masson-Delmotte는 핸슨의 논문은 기후 과학저널에 발표된 것이 아니며 사용 가능한 모든 관측과 일치하지 않는 특정 수치의 가설을 공식화했기에 경계해야 한다고 주장했다.

턱밑까지 쫓아온 지구의 위기

세계 각국은 2015년 파리 기후협약에서 세기말 온난화를 산업화 이전 수준에서 1.5°C 이내로 유지하는 데 노력하기로 합의했다. 과학자들은 이 문턱을 넘지 않으려면 주요 해양 순환 시스템의 붕괴, 아한대 영구동토층의 급격한 해빙, 열대 산호초의 붕괴 방지가 중요하다는 사실을 확인했다.

EU의 기후 모니터링 시스템 코페르니쿠스Copernicus의 자료에 따르면 1.5°C 목표는 이미 지난 2년 동안 달성하지 못했으나 파리 기후협약은 수십 년에 걸친 장기적인 추세임을 언급했다. 평균 기온이 2°C 상승하면 지구의 빙상, 산악 빙하, 눈, 해빙, 영구동토층의 돌이킬 수 없는 손실을 포함해 상상조차 할 수 없는 피해가 발생할 것이다.

오늘날 전 세계적으로 기후 변화 위기가 고조되고 있다. 2024년에만 4,500만 명이 홍수, 산불, 가뭄 등 기상 재해로 살던 곳을 떠나야 했으며 2050년까지 심각한 생태적 위협에 직면한 국가에 거주하는 인구는 34억 명까지 증가할 것으로 예측된다. 기후 변화가 직접적으로 우리의 삶을 위협하는 중이다. 턱밑까지 쫓아온 위기를 지구의 문제가 아닌 각자의 위기로 받아들여야 할 때다.

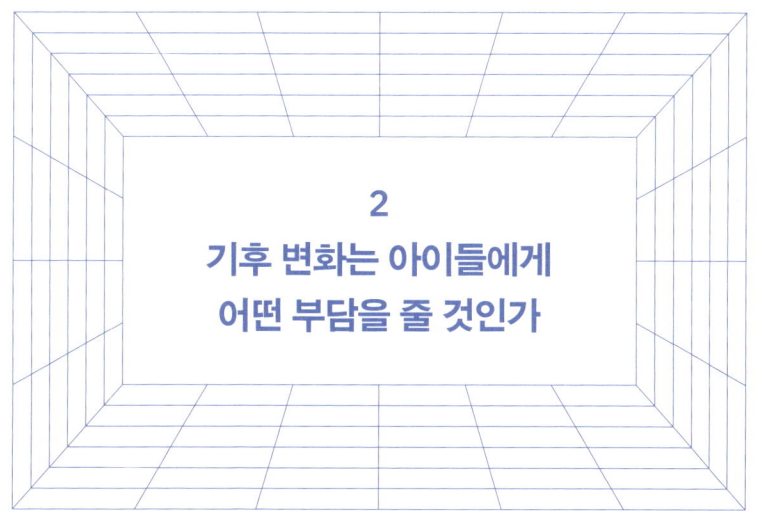

2
기후 변화는 아이들에게 어떤 부담을 줄 것인가

극심한 더위가 평생 지속된다는 사실이 데이터에 드러났다. 많은 아이들이 미래에는 기후 변화로 인해 전례 없는 삶을 경험하게 될 것이다. 특히 산업화 이전에는 누구도 경험하지 못했을 강력한 더위에 오랜 시간 노출될 것으로 보인다. 2020년에 태어난 어린이 중 절반 이상은 평생 폭염을 경험해야 한다. 이는 2100년이 되기까지 남은 75년 동안 기후 변화 전개를 최대한 보수적으로 예측한 결과다. 좀 더 현실적인 기후 예측 시나리오는 오늘날 5세 아동의 92%가 기록적인 폭염이 일상인 시대를 살아가는 것이다. 1960년에 태어난 사람의 경우 16%가 해당된다.

젊은 세대의 기후 위험 급증

벨기에 자유대학교의 기후 과학자 빔 티에리Wim Thiery 박사가 과학 분야 학술지 〈네이처〉에 발표한 기후 모델 연구 결과는 기후 변화가 오늘날의 젊은이들에게 큰 부담을 주고 있으며, 미래 세대를 보호하기 위해 지구 온난화를 제한해야 할 필요성을 강조한다. 티에리 박사는 "나와 비슷한 연령대(1987년생)의 많은 사람들이 어린 자녀를 두고 있다. 그들에게는 미래 예측이 무척 암울해 보일 것이다"라고 말했다.

어린이와 청소년들이 미래에 기후 변화의 가장 큰 부담을 지게 될 것이라는 생각은 단순한 상상에서 나온 예측이 아니다. 티에리 박사의 연구는 기후 변화에 따른 극심한 폭염을 경험하게 될 세대와 인구 규모를 정확히 파악한 최초의 연구 중 하나다. 티에리와 그의 동료들은 기후 모델을 사용해 다양한 지역의 폭염, 홍수, 산불 등의 기상 유형에 대한 기준을 설정했다. 예를 들면 벨기에 브뤼셀의 경우 전례 없는 폭염 기준은 '극심한 폭염'을 6번 경험하는 것이다. 기후 변화가 없다면 평균적으로 1세기에 한 번 정도 발생하는 현상으로 1만 분의 1에 불과한 확률이다.

그런 다음 그들은 인구 통계 데이터를 사용해 1960~2020년 사이에 태어난 전 세계 여러 세대 중 각 세대가 평생 동안 폭염의 한계에 도달하는 비율을 계산했다. 또 이것이 다양한 지구 온난화 시나리오에 따라 어떻게 달라지는지도 계산했다. 그 결과 최근 10년 사이 태어난 아이들은 그들의 부모와 조부모가 겪어보지 못했던 방식으로 더위, 흉작, 홍수, 가뭄, 산불, 열대성 저기압에 노출된 것으로 나타났다. 이는 특정 지역이 아닌 세계 모든 곳에 사는 아이들에게 해당하는 미래다.

가령 1960년에 벨기에 브뤼셀에서 태어나 평생을 그곳에서 보내는 사람들은 세 번의 폭염을 경험할 것으로 예상된다. 그런데 2020년에 브뤼셀에서 태어난 아이들의 경우 2100년까지 지구 온난화를 1.5°C로 억제할 수 있다고 가정할 때, 11번의 폭염을 경험할 가능성이 크다. 만일 지구 온난화가 2.5°C에 도달하면 18번의 폭염을, 3.5°C에 도달하면 2020년에 태어난 약 1억 1,100만 명의 아이들이 26번의 폭염을 경험할 것으로 추정한다. 만일 2100년까지 지구 온도가 1.5°C만 상승한다고 해도 2020년에 태어난 약 6,200만 명의 어린이가 폭염으로 고통받는다고 한다. 연구진은 현재 추진 중인 모든 기후 정책이 제대로 시행된다면 지구 온난화는 2100년까지 2.7°C 더 높아질 것으로 예상했다.

지구 온난화는 상위 10% 부자가 원인이다

나이가 어릴수록 전례 없는 극한 기후 현상에 노출될 가능성이 더 크다는 사실이 제기된 상황에서, 1990년 이후 지구 온난화가 발생한 원인의 3분의 2가 세계에서 가장 부유한 10%에게 책임이 있다는 주장이 나왔다. 부유층의 소비와 투자 방식이 치명적인 폭염과 가뭄의 위험을 크게 증가시켰다는 것이다.

스위스의 취리히 연방공과대학교의 과학자 사라 쉰가르트Sarah Schöngart 교수는 가장 부유한 개인의 탄소 발자국이 실제로 기후 변화에 직접적인 영향을 주었다고 밝혔다. 예를 들어 세계 평균과 비교했을 때 상위 1% 부자들은 100년에 한 번 있는 폭염에 26배 더 기여했고, 아마존의 가뭄에 17배 더 많은 기여를 했다는 것이다. 학술지 〈자연기후변화(Nature Climate Change)〉에 발표한 연구에 따르면 전 세계 탄소 오염의 절반 가까이를 차지하는 중국과 미국에서 상위 10% 부자들의 탄소 배출량이 각각 2배에서 3배의 극한 더위 증가로 이어졌다고 한다. 지난 30년간 이들을 위해 화석 연료를 태우고 삼림 벌채를 벌목하면서 지구의 평균 표면이 1.3°C 상승했다는 것이다.

쉰가르트와 동료들은 경제 데이터와 기후 시뮬레이션을 결합해 다양한 세계 소득 그룹의 탄소 배출량을 추적하고 특정 유형의 극한 날씨에 미치는 영향을 평가했다. 또한 개인 소비뿐만 아니라 라이프 스타일과 금융 투자에 내재된 배출량의 역할도 강조했다. 이에 따라 상위 10%의 부자들은 탄소 회계를 기후 책임으로 전환해야 한다고 강조했다. 사회에서 가장 부유한 구성원의 막중한 책임을 다루지 않는 기후 행동은 아이들이 좀 더 나은 미래를 살아갈 수 있는 가장 강력한 지렛대 중 하나를 버리는 것과 같다.

비엔나의 국제응용시스템분석연구소 기후 분석학자인 칼 프리드리히 슐레우스너Carl-Friedrich Schleussner는 자본 소유자들에게 탄소 집약적 투자에 대한 누진세를 부과해 기후에 미치는 영향에 책임지도록 해야 한다고 지적했다. 저소득층에도 부담을 주는 광범위한 탄소세보다 자산 사용에 따라 탄소 배출에 관한 세금을 부과하는 것이 더 공평하다는 것이다.

고액 자산가인 슈퍼 리치와 다국적 기업에 대한 세금 인상 계획은 도널드 트럼프가 백악관을 탈환한 이후 대부분 교착 상태에 빠졌다. 2024년 G20 회원국인 브라질은 자산 규모 10억 달러 이상인 개인에게 순자산의 2% 세금을 부과하는 방안을 추진했다. G20 정상들은 초고액 순자산 보유자가 실질적으로 세금을 부과받도록 협력하기로 합의한 것을 밝혔지만 아직 후속 조치는 없다. 2021년에는 약 140개국이 다국적 기업을 위한 글로벌 법인세를 도입하기로 합의했고 절반 가까이가 최소 15%의 법인세율을 지지했으나 이 협상 역시 교착 상태에 빠져 있다.

〈포브스〉에 따르면 전 세계 억만장자의 3분의 1이 미국 출신으로 중국, 인도, 독일을 합친 것보다 더 많다고 한다. 빈곤 퇴치 단체인 옥스팜은 상위 1%의 부자들이 지난 10년 동안 42조 달러의 새로운 부를 축적했다고 밝혔다. 가장 부유한 1%가 최하위 95%를 합친 것보다 더 많은 부를 가지고 있는 것이다. 문제는 단순한 부의 축적이 아니라 그들이 기후 위기를 크게 위협한다는 사실이다. 부자들이 더 많은 돈을 손에 넣을수록 나머지 사람들은 기후 변화에 따른 고통을 얻게 될 것이다.

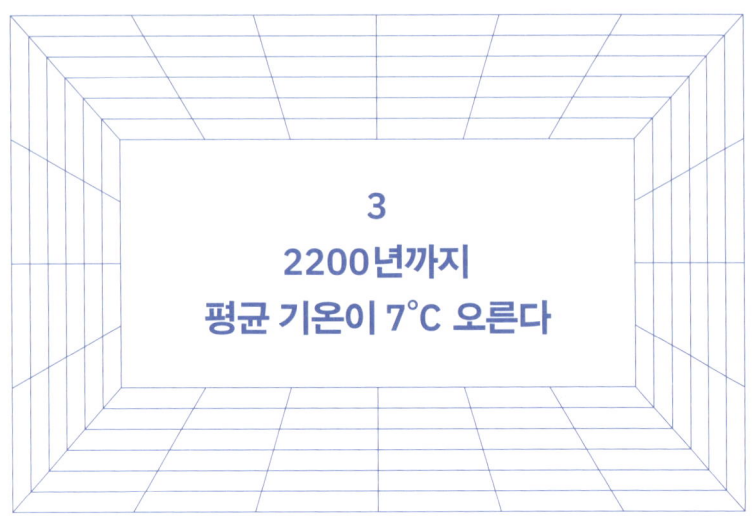

3
2200년까지
평균 기온이 7°C 오른다

지구 온난화를 2°C 이하로 제한하는 파리 기후협약의 목표는 기후 민감도에 크게 의존한다. 기후 민감도는 대기 중 이산화탄소 농도가 2배로 증가할 때 지구 표면 온도가 얼마나 변하는지를 나타내는 핵심 기후 지표다. 산업혁명 이전인 1750년 지구의 이산화탄소 농도는 약 280ppm이었다. 즉 기후 민감도는 지구의 이산화탄소 농도가 560ppm에 도달했을 때 예상 가능한 온난화를 의미한다. 2025년 기준 대기 중 이산화탄소 농도는 427ppm으로 매년 약 3.5ppm씩 높아지고 있으며 상승 속도는 꾸준히 빨라지는 중이다. 이 같은 궤적을 따라가면 21세기 중반에는 560ppm에 도달할 가능성이 크다.

과학자들은 일반적으로 기후 민감도 시기에 지구의 평균 기온이 3°C 상승할 것으로 예상한다. 문제는 우리가 기후 민감도를 과소평가하고 있을지도 모른다는 사실이다. 앞으로 진행될 새로운 기후 연구들은 기후 민감도가 우리에게 훨씬 더 위험하다는 결과를 보여줄 가능성이 크다.

기후 피드백이 보내는 경고

독일의 포츠담 기후영향연구소(Potsdam Institute for Climate Impact Research)는 메탄을 포함한 탄소 순환 상호 작용에 따른 기후 영향을 모델링한 연구 결과, 기후 민감도와 탄소 순환의 피드백 루프가 결합하면 기존 예측보다 지구 온난화가 더욱 크게 진행될 것이라고 발표했다. 포츠담 기후영향연구소는 클라이머X CLIMBER-X 라는 최첨단 모델을 채택해 영구동토층의 해빙과 습지에서 방출되는 메탄 배출량에 따라 향후 1,000년의 기후 시나리오를 생성했다. 메탄은 온난화 효과를 상당히 증폭시키는데 그동안 많은 연구가 이를 간과해 왔다.

시뮬레이션 결과 메탄 배출량이 정점에 도달한 뒤에도 수 세기 동안 온난화는 계속 증가할 수 있으며, 그 원인은 기후 피드백 루프에 있는 것으로 밝혀졌다. 기후 피드백 루프는 기후의 한 가지 변화가 시간이 지남에 따라 더욱 강화되는 연쇄 반응으로 또 다른 변화를 촉발할 때 발생한다. 예를 들어 온난화로 강화된 토양 호흡은 토양의 미생물 활동 증가로 이어져 대기 중으로 더 많은 탄소가 방출된다는 것을 의미한다. 즉 영구동토층의 메탄 배출량이 온난화를 유발하는데 그로 인해 메탄과 이산화탄소 배출량이 더욱 증가하고 이는 또다시 온난화를 유발하는 기후 피드백 루프가 일어난다는 것이다. 영구동토층과 습지의 해빙으로 발생한 온실가스가 대기 중에 더 많은 열을 가둬 온난화 추세를 더욱 가속화하는 최악의 시나리오는 2200년에는 지구 온난화가 최대 7°C 상승할 수 있다는 경고로 이어진다.

연구자들은 기후 민감도 시나리오에서 지구 온난화의 약 50%가 이러한 기후 피드백 루프에 원인을 두고 있으며 메탄과 이산화탄소 모두 비슷한 영향을 주는 것을 발견했다. 이는 기후 피드백이 지구 온난화를 우리가 예측하는 것보다 더욱 심각하게 증폭시킬 것이며 최악의 경우보다 더 최악인 기후 위기를 맞이할 수 있다는 최종 경고와 같다. 지구 평균 기온이 7°C까지 상승한다면 우리의 생존은 보장할 수 없을지도 모른다.

지구 생물 대량 멸종과 인간 사회의 붕괴

대부분의 기후 모델은 지구 온난화 예측으로 약 3°C의 값을 가정한다. 하지만 정확한 수치는 과학적 논쟁의 여지가 있다. 실제 수치는 2°C에서 5°C 사이일 가능성이 가장 크다. 문제는 이러한 불확실성이 잠재적으로 중대한 의미를 갖는다는 것이다. 민감도가 해당 범위의 상한에 있는 것으로 판명되면 메탄과 이산화탄소 배출을 보수적으로 잡아도 예상보다 더 강한 온난화가 발생할 수 있다. 반면 기후 민감도가 범위의 하한에 가깝다면(약 2°C) 극심한 장기 온난화의 가능성은 줄어들 것이다. 이 경우 지구 온도는 적당한 배출 시나리오에서도 안전한 한계 내에 유지될 가능성이 크다.

그러나 지구 온난화 3°C만으로도 파괴적인 재앙이 벌어질 것이다. 광범위한 농작물 실패, 중동 및 사하라 이남 아프리카 일부 지역의 심각한 물 부족, 세계 대부분에 영향을 미치는 치명적인 열파의 현저한 증가 등이다. 지구 온난화가 5°C까지 진행되면 열대지방에서 생물이 살아가는 것이 불가능해지며 생태계는 대규모로 붕괴될 것이다. 더불어 해수면 상승으로 수억 명의 사람들이 삶의 터전을 잃게 된다. 마지막으로 평균 기온 7°C 상승은 돌이킬 수 없는 지구 생물 대량 멸종과 인간 사회의 붕괴를 가져온다. 7°C 상승은 3°C의 두 배 정도 온난화가 진행된 것이지만 그 결과는 10배 이상의 강력한 파괴가 일어날 것이다. 많은 것들이 비선형적이기 때문이다.

2200년은 먼 미래처럼 보일지 몰라도 계속해서 연장되는 인간의 수명을 고려할 때 우리가 생각하는 것보다 더 가깝다. 그 시대는 우리의 후손들이 살아가야 하는 멀지 않은 미래다.

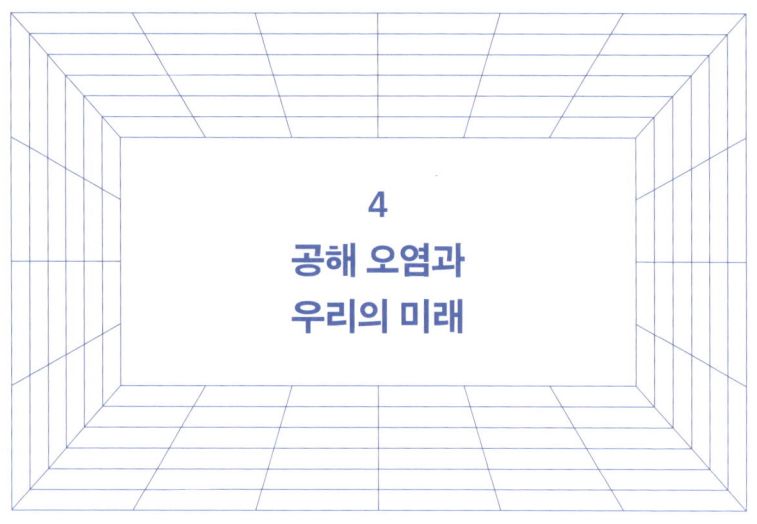

4
공해 오염과
우리의 미래

　공해라고도 불리는 국제 해역은 바다의 61%를 차지하고 지구 표면의 43%를 차지하며, 부피 기준으로 생물권의 3분의 2에 해당한다. 그런데 인류는 17세기부터는 고래 포획을 위해, 20세기 중반부터는 다양한 종류의 어류 확보를 위해 공해를 착취해 왔다. 그 결과 바다 생물이 고갈되기 시작했고 지구 온난화로 이어졌으며, 이는 다시 바닷속 영양분과 산소 고갈의 원인이 되어 공해의 생산성을 감소시키고 있다. 바다의 역할 중 하나는 지구 생물의 안정성을 유지하는 것이다. 그럼에도 더 깊은 바다에서 어류를 채취하려 하고, 해저를 채굴하는 등 바다를 위협하고 있다.
　현재 보호받고 있는 공해는 전체 면적의 1%도 되지 않는다. 남극 대륙 너머에는 국제적으로 인정받은 해양 보호 구역 지정 체계가 없기 때문이다. 이러한 공해 관리 공동 시스템의 공백을 메우기 위해 2023년에 유엔 공해조약을 체결했다. 2026년부터 공식 발효 예정인 이 조약은 국제 해역의 해양 보호구역 수를 확대하고 지구의 생물다양성을 보전하며, 2030년까지 전 세계 해양의 최소 30%를 보호하는 것이 목표다.

유엔 공해조약의 세부적인 내용은 전 세계 해양의 약 3분의 2에 해당하는 공해에 해양보호구역을 지정해 이제껏 법적 관리의 사각지대에 있던 공해를 체계적으로 보호하는 것이다. 세계 여러 곳의 공해에서 불법 어업과 해양 오염 등이 벌어졌지만 이를 제재할 근거가 부족해 두고 볼 수밖에 없었다. 그러나 이번 협정이 발효되면 국제적인 법적 틀이 없었던 공해를 보호하고 관리할 수 있다.

고래잡이가 불러온 지구 온난화

기후 위기와 생물다양성 위험을 고려하면 이제 세계는 인간이 자초한 문제를 스스로 해결하기를 기다려줄 수 없는 지경에 이르렀다. 해양 생물은 지구 전체의 생존과 연결된 중요한 가치를 지니므로 더 이상의 오염과 파괴는 용납해선 안 된다. 이제껏 발생한 해양의 화학적, 물리적 환경 변화를 되돌리는 데만도 최소 수백 년에서 최대 수천 년이 걸리기 때문이다.

2025년 6월, 전 세계 해양 전문가와 정책 입안자들이 프랑스 니스에서 열린 유엔 해양회의에 참석했다. 회의의 주제는 '행동 가속화 및 모든 주체의 동원을 통한 해양 보전과 지속가능한 이용'으로 전 세계 130개국의 참가자들은 모든 국제 해양 수역을 어업, 해저 채굴, 석유 및 가스 채굴로부터 영구적으로 보호해야 한다는 주장을 펼쳤다.

공해는 고래류, 거북이, 참치, 상어 등 거대동물을 포함해 광대한 거리를 이동하는 매우 다양한 생물의 서식지다. 또 지구의 탄소 순환에 중요한 역할을 하는데, 이는 대기 중 기체의 균형에 필수적이다. 실제로 평균 수심 4,100m에 달하는 공해는 지구에서 가장 크고 안전한 탄소 흡수원이다.

해양 생물은 생물학적 펌프와 영양소 펌프라는 두 가지 메커니즘을 통해 지구 탄소 순환에 영향을 미친다. 생물학적 펌프는 해양의 생물학적 탄소 펌프로도 불리며, 광합성으로 생성된 유기물(식물플랑크톤 등)과 탄산칼슘($CaCO_3$) 등 생물체가 만든 물질이 해저로 이동해 탄소가 심해에 격리되도록 하는 과정이다. 해저로 이동한 탄소는 수천 년 이상 대기와 접촉하지 않게 되어, 대기 중 이산화탄소 농도를 낮추는 데 기여한다. 생물학적 펌프가 없다면 대기 중 이산화탄소 농도는 현재보다 약 400ppm 더 높고, 지구 평균 온도는 3°C 더 높아질 수 있다. 생물학적 펌프는 해양 생태계와 지구 기후 조절에 중요한 역할을 하며, 탄소 순환의 균형을 유지하는 데 필수적이다.

영양소 펌프는 고래 펌프라고도 불린다. 고래, 다랑어, 장수거북 같은 대형 해양 생물은 먹이를 찾기 위해 깊은 바닷속으로 잠수한 후 호흡, 체온 조절, 또는 먹이 소화를 위해 수면으로 올라온다.

수면 근처에서 영양분이 풍부한 배설물을 배출하는데 이 과정에서 해양 생태계와 탄소 순환에 중요한 역할을 한다. 이 배설물은 식물성 플랑크톤의 성장에 필수적인 질소, 인, 철 등 영양분을 공급해 바다 표면의 먹이 사슬을 활성화하고, 플랑크톤은 광합성을 통해 대기 중 이산화탄소를 흡수해 심해로 이동시킨다. 즉 거대 해양 생물의 배설물이 해양 표면과 심해의 영향 불균형을 해소하고 플랑크톤 생산성을 높이며, 이렇게 성장한 플랑크톤이 광합성으로 이산화탄소를 흡수하거나 일부는 심해로 가라앉아 탄소를 수백 년간 격리하는 것이다. 이 모든 과정이 지구 온난화를 줄이는 데 기여한다.

그런데 수 세기 전부터 고래잡이 산업을 집중적으로 펼치면서 20세기 중반에 전 해양에 걸쳐 고래류 개체군이 붕괴됐고, 영양소 펌프의 역할도 무너지기 시작했다. 그뿐 아니라 1930년대 일본의 원양 참치 어업을 시작으로 1950년대에는 청새치와 상어의 연승 어업을, 1960년대와 1970년대에는 해산과 대륙사면의 심해 저층 트롤 어업을, 1990년대에는 오징어 지깅(등불을 사용하여 오징어를 유인하는 어업)을 확대했다. 그 결과 해양 생물 다양성이 깨지고 지구 온난화가 가속화되었다.

지속 가능한 해양 경제를 위한 우선순위

세계 각국의 어업이 규모를 키우면서 수많은 어종이 고갈되거나 심각한 멸종 위기에 처했다. 게다가 어업을 심해로 확대하면서 해양이 흡수하는 탄소량이 감소하고 참치, 상어, 돌고래 같은 어종의 주요 먹이 공급원이 고갈되는 문제가 발생하고 있다. 환경보호론자들은 이 같은 문제를 해결하려면 깊이 200m~1,000m의 해양인 중층 원양대에서의 어업을 금지해야 한다고 주장한다. 이는 공해에서 발생하는 해양 탄소 격리의 약 59%를 보호하는 데 도움이 될 것이다.

공해 어업은 극지방(크릴, 대구, 남극빙어, 이빨고기 등)부터 열대지방(참치, 청새치, 상어, 오파 등)까지 드넓은 영역에서 이루어진다. 전 세계 어획량 중 공해에서 발생하는 어획량의 비중은 6% 미만에 불과하다. 그중 약 80%를 중국 본토, 대만, 일본, 인도네시아, 스페인, 한국 등 6개 지역에서 채취한다. 이러한 어업의 상당수는 정부 보조금이 뒷받침되기 때문이다. 따라서 공해 어업을 하는 기업에는 보조금이 아닌 탄소세를 부과하며 멸종위기종 채취 및 포획 시에는 해당 지역의 수산관리기구(RFMO)를 통해 국제법상 처벌받도록 단속해야 한다. 또 선박에서 발생하는 온실가스 배출을 줄이기 위해 해상 운송에 대한 탄소세도 제정해야 한다.

바다는 지구의 70%를 덮고 있지만 대형 어류 개체군의 90%가 고갈되었고 산호초의 50%가 파괴되었다. 게다가 매년 수백만 톤의 플라스틱이 해양 생태계로 유입되면서 바다는 숨쉬기조차 곤란한 상황에 놓였다. 현재 전 세계에서 매년 약 4억 5,000만 톤의 플라스틱이 생산되며, 이 중 200만 톤이 직접 바다로 유입되는 것으로 추산된다. 대부분은 해류에 갇혀 태평양·대서양·인도양에 거대한 플라스틱 쓰레기 지대를 형성하며 수백 년간 분해되지 않고 생태계에

악영향을 끼친다. 일반적으로 플라스틱은 완전히 분해되는 데 수백 년, 어떤 경우에는 최대 600년이 걸릴 수 있어 심각한 환경 문제를 야기한다.

이 같은 플라스틱 오염 문제에 정면으로 도전할 새로운 바이오 플라스틱이 등장했다. 일본 신슈대학교 과학자들이 개발한 LAHB라는 신소재는 수심 855m의 심해에서도 13개월 만에 80% 이상 분해되며, 기존 바이오플라스틱(PLA)보다 훨씬 높은 생분해성을 입증했다. 연구팀은 일본 하츠시마섬 인근 855m 수심의 심해 환경에서 생분해 실험을 했다. 그 결과 LAHB 필름은 13개월 만에 질량의 82% 이상이 줄었지만, PLA 필름은 거의 변하지 않았다. 특히 LAHB 필름 표면에는 미생물 바이오필름이 형성되며 분해가 활발하게 진행되었고 균열과 형태 변화가 관찰됐다. 반면 PLA 필름에서는 미생물 정착조차 이뤄지지 않았다. 연구팀은 LAHB 분해에 관여한 미생물 군집도 분석했다. 일부 박테리아는 고분자 사슬을 잘게 자르는 효소를 분비했고, 다른 미생물들은 이를 이산화탄소와 물 등 자연적인 무기물로 전환하는 역할을 했다.

바이오플라스틱은 일반 환경에서는 일정 수준 생분해되지만, 심해처럼 낮은 온도(3.6℃), 높은 압력, 낮은 산소 환경에서는 거의 분해되지 않는다는 점이 큰 한계였다. 하지만 이번 연구는 LAHB가 그러한 극한 환경에서도 자연적으로 분해될 수 있음을 처음으로 과학적으로 증명한 사례로, 해양 플라스틱 오염 문제해결에 실질적인 희망을 제공했다.

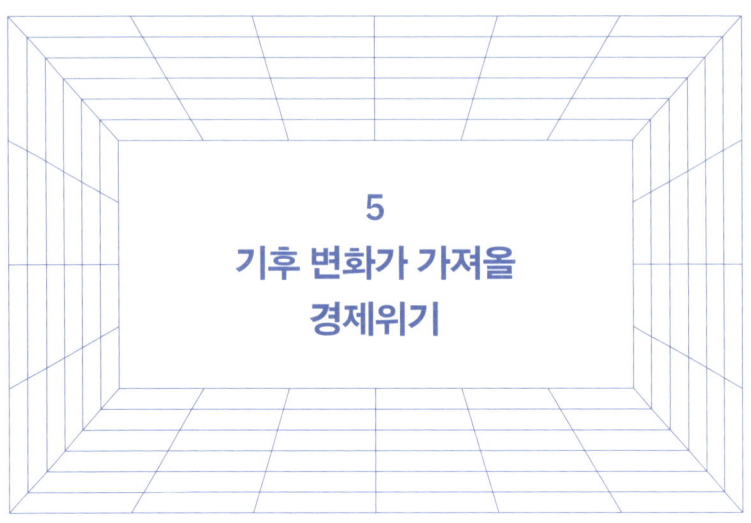

5
기후 변화가 가져올 경제위기

지난 세기 대부분 동안 미국에서 주택 소유는 부를 축적하는 가장 좋은 방법 가운데 하나였다. 그러나 기후 데이터 및 모델링 기업 퍼스트 스트리트First Street의 신규 보고서는 기후 변화로 미국 전역에서 극단적인 날씨가 심화되고 있으며, 이는 미국에서 주택을 소유한 사람들과 신용 시장에 커다란 위험을 초래할 것이라고 경고했다.

주택 보험료의 30년 급등

홍수는 미국에서 가장 빈번히 일어나고 복구 비용이 가장 큰 재난이다. 그런데 기후 변화에 따른 온난화로 최근 미국에서는 해안과

하천 주변의 홍수 피해가 잇따르고 있다. 특히 2025년은 미국에 수천 건의 급류 홍수가 주택을 덮치면서 참혹한 해로 기록되었다. 텍사스 지역에서만 130명 이상이 홍수로 목숨을 잃었고 220억 달러가 넘는 피해를 낸 것으로 집계됐다.

퍼스트 스트리트의 보고서는 온난화에 따른 기후 재해로 2055년까지 일부 지역의 주택 보험료가 전례 없는 수준으로 치솟을 것으로 예측했다. 이는 주택 소유 비용 증가와 부동산 가치 하락으로 이어질 가능성이 크다. 퍼스트 스트리트는 2000년부터 2020년 사이 미국에서 발생한 55건의 강풍, 산불, 홍수 등 기후 재난 사건을 분석했다. 이후 사건 발생 전후 3년간 피해 지역과 인근 미피해 지역의 부동산 압류율을 비교했다.

분석 결과 강풍에 따른 16건의 재난 사고 중 6건이 주택 압류 급증으로 이어졌다. 10건의 산불 사고 중에는 압류 증가가 단 한 건으로 확인됐다. 그리고 가장 많은 재난인 홍수 사고는 총 29건 중 무려 20건이 높은 압류 발생을 일으켰다. 주택 압류 내역을 자세히 살펴보면 강풍으로 인한 사고는 보험금 지급 지연 및 보험사와의 분쟁에 따라 주택 압류가 진행되었지만 홍수로 인한 강풍은 대부분 보험에 가입하지 않았기 때문이었다. 주택 압류가 증가하지 않은 9건의 홍수 사고는 고소득 지역에서 발생한 것이었다.

이 같은 분석에 따르면 주거용 부동산의 보험료는 기후 재난에 따라 평균 30% 가까이 상승할 가능성이 크다. 이때 해안 지역과 홍수 발생 지역은 보험료가 평균보다 몇 배 이상 상승할 수 있다. 지난 20년간 홍수 발생률이 300% 이상 급증한 플로리다주 마이애미는 주택 보험료가 322% 상승할 것으로 예측된다. 그 외에도 잭슨빌(226%), 탬파(213%), 뉴올리언스(196%), 새크라멘토(137%)와 같은 주요 대도시 지역도 주택 보험료의 가파른 인상에 직면해 있다.

보험사는 매년 폭풍 빈도, 홍수 피해, 폭염, 산불 및 기타 극한 기후에 대응하여 위험을 재계산한다. 이 같은 위험 재평가는 보험료 상승뿐 아니라 부동산 가치에도 영향을 미친다. 퍼스트 스트리트는 기후 재난은 부동산 가치에 악순환으로 작용한다고 설명했다. 보험사들이 기후 재난에 취약한 지역의 주택 보험료를 큰 폭으로 인상하면 주택 실거주자의 금전적 부담으로 이어지고 이러한 상황이 주택담보대출 상환 불능으로 이어져 주택 압류가 발생한다는 것이다.

미국의 금융기관이 주택담보대출을 회수하지 못해 발생한 손해는 2025년 12억 달러에 달할 것으로 추정하며, 2035년에는 연간 손실액이 54억 달러까지 상승할 것이라는 예측이다. 이때 압류되는 주택 수는 8만 4,000호로 추정하나 기후 변화가 극심해질수록 더욱 증가할 것이다. 또 보험 가입을 아예 거부하는 경우 이러한 주택이 기후 변화에 따른 홍수와 토네이도 등의 사고를 겪으면 이 역시 주택 압류로 연결된다. 결국 기후 변화는 주택 소유 비용 증가와 집값 하락을 가져와 금융시장 전반의 안정성을 위협한다.

퍼스트 스트리트는 2055년까지 기후 위협을 피하기 위해 자발적으로 미국 내에서 이주하는 미국인의 수가 5,500만 명을 넘어설 것으로 예상한다. 이는 오늘날 이주자 수보다 10배 이상 많은 수치다. 이러한 인구 이동은 지역 경제를 재편하고 경제가 축소되거나 성장하는 지역 모두에서 공공 서비스에 대한 압박을 증폭시킬 것이다. 사람들이 더 안전하고 재난이 덜 발생할 지역에 모여들면 토지 사용 패턴, 인프라, 세금 등이 조정된다. 이제 기후 변화는 우리의 보험료에도 영향을 줄 만큼 가까이 다가와 있다.

기후 위험으로 수익의 7%가 사라진다

지구가 이미 돌이킬 수 없는 전환점에 직면한 만큼 개인뿐 아니라 기업도 기후 위기에 대응해야 할 결정적 순간을 맞이하고 있다. 현재 세계 곳곳에서 진행 중인 기후 변화 공약 중 대부분이 2050년을 목표로 하고 있다. 이 때문에 사람들은 행동에 나서기까지 아직 시간이 남아 있다고 생각한다. 그러나 전문가들의 생각은 다르다. 세계경제포럼에서 발표한 두 개의 보고서에 따르면 점점 더 심각해지는 기후 위험에 지금 당장 대처하지 못하는 기업들은 앞으로 10년간 엄청난 재정적 손실을 겪을 것으로 보인다.

CEO 기후 리더 연합(Alliance of CEO Climate Leaders)에서 작성한 보고서는 탈탄소화를 실천하고 자연을 보호하는 기업은 기후 위험에 직면해도 회복력을 발휘할 수 있다고 설명한다. 이들 기업은 1달러를 지출할 때마다 최대 19달러의 손실을 피할 수 있는 것으로 보고 있다. 반면 기후 위험에 적응하지 못하는 기업은 2035년까지 연간 수익의 최대 7%를 잃을 수 있다고 밝혔다. 이는 코로나19 팬데믹이 2년마다 발생하는 것과 같은 경제적 손실이다.

특히 통신, 유틸리티 및 에너지 기업들은 극심한 더위와 기타 기후 위험의 영향을 받아 2035년까지 연간 고정자산 손실액이 5,600억~6,100억 달러에 이를 것으로 예상된다. 탈탄소화에 실패한 기업은 2030년까지 이익의 최대 50%를 탄소 대량 배출에 따른 손실로 처리해야 할 것이다. 그 외의 기업들은 평균적으로 기후 위기로 인해 2045년까지 연간 8.1~10.1%의 수익이 감소할 것으로 예측한다.

연구에 따르면 기업들은 이러한 재정적 위험을 과소평가하는 것으로 나타났다. 대부분의 기업이 위기 상황에 회복력을 발휘할 어떠한 장치나 제도도 마련하지 않았기 때문이다. 기업의 탈탄소화와 녹색산업은 2030년까지 5조 달러에서 14조 달러로 확대될 것으로 예상된다. 이는 현대사에서 가장 중요한 장기적 성장 기회 중 하나로, 경쟁 우위를 확보한 기업은 회복력 강화로 경제적 손실 방지와 수익의 지속 가능성을 높일 수 있다.

지구는 이미 돌이킬 수 없는 전환점을 넘어섰다. 동시에 전 세계의 기업과 사회에 영향을 미치는 기후 위험의 빈도와 심각성은 계속해서 증가할 것이다. 지금은 기업이 행동에 나설 결정적 순간이다. 지금 당장 기후 위험에 정면으로 대응함으로써 사회와 지구를 보호하는 동시에 강력하고 지속 가능한 기업으로 관리할 기회를 얻길 바란다.

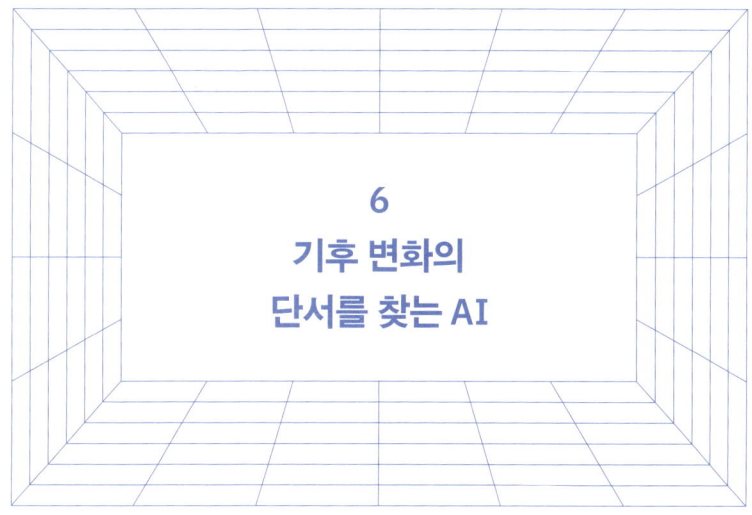

6
기후 변화의 단서를 찾는 AI

　남극 대륙은 지구의 기후를 조절하는 데 중요한 역할을 한다. 세계에서 가장 춥고 바람이 많이 부는 남극해 대륙에 대한 대부분의 기후 연구는 주변 남극해의 이산화탄소 흡수 또는 햇빛을 반사하는 광대한 빙하에 초점을 맞추고 있다. 그러나 일부 호주 과학자들은 다른 접근법을 취한다. 그들은 AI 기반 엣지 컴퓨팅 플랫폼(디바이스나 게이트웨이 등 데이터가 생성되는 현장에서 실시간으로 처리·분석할 수 있도록 지원하는 컴퓨팅 인프라)을 사용해 남극 이끼층을 깊이 파고들어 남극 대륙의 온난화가 전 세계에 어떤 영향을 미칠 수 있는지에 대한 단서를 찾고 있다.

남극 대륙의 이끼가 사라지는 이유

　남극 대륙 표면의 이끼는 전체 면적의 1%도 되지 않는다. 그러나 이끼의 존재와 상태는 남극 생태계에서 매우 큰 역할을 한다. 이끼는 다른 식물과 마찬가지로 대기 중 탄소를 흡수한다. 이끼층은 미니어처 숲과 같아서 남극 대륙의 먹이 사슬에서 가장 낮은 위치에 있는 미생물에게 서식지를 제공한다. 이끼와 미생물이 9개월간 겨울이 지속되는 남극 대륙에서도 생존할 수 있는 것은 건조한 환경과 낮은 온도에 적응해 빠르게 번식하기 때문이다. 지난 20년 동안 과학자들은 남극 대륙의 많은 지역에서 이끼의 생존이 위태롭다는 사실에 우려를 표했다. 그들은 기후 변화와 오존 파괴, 그리고 이로 인한 풍속 패턴의 변화로 이끼 군집이 메말라가는 것을 관찰했다.

　남극 대륙의 기후는 매우 춥고 혹독하며 1년의 절반가량은 햇빛이 비치지 않는다. 그럼에도 이끼는 자체적으로 따뜻한 미기후(주변환경과 다른 매우 좁은 지역의 특별한 기후 또는 지표면으로부터 1.5m 이내의 기후)를 만든다. 따라서 남극 대륙의 기후를 연구하는 과학자들은 이끼층이 생존하지 못하는 원인을 기상관측소 데이터로는 밝혀낼 수가 없다.

　이에 남극과 남극해의 환경 보전을 목표로 하는 호주 연구 프로그램인 SAEF(Securing Antarctica's Environmental Future)의 과학자들은 이끼가 1m가 넘는 눈에 파묻혀 있을 때도 이끼의 상태를 측정하고 분석할 수 있는 작고 자율적인 연중 모니터링 플랫폼을 개발했다. 사물의 인공지능 플랫폼(Artificial Intelligence of Things Platform),

즉 AIoT 플랫폼이라고 불리는 이 장치에는 태양 전지판과 절연 배터리가 있다. 이는 거의 모든 곳에서 사용할 수 있는데, 이끼층을 모니터링하기 위해 1년 내내 데이터를 수집한다는 것을 의미한다.

이 AIoT 플랫폼에는 저전력 로봇용으로 설계된 시스템인 엔비디아의 젯슨 오린 나노Jetson Orin Nano가 탑재되어 있다. 이 AI 칩셋은 남극 이끼와 대기, 토양, 온도, 태양열 등 다양한 환경 데이터를 실시간으로 수집해 분석한다. 또 이미지 세분화 모드(SegFormer)를 실행해 이끼의 건강 상태를 자동 진단하며, GPU 가속과 자동 머신러닝으로 연구 효율을 높인다.

플랫폼이 전송한 데이터를 통해 과학자들은 기후 현상이 남극 이끼층 안팎의 환경을 어떻게 변화시키고 있는지 확인할 수 있다. 그 결과를 바탕으로 이끼의 건강 변화와 기타 생물 다양성 신호를 추적하고 이것이 환경 조건의 변화와 어떤 관련이 있는지를 밝혀낸다. 남극은 극한 환경으로, 이끼 등 지표식물만이 혹한에 적응해 서식한다. 따라서 이끼의 변화는 남극 생태계와 기후 변화의 중요한 지표로 활용된다. 엔비디아의 AI 기술은 남극 이끼 연구를 혁신적으로 지원하며 기후 변화 연구와 생태계 보전에 중요한 역할을 하고 있다.

오래된 날씨 데이터 복구와 기후 모델 개선

전 세계가 최근 몇 년 동안 전례 없는 폭염에 시달리고 있다. 유럽과 미국 등에서는 수많은 사람이 목숨을 잃었으며 농업, 건설, 에너지 등 다양한 산업이 심각한 피해를 입고 있다. 이런 가운데 무더위로 인해 발생할 위험을 막기 위해 AI를 활용해 지구 온난화가 기후 재난에 미치는 영향을 예측하는 방법이 떠오르고 있다.

그렇다면 각국은 기후 변화가 지역 차원에서 어떤 영향을 미칠지 어떻게 파악할 수 있을까? AI가 허리케인과 폭염 등 극한 기상 현상을 예측하는 데 도움을 줄 수 있을까? 그리고 세계는 파리 기후협약의 목표인 지구 온난화를 산업화 이전 수준 대비 1.5°C로 제한하는 목표를 달성할 수 있을까?

이러한 질문의 답을 구하기 위해 기후 과학자들은 2세기 이상에 걸쳐 기록한 방대한 분량의 오래된 날씨 데이터를 활용하고 있다. 네덜란드 왕립기상연구소는 전 세계 모든 기상 기관은 디지털화되지 않은 1800년대 데이터를 보관한 저장소를 가지고 있다고 밝혔다. 그런데 많은 기관들이 보관 자료 내용이 무엇인지조차 모른다고 덧붙였다. 이 귀중한 데이터는 수기로 기록했기에 경우에 따라 판독이 불가능하기 때문이다.

그런데 최근 새롭고 정교한 머신러닝 도구를 활용해 좀 더 쉽게 과거의 기상 데이터에 접근할 수 있게 되었다. 기후 과학자 데릭 무헤키Derrick Muheki는 누락된 기후 데이터를 수집하기 위해 다른 사람들보다 훨씬 먼 곳까지 갔다. 그는 콩고민주공화국의 전국 37개 기상 관측소에서 수집한 1960년 독립 이후의 기록을 찾아나섰다. 수도 킨샤샤에서 북부 키상가니까지 비행기를 타고 이동한 후, 배를 타고 콩고강을 따라 내려간 뒤 다시 오토바이로 갈아타 비포장도로를 달려 DRC 국립농업연구소(INERA) 양감비 지부에 도착했다. 그곳에서 2개월간 수천 페이지의 기상 기록을 스캔했다.

무헤키는 이 기간 중 디지털카메라에 전원을 공급할 충분한 배터리를 챙겨야 했다. INERA의 외딴 지사는 콩고민주공화국의 전국 전력망에 연결되어 있지 않았기 때문이다. 그는 다른 INERA 직원들과 소통하기 위해 반투어족 언어인 링갈라어를 배우기도 했다. 그는 링갈라어 단어 중 상당수가 고향 우간다에서 자라면서 사용했던 언어와 유사하다는 점이 도움이 되었다고 말했다.

무헤키는 벨기에 자유대학교 연구 그룹으로 돌아온 뒤 기상 기록을 읽기 위해 직접 설계한 AI 학습 도구인 메테오세이버MeteoSaver를 사용해 9,000개가 넘는 스캔 이미지에서 데이터를 추출하기 시작했다. 초기 테스트에서 메테오세이버는 75%의 정확도로 데이터를 기록했다. 이후 필기 텍스트 인식을 위해 대표적인 오픈 소스 광학 문자 인식 엔진인 테서랙트Tesseract를 기반으로 신경망을 더욱 개량하고 훈련시킨 결과 정확도가 90%까지 높아졌다.

그가 디지털화한 수천 건의 데이터는 세계에서 두 번째로 큰 열대우림 환경이 시간이 지남에 따라 어떻게 변화했는지에 관한 중요한 정보를 제공할 것이다. 콩고민주공화국 외에도 과거의 기후 기록을 디지털화하지 못한 국가가 많다. 영국 레딩 대학교의 기후 과학자 에드 호킨스Ed Hawkins는 전 세계 기록 보관소에는 아직도 종이 기록들이 쌓여 있다고 밝혔다. 여기에는 영국 국립기상기록보관소가 보유한 수백만 건의 미사용 강우 관측 자료도 포함된다.

호킨스는 시민 과학자들이 수동으로 기후를 기록하는 여러 프로젝트를 관리했다. 약 10년 전만 해도 머신러닝 도구는 그 역할을 제대로 수행하지 못했다. AI 도구에서 가장 어려운 부분은 손으로 쓴 텍스트를 읽는 것이 아니라 문서의 표 구조를 인식하는 것이다. 호킨스는 동료들이 AI 도구를 사용해 보기 시작했을 때만 해도 표로 된 숫자를 다루지 못해 훈련에 포함하지 않았다고 말했다.

무헤키의 작업 대부분은 바로 그러한 작업을 위한 맞춤형 알고리즘을 개발하는 것이었다. 이제 이 도구들이 마침내 인간의 성능에 필적할 만큼 충분히 발전하고 있다. AI의 발전에 따라 머신러닝은 과거 기록의 복구 속도를 획기적으로 높여주었다. AI가 데이터를 복구하는 능력은 이제 기후 위기에 대처하는 능력이 되기도 한다.

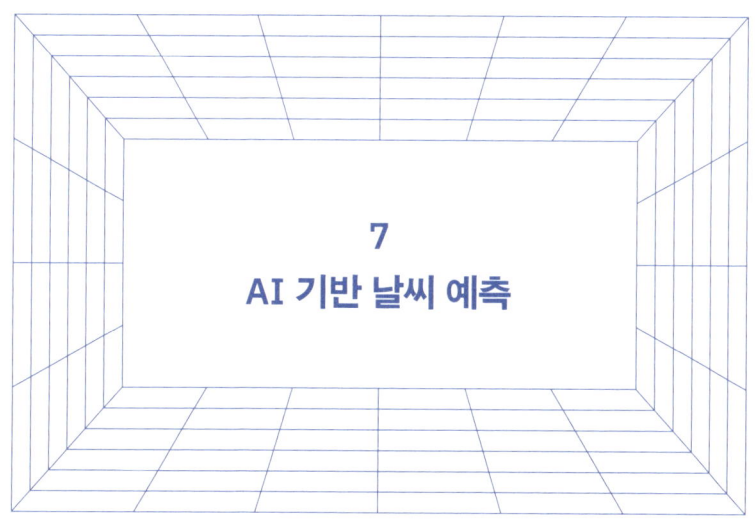

7
AI 기반 날씨 예측

　일기예보는 일상생활과 밀접하게 연결되어 있다. 날씨에 따라 우산을 챙겨야 할지, 두터운 외투를 입는 게 좋을지, 가벼운 옷차림이 좋을지를 결정한다. 또 농업이나 어업 분야에서 일하는 사람들은 날씨와 수익이 직접적으로 연결된다. 농부들은 날씨에 따라 농작물 파종 시기를 결정하고, 어부들은 풍랑이나 해일에 대비할 방법을 세운다. 각 국가의 정부도 폭염이나 한파, 폭우와 가뭄 등 극한 기후를 주시하며 대비책을 마련하는 등 중요한 결정을 내리는 데 큰 영향을 미친다.

　전통적인 날씨 예측은 슈퍼컴퓨터를 활용한 것으로 현존 최고 수준의 일기예보 시스템으로 알려졌다. 그러나 슈퍼컴퓨터가 예측한 일기예보는 빗나가는 경우가 많다. 기상 현상에는 워낙 다양한 변수가 작용하는데 미세한 변화만으로도 날씨 예측을 크게 벗어나기 때문이다. 그런데 AI 기반 날씨 예측 기술이 일기예보의 미래를 바꿀 게임 체인저로 주목받고 있다. 기후 위기가 현실화되는 가운데 AI 기반 기후 모델링 기술의 중요성이 부각받고 있다.

AI 날씨 예측이 기상 시스템을 바꾼다

구글 딥마인드의 AI 기반 기상 예보 모델인 그래프캐스트GraphCast는 기존의 날씨 예측 모델과는 다른 방식으로 작동한다. 기존 모델은 물리 법칙을 기반으로 대기의 변화를 시뮬레이션하는 반면, 그래프캐스트는 과거의 실제 기상 데이터를 학습해 패턴을 찾아낸다. 즉 물리 법칙에 대한 명확한 이해 없이도 놀라운 예측 성능을 보여주는 것이다.

그래프캐스트는 여러 측면에서 기존 모델보다 우수한 성능을 입증했다. 특히 짧은 시간 안에 정확한 예측 결과를 도출할 수 있다는 점이다. 그래프캐스트는 1979~2017년 유럽중기예보센터(ECMWF)가 축적한 약 40년간의 기상 재분석 데이터를 학습했다. 여기에 현재 기준 6시간 전의 기상 정보를 이용해 향후 6시간의 날씨를 예측한다. 이 결과를 다시 입력값으로 활용하는 방식을 반복해 10일간의 날씨를 예측하는 원리다. 이때 걸리는 시간은 1분도 되지 않는다.

현재 여러 국가의 기상청은 각종 기상관측 자료를 바탕으로 수치예보 모델을 사용해 날씨를 예측한다. 이 모델은 대기 운동에 영향을 미치는 태양 복사 에너지와 강수량, 지표면에서 일어나는 열 운동량 등 수많은 방정식을 슈퍼컴퓨터가 계산하는 방식이다. 선진국을 중심으로 1950년부터 개발을 시작해 성능이 많이 개선됐지만 방대한 계산이 필요하기에 그만큼 많은 인력과 비용이 투입된다는 문제가 있다.

슈퍼컴퓨터보다 정확한 AI의 일기예보

그래프캐스트는 슈퍼컴퓨터가 아닌 데스크톱 컴퓨터에서 작동되는 만큼 과거의 기상 재분석 데이터를 학습하고 나면 운영 비용이 저렴해진다. 또 수치예보 모델과 비교했을 때 정확도도 매우 향상됐다. 딥마인드 연구팀은 유럽중기예보센터에서 사용하는 전 세계에서 가장 뛰어난 성능을 지닌 수치예보 모델과 그래프캐스트의 성능을 비교한 결과 온도·압력·풍속·습도 등 총 1,380건의 측정 항목 중 90%가 그래프캐스트의 정확도가 더 높은 것으로 나타났다.

그래프캐스트의 성공은 AI 기반 날씨 예측 분야에 새로운 가능성을 열었다. MS, 엔비디아, 화웨이 등 다양한 기업과 연구 기관들이 AI를 활용한 날씨 예측 기술 개발에 투자하고 있으며, 이 분야는 더욱 빠르게 발전할 것으로 예상된다. 실제로 딥마인드는 국제학술지 〈네이처〉에 일기예보를 생성할 수 있는 머신러닝 모델 젠캐스트 GenCast의 개발을 발표했다. 이번에도 유럽중기예보센터의 수치예보 모델과 젠캐스트의 기상 예측 결과를 비교한 결과 전체 1,320건의 측정 항목 중 97.2%에 달하는 1,283건을 젠캐스트가 더 정확하게 예측한 것으로 나타났다. 특히 극한의 날씨, 열대성 저기압 경로, 바람 세기 등의 예측에 탁월했다.

그래프캐스트는 기존의 물리 기반 모델을 뛰어넘는 성능을 보여주었으며 이후 업그레이드된 젠캐스트는 미래 날씨 예측 기술의 새로운 기준을 제시했다. AI 기반 날씨 예측 기술은 기후 변화 대응과 재난 대비, 에너지 관리 등에서 필수적인 도구로 기능하는 것은 물론 다양한 경제적 기회를 창출하는 도구로 자리 잡고 있다. 기존의 일기예보 시스템보다 더 낮은 비용으로 더 빠르고 정확한 예측이 가능하며 그 결괏값은 보험, 에너지, 금융 등 다양한 산업에 긍정적 영향을 줄 것으로 보인다. 더불어 농업과 어업의 생산성 향상에도 중요한 역할을 할 것이다.

PART 7

기술이 만드는
새로운 경로

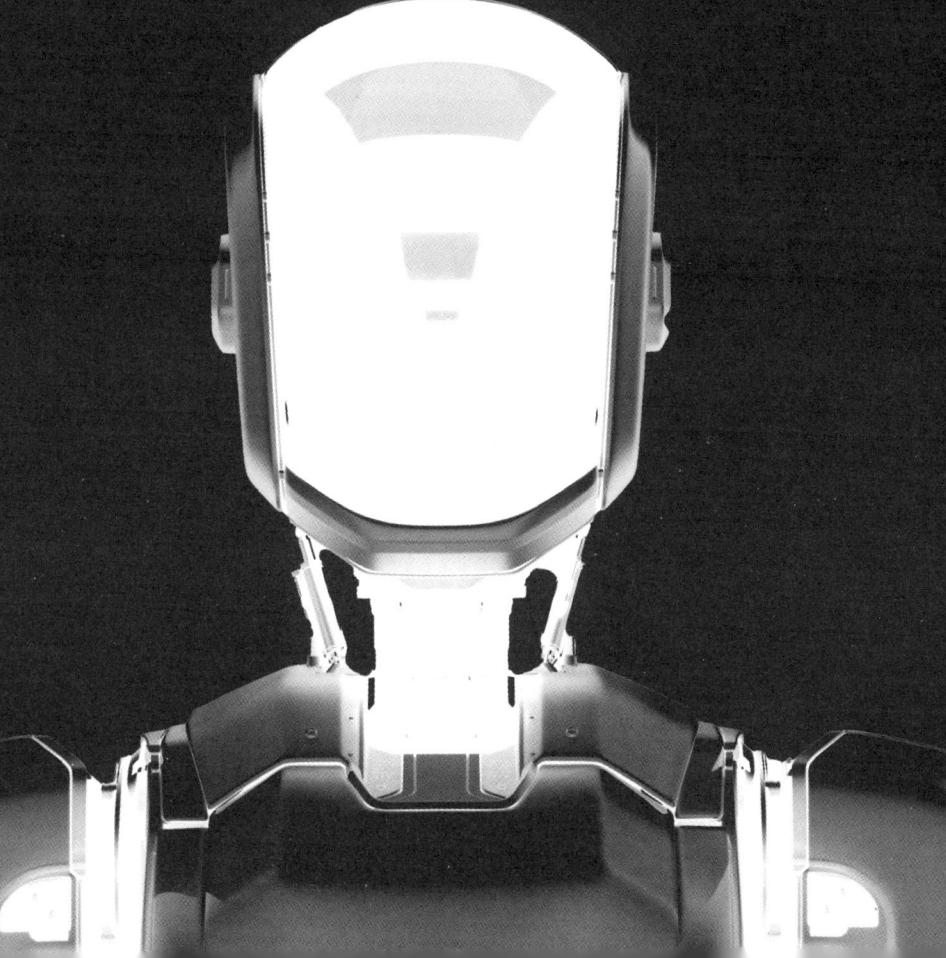

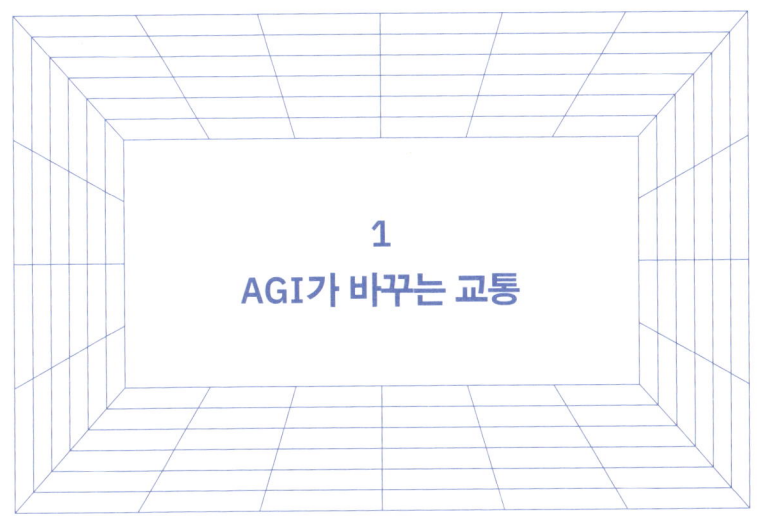

1
AGI가 바꾸는 교통

　미래 사회는 자동차 없는 세상으로 다가가고 있다. 이는 자동차 자체가 완전히 사라진다는 것이 아니라 개인이 자동차를 소유하는 대신 공유 자동차를 이용할 것이라는 의미다. 미래의 도심 풍경은 에어택시, 드론택시, 공중 교통 시대의 도래로 인해 획기적으로 변화할 전망이다. 이러한 변화 중 하나는 현재 미국 도심의 약 20%를 차지하고 있는 주차장의 용도 변경이다. 향후 주차장은 새로운 용도로 대체되거나, 다양한 목적을 위한 공간으로 재창조될 것이다. 이미 시작된 에어택시와 드론택시의 상업화는 미래 도시 교통 시스템에 혁신을 가져올 것으로 예상된다. 이러한 공중 교통수단이 보편화되면 현재 도시 곳곳에 널려있는 주차 공간은 어떻게 변할까?

자동차 없는 세상, 주차 공간의 변신

가장 우선적인 변화는 주차 공간의 감소다. 에어택시와 드론택시는 개인 자동차보다 훨씬 적은 공간을 필요로 한다. 따라서 미래에는 도시 전체의 주차 공간이 크게 감소할 것이다. 전문가들은 현재의 도심 주차 공간이 사라지고 다른 용도로 대체될 것으로 예측한다.

하나의 주요 변화를 들자면 주차장은 도심 재생 프로젝트에 활용될 가능성이 크다. 그동안 주차장으로 사용되던 넓은 공간들은 커뮤니티의 새로운 중심지로 탈바꿈할 수 있다. 공원 및 녹지 공간으로 조성해 도시 환경을 개선하고 주민들의 삶의 질을 높이는 데 기여하는 것이다. 이러한 공간은 도심의 혼잡을 줄이고 주민들에게 휴식과 여가를 제공하는 새로운 녹색 오아시스가 될 것이다.

도시 디자이너 제프 스펙Jeff Speck은 도시공학자들이 오로지 원활한 교통과 넉넉한 주차 공간이라는 두 가지 요소에만 사로잡혀 있다고 말했다. 그 결과 미국 도심은 주차장이 대유행한 황폐한 공간으로 변했다는 것이다. 실제로 2018년 미국 5개 도시를 연구한 결과 시애틀과 디모인은 160만 개, 뉴욕시는 185만 개, 필라델피아는 220만 개의 주차 공간을 보유한 것으로 조사됐다.

좀 더 자세히 들여다보면 와이오밍주 도시 중 하나인 잭슨에는 10만 개의 주차 공간이 있는데 이는 주민 1인당 한 대의 자동차를 주차할 수 있는 숫자다. 또 시애틀에는 에이커(약 1,200평)당 30개의 주차 공간이 있는데 이는 주거용 건물의 약 5배에 해당하는 넓이다.

5개 도시 중 주차 공간보다 주택 수가 더 많은 곳은 뉴욕이 유일했다. 그러나 뉴욕은 가구의 45%만이 자동차를 소유하고 있다.

주차 공간이 많은 것은 주차하기 쉽다는 뜻이고 동시에 걷는 것보다 자동차를 타고 이동하기에 좋은 환경이라는 뜻이다. 이런 도심에서는 도보로 접근할 수 있는 장소가 점차 줄어든다. 공원, 녹지 공간, 대중교통 시설 등 일상생활에 중요한 기능을 하는 공간을 주차장이 차지하기 때문이다. 게다가 주차 공간은 도심의 대기 오염과 소음 공해를 유발한다. 결국 자동차 중심의 도시는 그만큼 자동차 의존도를 높이고 지속 가능한 발전을 방해한다.

자동차 보관소에서 도시의 새로운 중심지로

기존의 주차 공간은 도심 재생 프로젝트, 공원 및 녹지 광장 등 새로운 용도로 활용할 수 있다. 또한 대규모 주차장은 커뮤니티 센터, 상업 및 주거용 건물 등 완전히 다른 목적으로 재개발이 가능하다. 공공 서비스를 제공하는 공간으로 변모한다면 도시 공동체의 사회적 결속을 강화할 수 있다. 예를 들어 주민들이 모여서 신체적, 정신적 활동을 할 수 있는 커뮤니티 센터를 세우거나 연방정부 또는 주정부에서 관리하는 주거용 건물로 개발해 도심 거주 수요를 충족시키는 것이다. 이는 도시 재정에 긍정적인 영향을 미치고 경제 활성화에도 기여할 것이다.

미래에는 교통 기술의 발전과 자율 주행차의 보급으로 현재의 주차장이 자율 주행차 충전소나 에어택시의 착륙 및 이륙을 위한 공간으로 변모할 수도 있다. 자율차의 보급이 증가하면 차량의 충전 및 유지보수를 위한 인프라가 필요한데 주차장이 이러한 역할을 수행할 공간으로 재탄생하는 것이다. 물론 이러한 변화는 단번에 일어나는 것이 아니다. 에어택시와 드론택시는 기술의 발전과 사회적 인프라 구축에 시간이 필요하다. 그럼에도 미래 도시는 현재와는 전혀 다른 모습으로 변화해 나갈 것이다.

주차 공간 감소와 새로운 공간 활용은 도시 환경 개선에 도움을 준다. 더 많은 녹지 공간은 시민들의 건강과 삶의 질을 높일 수 있으며 다양한 공간 활용은 도시의 활력과 매력을 키울 수 있다. 이와 같은 변화는 도시 환경을 크게 개선하고 주민들의 생활 방식을 혁신적으로 바꿀 것이다. 주차장이 도심의 다양한 요구를 충족시키기 위한 다목적 공간으로 변화함에 따라 도시는 더욱 스마트하고 친환경적인 방향으로 발전한다. 이 변화는 단순한 공간 활용의 재조정이 아니라 전체적인 도시 계획과 환경 개선의 일부로 중요한 역할을 할 것이다.

미래의 주차장은 더 이상 단순한 자동차 보관소가 아니라 도시의 새로운 중심지로서의 가능성을 지니고 있다. 주민들은 더 나은 생활 환경과 향상된 삶의 질을 누리고 도시는 더욱 활기차고 지속 가능한 발전을 이룰 수 있을 것이다.

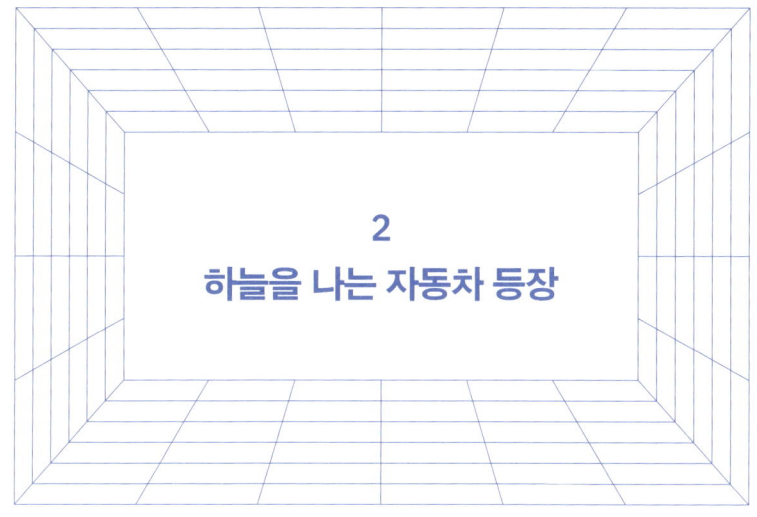

2
하늘을 나는 자동차 등장

조벤 비버트JoeBen Bevirt는 1980년대에 집과 학교 사이 숲이 우거진 통학길을 오가며 하늘을 나는 자동차를 꿈꿨다. 그리고 지금 도심형 에어택시 개발회사 조비 에비에이션Joby Aviation의 CEO가 된 그는 어린 시절의 상상을 현실로 만들기 위해 노력하고 있다. 현대판 라이트 형제라 할 수 있는 그는 전기로 구동되는 새로운 항공기, 즉 에어택시 개발을 두고 경쟁 중이다.

전기수직이착륙 자동차(eVTOL)로 알려진 이 항공기는 헬리콥터처럼 이륙해 최대 시속 322㎞로 비행한다. 최대 항속 거리는 약 161㎞다. 연료가 아닌 전기 동력을 사용해 수직 이착륙이 가능한 이동수단으로 기존 헬리콥터나 소형 비행기처럼 시끄러운 소음이 나지 않는다. 비버트는 캘리포니아 마리나에서 에어택시의 시험 비행을 앞두고 이렇게 말했다.

"우리는 결승선에 거의 다 왔다. 1~2시간 걸리는 거리를 5분 만에 주파하고 싶다."

자동차 제조업체 스텔란티스Stellantis와 아처 에비에이션Archer Aviation 역시 캘리포니아주 살리나스 농장에서 eVTOL을 시험 운행해 왔다. 2024년 11월에는 아처 에비에이션의 미드나이트Midnight라는 프로토타입이 밭을 가는 트랙터 위로 날아가는 모습이 포착되기도 했다.

이처럼 에어택시의 개발은 이미 상당히 진행되었으며, 현재 여러 기업이 개발에 참여하고 있다. 그러나 에어택시가 승객을 태우고 실제로 상용화하려면 수많은 규제 장벽을 넘어야 한다. 현재 eVTOL의 상업 비행이 실현될 가능성이 가장 큰 곳은 두바이로, 2026년에는 가능할 것으로 예상된다.

미래의 도시 교통, 어떻게 바뀔까?

미국에서 eVTOL 상용화가 실현되면 사람들은 앞으로 몇 년 안에 에어택시를 타고 뉴욕과 로스앤젤레스 공항을 오갈 것이다. 조비 에비에이션은 에어택시가 고속으로 막힘없이 비행할 수 있어 뉴욕 지역 공항에서 맨해튼까지 최대 4명의 승객을 약 10분 안에 수송할 것으로 예상한다. 상용화 초기에는 에어택시 가격이 일반 택시나 우버를 타는 것보다 훨씬 비쌀 가능성이 크다. 그러나 고속도로에서 교통 체증에 갇히는 것보다 돈을 좀 더 지불하고 하늘에서 세상을 바라보며 빠르게 이동하길 원하는 승객도 많을 것이다. 또 일반 차량보다 더 많은 승객을 수송할 수 있으므로 시간이 지남에 따라 가격 차이가 줄어들 것이다.

아처 에비에이션의 CEO 애덤 골드스타인Adam Goldstein은 미래에는 도시에 수백, 수천 대의 에어택시가 날아다닐 것이고 하늘에 고속도로가 보일 것이라 말했다. 또한 에어택시 생태계는 도시가 건설되는 방식을 바꿀 것이라고도 예측했다.

에어택시가 가져올 변화는 이뿐만이 아니다. 에어택시의 새로운 고객 중에는 소방서와 구급대원이 포함된다. 이들은 헬리콥터가 도달할 수 없는 곳이나 헬리콥터가 너무 큰 피해를 줄 수 있는 곳에서 사고나 재난이 일어났을 때 에어택시를 이용해 비상 상황에 대응하는 방법을 모색하는 중이다. 이를 위해 에어택시를 개발 중인 기업들은 소방서와 함께 안전 시범 비행을 실시하기도 했다. 에어택시의 잠재력은 교통 체증에서 해방되는 것을 넘어 시간에 민감한 인명구조에서 열악한 자연 지형의 장벽을 극복하는 강력한 도구라는 데 있다.

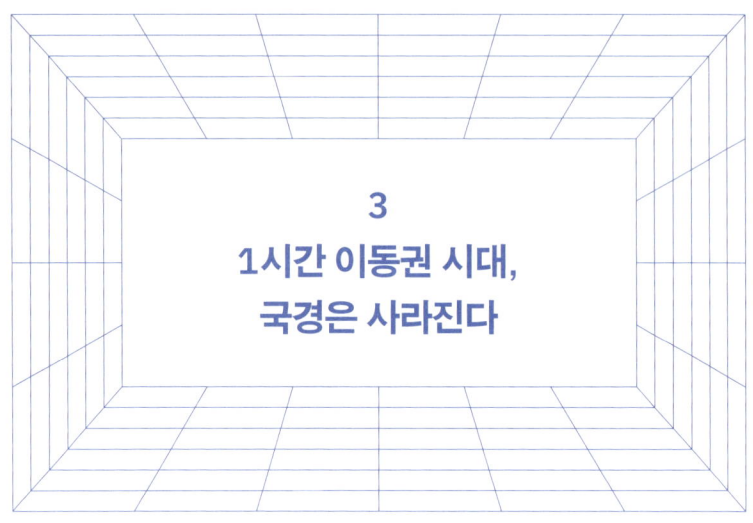

3
1시간 이동권 시대, 국경은 사라진다

지금 비행기를 타면 도쿄에서 뉴욕까지 13시간이 걸린다. 하지만 다가올 미래에는 1시간이면 충분할 것이다. 미국의 항공우주 스타트업 비너스 에어로스페이스 Venus Aerospace는 시속 9,000마일(약 마하 12)의 속도로 비행 가능한 초음속 우주비행기를 개발 중이다. 이들은 2025년 세 종류의 스케일 모델을 테스트하며 가까운 미래에 1시간 이내 지구 어디든 이동 가능한 시대를 예고하고 있다.

이러한 속도 혁명은 단순한 기술 진보를 넘어 지구상의 모든 생활권, 교육권, 이동권, 국경 인식, 정체성마저 뒤흔들 대변혁의 시작이다. 특히 인공 초지능(ASI) 및 범용 인공지능(AGI)의 상용화가 맞물리면서 인류는 '하나의 지구, 하나의 시공간, 하나의 교육권'을 향해 질주하고 있다.

전 세계가 1일 생활권

초음속 우주비행이 현실이 되면 도시의 위치와 국경이 생활 전반에 미치는 영향이 크게 줄어든다. 도쿄에서 런던까지 1시간, 서울에서 파리까지도 1시간 반 이내에 이동할 수 있어 전 세계가 1일 생활권에 들어오기 때문이다. 지속적인 기술 개발로 고소득층뿐만 아니라 중산층의 이용도 가능해지면 물리적 거리의 개념은 급속히 희미해진다. 이는 곧 이동에 기반한 애국심이 해체되고 거주와 소속감의 재편을 의미한다. 태어난 나라와 관계없이 삶의 대부분을 10개 국가에서 이동하며 보내는 세대가 등장하고, 국적은 의미를 잃을 수도 있다.

게다가 챗GPT 세대가 AGI를 개인 AI 비서이자 교육자로 두고 성장한다면 국적의 의미는 더욱 가벼워질 것이다. 지금 세대가 공부하는 교과서에는 각 국가의 고유한 사상이 담겨 있다. 학생들은 교육 과정에서 국가 정체성이 담긴 사고방식을 기르게 된다. 그런데 전 세계 수십억 명의 인구가 동일한 방식으로 질문하고, 동일한 답변을 받고, 동일한 논리로 사고하는 시대가 오면 어떻게 될까?

예를 들어 "기후 변화의 해결책은?"이라는 질문에 전 세계 대부분의 학생이 오픈AI, 구글, 앤스로픽의 AGI로부터 유사한 답변을 받는다면 각국의 교육은 국가별 철학이 아닌 AI의 훈련 기준에 따라 정립될 것이다. 그 결과 국가교육권과 정체성 교육은 무력화되고 사고의 다양성이 줄어드는 역설도 발생할 수 있다. 한 교육학자는 이를 '지적 평준화와 문화 탈중심화의 시작'이라고 정의했다. 빠른 이동이 국가라는 장벽을 무너뜨리고 통합된 정체성을 가져오는 것이다.

새로운 세대의 '지구 중심 정체성'

AI와 초음속 교통의 결합은 사람들의 정체성을 다음과 같이 재구성할 것으로 보인다.

	2000년 이전	2025년	2050년
정체성 기반	국가, 도시	국가+글로벌 혼재	지구 시민
이동권	제한적	항공 가능권	1시간 지구권
교육권	국가 내	국외 온라인 포함	AI 기반 글로벌 교육
일자리	국내	국경 간 이동 증가	디지털 유목민 중심
문화 소비	지역 위주	디지털+글로벌	초국가 플랫폼

이러한 변화를 따라 기존의 민족국가 단위의 사고방식이 약해지고, 플랫폼 중심의 지구 정체성이 부상할 가능성이 높다. 즉 '나는 한국인'이 아니라 '나는 지구의 디자이너, 교육가, 연구자'라는 식의 기능 중심 정체성이 우위를 점하게 된다.

그러나 모든 변화에는 그림자가 있듯이 1시간 내 전 세계 이동이 가능해지면 전염병 확산 속도가 훨씬 빨라진다는 위험이 발생한다. 과거 코로나19 팬데믹이 평균 36~72시간의 항공 이동으로 전 세계 확산까지 3개월이 걸렸다면, 미래의 팬데믹은 1주일 내 전 세계 확산이 가능하다. 전염병 문제 외에도 사이버보안, 디지털 국경 방어, AGI 감시 체계 등이 국방의 새 패러다임으로 자리 잡을 것이다.

1일 생활권 시대, 무엇을 준비해야 하는가?

초음속 우주비행기로 지구 어느 곳이든 1시간 만에 이동할 수 있는 미래를 맞이하기 위해 지금부터 준비해야 할 것들이 있다. 첫째는 국경 없는 교육 체계의 준비다. 기존의 국가 교육과정은 한 국가에 속한 국민을 대상으로 하는 교육이기 때문에 폐쇄적 성향이 짙다. 그러나 1일 생활권 시대에는 폐쇄적 교육 방식에서 벗어나 AI 기반 오픈 플랫폼을 활용해 글로벌 커리큘럼을 세우고 그에 맞춘 교육 체계를 구축할 필요가 있다. 한국도 AI 교육 생태계를 오픈 소스 및 글로벌 MOOC(언제 어디서나 대학 강의를 들을 수 있는 대규모 온라인 공개강좌)와 연동해 AGI 시대의 국가교육권에 대비해야 한다.

둘째는 소버린 AI의 전략적 개발과 AI 외교 강화다. 소버린 AI는 AI 모델·데이터·인프라·인력을 자국이 직접 통제하고 운영하는 체계를 말한다. AGI가 지배하는 시대에 기술 주권은 무엇보다 중요하다. 따라서 안보와 국방, 고등 지능 통제에는 자체 AI 시스템이 필수다. 국외 클라우드나 빅테크 모델에 의존하지 않고 자국의 법·문화·안보 요건을 반영한 독립 생태계를 구축해 국가 리스크를 줄이는 것이다. 다만 전면적인 독자 노선을 고집하기보다 오픈소스 연대와 전략적으로 협업하면서 기술 독립, 전략적 자율성, 산업 경쟁력을 키우는 것이 효율적이다. "모든 국가는 소버린 AI가 필요하다"라는 엔비디아의 CEO 젠슨 황의 발언처럼, 자체 기술과 인프라 확보는 국가 장기 경쟁력의 핵심이다.

셋째는 1시간 생활권을 고려한 국토개발과 인프라 혁신이다. 1시간 이동권 시대에 국토 중심 도시 정책은 무의미해질 수 있다. 따라서 공항 허브 기반의 '분산형 이동 거점 도시' 개발이 필요하다. 동시에 초음속 인프라 수용이 가능한 항공우주 인프라와 국제협약 체계도 정비해야 한다.

넷째는 디지털 정체성과 글로벌 시민교육 강화다. 교육과 미디어를 통해 국가 중심이 아닌 '지구 시민' 정체성 교육을 병행해야 한다. 또 디지털 이민자와 디지털 유목민 시대에 대비한 법적·정서적 체계 구축이 필요하다.

인류는 지금 지구 전체가 하나의 도심처럼 작동하는 시대로 진입하고 있다. 이는 선택이 아니라 흐름이다. AI는 사람의 사고를 동기화하고, 초음속 교통은 공간을 소멸시킨다. 우리는 지구에서 산다는 말이 단지 시적 표현이 아닌 현실적 정체성이 되는 시대를 맞이하게 된다. 이 거대한 전환 앞에서 한국 사회는 두 갈래 선택지를 마주하고 있다. 과거에 머무를 것인가, 미래를 설계할 것인가.

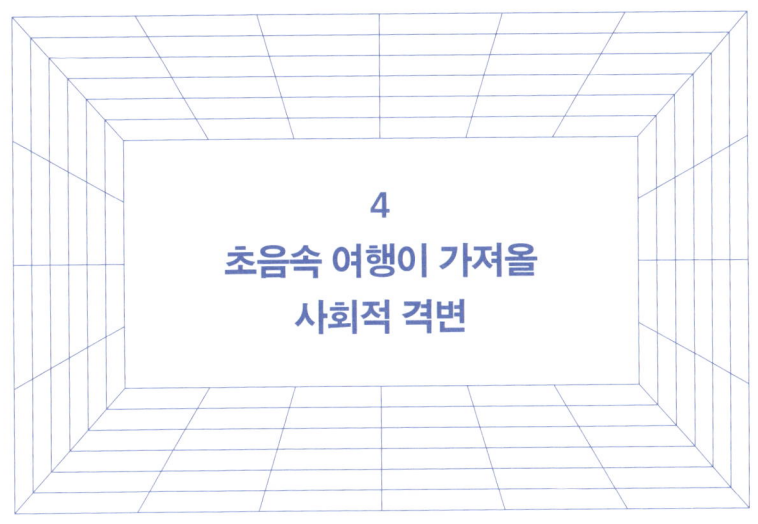

4
초음속 여행이 가져올 사회적 격변

미국 휴스턴의 스타트업 비너스 에어로스페이스가 개발 중인 극초음속 우주비행기가 2025년 5월 첫 비행 시험에 성공했다. 뉴멕시코 스페이스포트에서 회전 폭발 로켓 엔진(RDRE) 비행 시험에 성공했으며, 이는 미국 최초의 지상 발사 RDRE(회전 폭발 로켓 엔진으로, 기존 로켓 엔진과 달리 연료와 산화제를 회전하는 충격파로 연속적으로 폭발시켜 추진력을 얻는 차세대 액체 연료 로켓 엔진) 비행이다. 150피트(약 46m) 길이의 우주비행기 스타게이저 Stargazer는 12명의 승객을 태우고 고도 17만 피트(52㎞)에서 마하 4(약 시속 4,900㎞)로 순항하며, 최대 마하 9(약 시속 1만 1,100㎞)까지 가속할 수 있다. 이는 전 세계를 1시간 생활권으로 만들 혁명적 기술의 실현 가능성을 입증한 것이다. 이 회사는 에어버스 벤처스 Airbus Ventures를 포함해 7,830만 달러의 투자를 유치했으며, 2030년대 상용화를 목표로 하고 있다.

마하 9의 속도로 비행하는 이 기술로 서울에서 뉴욕까지 1시간, 런던까지 45분 만에 이동할 수 있다. 그러나 이 기술이 가져올 사회적 파장에 대해 전문가들은 기대와 우려를 동시에 표하고 있다.

항공우주공학 전문가, 환경 문제는 치명적

항공우주공학 전문가는 비너스 에어로스페이스의 기술적 성취를 높이 평가하면서도 심각한 환경 문제를 지적했다.

"RDRE 기술은 기존 로켓 엔진보다 15% 더 효율적이며, 단일 엔진으로 이륙부터 극초음속까지 전환하는 VDR2(비너스 초고속 항공기 엔진) 시스템은 혁신적이다. 그러나 고도 26~35㎞에서 배출되는 질소산화물과 수증기가 오존층을 0.74% 감소시킬 수 있고, 수소 연료 극초음속 항공기는 일반 항공기보다 8~20배 더 큰 기후 영향을 미친다."

전문가들은 극초음속 비행이 상용화되려면 몇 가지 핵심 과제를 해결해야 한다고 강조했다. 첫째, 극초음속에서 발생하는 3,000℃ 이상의 열을 견딜 수 있는 신소재 개발이 필수적이다. 둘째, 극심한 소닉붐(초음속으로 비행하는 항공기가 만드는 충격파 때문에 지상에서 굉음을 듣는 현상)으로 인해 육지 상공 비행이 사실상 불가능하다. 셋째, 고도 10만 피트(약 30㎞) 이상에서의 비상 탈출 시스템이 아직 검증되지 않았다.

그러나 이 기술이 가져올 혁신은 부인할 수 없다. 하루에 전 세계 곳곳에서 비즈니스 미팅이 가능하고, 긴급 의료 수송이나 재난 대응에 혁명적 변화를 가져올 것이다. 다만 환경친화적 추진 시스템 개발 없이는 대중화가 어렵기에 기술 개발과 동시에 환경 부작용을 상쇄할 대안을 찾아야 한다.

국제정치학자, 1시간 세계는 국경의 종말을 의미

국제관계 전문가들은 극초음속 여행이 베스트팔렌 체제 이후 확립된 국가 주권 개념을 근본적으로 흔들 것이라고 전망했다.

"현재의 국제법은 영공 침범에 대응할 충분한 시간을 전제로 한다. 그러나 1시간 만에 지구 반대편에 도달하는 세계에서는 전통적 국경 통제가 무의미해진다."

국제정치학 측면에서는 극초음속 기술이 가져올 전략적 불안정성을 우려했다. 의사결정 시간이 시간 단위에서 분 단위로 압축되면서 선제공격 유혹이 증가할 수 있다는 것이다. 실제로 국제 안보 및 외교 정책을 다루는 학술 저널 〈텍사스 국가안보 리뷰(Texas National Security Review)〉 분석에 따르면, 극초음속 능력은 지도자들이 먼저 쏘고 나중에 묻는 행동을 유도할 수 있다. 즉 민간 극초음속기와 군사용을 구분할 수 없는 정보 비대칭성은 우발적 충돌 위험을 높인다.

그러나 동시에 기회도 있다고 강조하며 극초음속 여행 거버넌스를 위한 새로운 국제 협력 체제가 필요하다고 덧붙였다. 여기에는 자동화된 항공 교통 관제, 사전 승인된 비행 회랑, 실시간 추적 시스템이 포함돼야 한다. 기술 접근성의 불평등이 새로운 지정학적 격차를 만들지 않도록 기술 공유 협정도 필수적이다.

전염병학자, 팬데믹이 1시간 만에 전 세계로 확산

감염 전문가와 전염병 학자들은 극초음속 여행이 가져올 전염병 확산 위험을 심각하게 경고했다.

"대부분의 감염병은 잠복기가 며칠에서 몇 주다. 1시간 이내 세계여행은 증상이 나타나기 전에 감염자가 전 세계 어디든 갈 수 있다는 의미다. 한 명의 감염자가 하루 만에 여러 대륙에 병원체를 퍼뜨릴 수 있다."

현재의 공항 검역 시스템은 극초음속 시대에 완전히 무력화될 것이다. 열화상 카메라는 70% 정도의 효과를 보이며, 무증상 감염자는 전혀 탐지하지 못한다. 따라서 실시간 병원체 검출 기술과 10분 이내 결과를 제공하는 현장 진단 시스템이 필수적이다.

그럼에도 불구하고 전문가들은 기술 발전이 해결책을 제공할 수 있다고 본다. AI 기반 예측 모델링, 전 세계 실시간 감시 네트워크, 자동화된 접촉자 추적 시스템이 결합되면 극초음속 시대에도 효과적인 방역이 가능하기 때문이다. 따라서 국제보건규정(IHR)의 전면 개정과 24시간 글로벌 대응 체제 구축이 시급하다.

교육사회학자, 문화적 동질화와 교육 혁명의 양날의 검

교육사회학자들은 극초음속 여행이 교육과 문화에 미칠 영향을 분석했다.

"전 세계 어느 대학이든 1시간 만에 갈 수 있다면, 지리적 경계가 없는 글로벌 캠퍼스가 현실이 된다. 현재 450만 명의 국제 학생 수가 폭발적으로 증가할 것이다."

AGI 시대와 극초음속 여행이 결합할 때의 시너지 효과를 강조한 것이다. AGI가 개인 맞춤형 교육을 제공하고 극초음속 여행이 물리적 이동을 가능하게 하면 진정한 글로벌 교육이 실현된다. 그러나 지배적 교육 기관들이 지역 교육 제공자를 압도할 위험도 있다고 말한다. 문화적 측면에서는 이중적 효과를 예상했다. 연구에 따르면 세계화는 문화 다양성을 증가시키면서도 동시에 동질화 압력을 만든다. 극초음속 여행은 이 두 경향을 모두 가속화할 것으로 보인다. 지역 언어와 전통이 빠르게 사라질 위험이 있지만, 동시에 문화 정체성에 대한 인식이 오히려 강화될 수도 있다.

디지털 노마드 현상과의 결합도 주목할 점이다. 2024년 기준 미국에만 1,810만 명의 디지털 노마드가 있으며, 2019년 대비 147% 증가했다. 극초음속 여행은 각 목적지에서 더 깊은 문화적 몰입을 추구하는 느린 노마디즘인 슬로매딩(slomading)을 가능하게 할 것이다.

2,700억 달러 시장, 극소수만 누릴 혜택

경제학자들은 극초음속 여행의 경제적 파급효과를 분석했다. ARK 인베스트는 장거리 극초음속 항공 시장이 연간 2,700억 달러 규모가 될 것으로 전망한다. 연간 45억 명의 항공 승객 중 15%가 7시간 이상 비행하는데, 이 중 0.4%만 극초음속을 선택해도 270만 명의 시장이다. 하지만 비용 문제를 지적했다.

"장거리 극초음속 항공료는 10만 달러 수준이 될 것으로 예상된다. 콩코드가 왕복 1만 2,000달러였던 것과 비교하면 훨씬 비싸다. 초기에는 초고액 자산가와 긴급 업무를 가진 기업 임원들만 이용할 수 있을 것이다."

경제적 기회도 분명히 있다. 고급 항공우주 엔지니어, 신소재 과학자, 극초음속 운항 승무원 등 새로운 일자리가 창출된다. 하루 만에 전 세계 비즈니스 미팅이 가능해지면 글로벌 경제 통합이 가속화되고 시간에 민감한 고부가가치 화물 운송에도 혁명이 일어날 것이다. 다만 기존 항공 산업에 미칠 영향도 고려해야 한다. 프리미엄 장거리 노선이 위협받고 비즈니스석과 일등석 가격 모델에 압력이 가해질 것이다. 하지만 대중 시장은 비용 때문에 여전히 기존 항공을 이용할 것이므로 보완 관계가 형성될 가능성이 높다.

극초음속 여행 기술은 인류에게 전례 없는 기회와 도전을 동시에 제시하고 있다. 1시간 만에 지구 반대편에 도달할 수 있는 세계는 경제적 통합, 문화적 교류, 교육의 민주화를 가속화할 것이다. 그러나 환경 파괴, 사회적 불평등 심화, 문화적 동질화, 팬데믹 위험 증가라는 어두운 면도 함께 고려해야 한다.

비너스 에어로스페이스의 기술적 성취는 이러한 미래가 더 이상 공상과학이 아님을 보여준다. 이제 우리에게 필요한 것은 기술 개발 속도에 맞춰 사회적, 정치적, 윤리적 준비를 서두르는 것이다. 극초음속 시대의 혜택을 모든 인류가 공평하게 누리면서도 지구 환경과 문화 다양성을 보존할 수 있는 지혜로운 길을 찾아야 한다. 2050년 하나의 세계는 기술이 아닌 우리의 선택에 달려 있다.

5
우주 특급 배송 시대

2021년에 설립한 미국 우주 스타트업 인버전 스페이스Inversion Space는 스페이스X의 트랜스포터-12Transporter-12를 통해 우주 캡슐 기술을 출시할 예정이다. 트랜스포터는 여러 회사가 모여 다양한 모양과 크기의 소형 위성을 한 번에 묶어 발사해 발사 비용을 낮추는 일종의 승차 공유 서비스다. 늘어나는 소형 위성 발사 수요를 충족하기 위한 것이다. 인버전 스페이스의 목표는 다목적 우주 캡슐 레이Ray를 발사한 뒤 최소 1주~최대 5주간 저궤도(고도 2,000㎞ 이하)에서 지구 주변을 돌다가 대기권에 재진입해 다시 지상으로 돌아오는 것이다. 이때는 자체 제작한 낙하산을 사용해 캘리포니아 해안 근처에서 통제된 조건으로 착륙할 예정이다.

우주 창고, 지구 어디든 1시간 안에

인버전 스페이스가 우주 캡슐 레이를 발사하는 이번 테스트는 차세대 물류 체계에 관한 중요한 시범이 될 예정이다. 인버전 스페이스의 최종 목표는 이 기술을 통해 지구상 어느 곳이든 1시간 이내에 화물을 배송하는 '우주 특급 배송' 서비스다. 우주 공간에서 세계 어느 곳으로든 물품을 빠르게 전달하는 것이다. 이는 물류와 유통 체계에 큰 변화를 가져올 잠재력을 가지고 있다. 특히 긴급한 상황에서의 신속한 배송 요구를 충족시킬 기술로 주목받는다.

핵심은 '우주 창고'라고 불리는 소형 위성 플랫폼이다. 각종 물품을 담은 작은 비행 캡슐을 스페이스X의 트랜스포터 같은 상용 로켓에 장착한 다음 지구 저궤도에 띄워놓는 방식이다. 이 캡슐은 태양전지 덕분에 태양 에너지를 연료 삼아 계속해서 궤도를 돌며 우주 창고 역할을 한다. 그러다가 캡슐 안에 든 물품이 필요하다는 신호를 받으면 재빨리 지구로 내려와 1시간 안에 배달을 마치는 것이다.

예를 들어 전쟁 지역에 필요한 군수품을 요청하면 즉시 보내 위기 상황을 막거나 인공장기를 신속하게 지상에 있는 병원으로 운송하는 것이다. 그 외에도 긴급 상황 시 필요한 물품을 담은 캡슐을 미리 우주로 보낸 뒤 필요한 상황이 발생한 지역에 캡슐을 떨어뜨리는 방식도 가능하다. 현재 1시간 이내 배송은 수 킬로미터 안에서 음식 같은 것을 주문하는 정도로 한정되어 있다. 그러나 우주 배달 시대가 열리면 유럽에서 물건을 주문하고 1시간 이내에 아시아에서

받는 것이 일상이 될 수 있다.

우주 배송은 우주에서 지구로만 한정되지 않는다. 우주에서 우주로의 배송도 가능하다. 가령 우주에 있는 위성이나 우주선이 갑자기 고장 날 경우, 현재는 우주에 있는 사람이 직접 가서 수리해야 한다. 만일 수리할 부품이 없다면 부품을 실은 우주선이 올 때까지 기다리거나 수리를 포기해야 한다. 1993년 허블우주망원경의 광학 장치에 문제가 생긴 일이 있었다. 당시 망원경 수리를 위해 우주왕복선 인데버호를 발사했다. 우주선에 탑승한 승무원들은 약 10일간 궤도에 머물며 망원경을 수리했고, 수리가 끝난 뒤 다시 우주선을 타고 지구로 귀환했다. 이는 허블우주망원경이 지구에서 가까운 저궤도에 있어서 가능한 일이었다. 만일 지구와 멀리 떨어진 위성이 고장 날 경우에는 수리를 포기해야 할 수도 있다. 그런데 우주 캡슐을 이용한 배송이 가능해지면 지구 저궤도에 있는 우주 캡슐 중 위성을 고칠 부품이 담긴 캡슐을 확인한 뒤 이동시키면 우주비행사가 바로 받아서 수리할 수 있다.

기술의 성공적인 출시와 테스트 결과에 따라 인버전 스페이스는 앞으로 더 많은 우주 기반 물류 솔루션을 개발하고 상업화할 계획이다. 레이 캡슐은 향후 더 복잡하고 고도화된 재진입 및 착륙 기술의 기반이 될 것이며, 이는 최종적으로 상업적 화물 운송 시스템으로 확장될 전망이다. 또한 비즈니스, 과학, 긴급 구조 등 다양한 분야에서 활용할 것이다.

PART 8

AGI 시대가 바꾸는 일상 생활

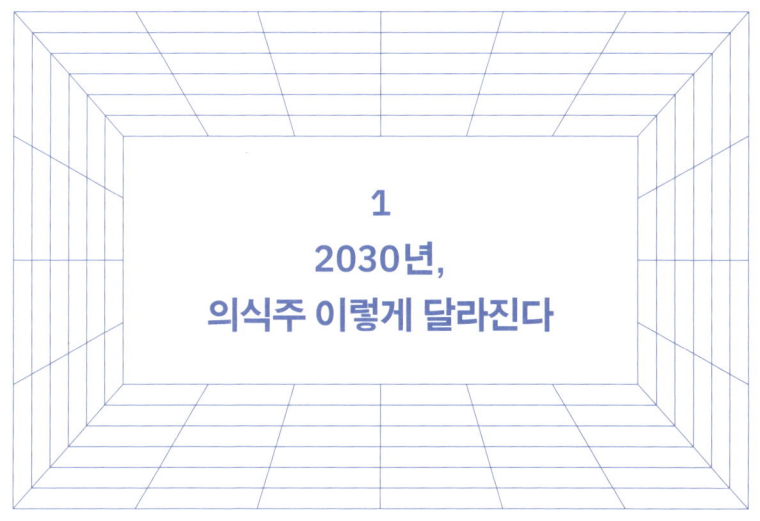

1
2030년, 의식주 이렇게 달라진다

AGI의 영향은 기업이나 일자리에만 그치지 않는다. 가장 사적인 영역인 '의·식·주'는 이제 단순한 생존 수단이 아니라, AI가 함께 설계하고 최적화한 삶의 인터페이스로 바뀌는 중이다. AGI가 활짝 개화하는 2030년, 의식주는 인간의 필요라는 본질은 그대로지만 AI의 지능화와 자동화가 더해져 더 건강하고, 편리하며, 책임 있는 미래를 약속한다. 미래 의식주의 변화를 살펴보자.

패션은 디자인이 아니라 데이터가 된다

2030년, 옷은 더 이상 브랜드의 상징이 아니다. AGI는 사용자의 체형, 건강 상태, 땀 배출량, 외부 기후, 심지어 감정 상태까지 실시간 분석해 '오늘 가장 적합한 의복 조합'을 추천하고 제조한다. 아침마다 AI가 보낸 추천 의상은 옷장의 내장형 3D 프린터로 실시간 출력해 세상에 단 하나뿐인 맞춤옷이 빠르게 탄생한다. 미래에 패션 소비는 '쇼핑'이 아닌 '주문형 알고리즘'으로 대체된다.

그리고 옷은 이제 스타일이 아니라 기능 중심으로 진화한다. 사회적 정체성보다 신체 최적화를 우선시하는 트렌드가 시작된다. 의류는 치료 보조, 자세 교정, 감정 안정 등의 기능을 포함한 '웨어러블 테라피'로 확장된다. 또 섬유 디자인부터 재활용 방법까지 AI가 설계해 자원 순환율을 높이고, 폐기물은 재섬유화 되어 신규 의류로 다시 태어난다. 불필요한 소비와 과잉 생산이 줄어들며 탄소 배출 제로 의류 산업을 목표로 할 것이다.

2030년까지 패션 및 의류 시장 내 AI 활용도는 40% 이상까지 확대될 전망이다. 또한 ESG(환경·사회·지배구조) 가치 반영 의무가 커지면서 친환경 소재와 투명한 공급망 관리가 필수가 될 것이다. 가상 피팅룸, 자동 맞춤 제작, 본인 체형 데이터에 맞춘 상품 추천 등 새로운 소비 경험이 등장하는 미래가 온다.

요리는 사라지고, 맞춤 영양만 남는다

2030년, AI와 AGI의 발달로 우리의 식생활 전반이 대대적으로 바뀐다. AI는 빅데이터와 IoT 기술을 접목해 식재료 생산에서부터 유통, 조리, 폐기까지 전 과정을 관리한다. 농업에서는 스마트팜을 비롯해 자동화 로봇이 직접 경작에 참여하고, 날씨와 수요 예측 기술로 식량 낭비를 최소화해 식품 폐기물이 20% 감소한다. 또 AI가 식사 준비, 조리, 영양 설계, 건강 모니터링까지 완전 자동화하면서 요리하는 행위는 일상에서 점차 사라질 것이다.

기존의 식사는 영양학적 감각에 의존했지만 AGI는 개인의 유전자, 장내 미생물, 혈당 반응 등을 기반으로 한 사람을 위한 식단을 매끼 제공한다. 개인별 건강 데이터와 연동되는 AI 주방 서비스는 식품 알레르기, 건강 상태, 미각 선호까지 분석해 맞춤형 식단을 제공하며 AI 요리사가 취향에 맞춰 메뉴를 추천하고 실시간 레시피를 제공하는 시대가 도래할 것이다. 온라인 주문과 자동 조리까지 한 번에 가능해 음식 소비가 더욱 빠르고 안전하게 이뤄진다.

2030년형 가정의 주방은 '화덕'이 아니라 'AI 푸드팩토리'다. AI가 만든 식사 키트가 드론으로 배송되고, 3D 바이오프린터가 실시간으로 음식 구조를 만든다. 미래의 음식은 요리사가 아닌 알고리즘이 만드는 것이다.

집은 거주 공간이자 지능 공간

주거 환경도 급변한다. 눈에 띄는 변화는 집에 대한 개념 전환이다. 앞으로 집은 '소유의 대상'이 아니라 '삶의 운영체계'가 될 것이다. AI 기반 건축 설계와 건설로 냉난방, 조명, 가전, 통신은 물론 사용자의 기분에 따라 공간 구조와 분위기 자체가 바뀌는 '적응형 주택'이 등장한다. 예를 들어 스트레스를 감지하면 조명은 청색으로 바뀌고, 향기가 분사되며, 명상 콘텐츠가 자동으로 시작된다.

집 안에서는 AGI가 거주자의 생활 패턴을 학습해 조명, 냉난방, 보안, 가전 등 모든 설비를 최적화한다. 주택 관리뿐 아니라 도심 간 이동, 업무, 여가, 헬스케어까지 개개인의 라이프스타일에 꼭 맞는 공간 활용이 가능해진다. 또 AI가 지형, 기후, 환경조건을 분석해 가장 효율적인 주택을 설계하고 현장에서 3D 프린팅으로 시공하는 방식이 일반화될 것이다. 대량 생산 조립식 건축이 보편화되어 단기간에 주택 부족 문제를 해소하는 한편 공공임대와 결합해 주거비 폭등 문제를 원천 해소한다. 주거 취향 데이터 분석을 통해 위치·구조·서비스까지 모두 맞춤 설계가 가능하다.

AGI 시대의 주택은 더 이상 고립된 공간이 아니다. 인접 AI 거주지와 네트워크로 연결돼 협력하고, 에너지와 데이터를 교환하며 진화한다. 이에 따른 새로운 사회적 합의와 정책도 뒤따를 것이며 주거의 '소유' 개념에서 '공유·경험' 가치로의 전환이 가속 중이다.

AGI는 단순히 인간을 돕는 기술이 아니다. 그것은 인간이 어떻게 살 것인가, 무엇을 소비할 것인가, 어떤 공간에서 어떤 정체성으로 존재할 것인가를 새롭게 정의하는 메타 도구다. 의식주의 미래는 곧 인간 존재 방식의 재설계이며 2030년에 우리는 '사는 법' 자체를 다시 배울 것이다.

2
집은 더 이상 자산이 아니다

　AGI 시대와 함께 한국에서는 집의 역할과 형식이 근본적으로 재정의될 것이다. 과거 30여 년간 한국 사회는 "직장생활 20년을 해도 못 모을 돈을 아파트 한 채로 2년 만에 벌 수 있다"라는 신화를 믿었다. 그러나 이제 그 시대는 끝났다. 불과 10여 년 전만 해도 인생의 목표였던 내 집 마련이 2030년대에는 '사는 곳'이라는 본질로 회귀하고, 다기능적 '생활 플랫폼'으로 진화하는 분위기가 빠르게 확산된다.

　최근 새 정부의 정책 기조 중 하나인 '부동산은 더 이상 투자 대상이 아니다'라는 선언과 함께 사회 전반에 집은 머무는 곳이며 불로소득이 아니라는 합의가 자리 잡고 있다. 주택 투기를 범죄시하는 여론과 '집장사'는 대한민국의 발전을 가로막는 뿌리깊은 병폐라는 공감대도 이전과 달라진 트렌드다.

'집'의 의미가 바뀐다

AI·AGI 시대가 도래하면 주택은 더 이상 부의 축적 수단이나 주요 투자 자산이 아닌 생활을 위한 필수 요소로, 그 본질적 가치에 집중하게 될 가능성이 크다. 먼저 AI가 불로소득을 철저히 찾아내 과세하는 시스템이 정착되면 부동산 투기를 통해 손쉽게 부를 증식하려는 욕구가 크게 줄어들 것이다. AI는 복잡한 데이터 분석을 통해 주택 시장의 비효율성과 투기적 요소를 제거하고 보다 공정하고 안정적인 주택 가격 형성을 유도할 수 있다. 이는 부동산이 불로소득의 원천이 되기 어렵게 만들며 장기적으로 주택 가격의 급등락을 완화할 것이다.

이미 밀레니얼과 Z세대를 중심으로 확산되고 있는 무소유 가치관은 AI 시대에 더욱 강화될 것이다. AI 기반의 효율적인 공유 플랫폼과 물류 시스템은 자동차, 의류, 심지어 특정 공간까지도 개인 소유 없이 필요할 때마다 공유하여 사용하는 것을 훨씬 편리하고 경제적으로 받아들이기 때문이다. 주택 역시 이러한 공유 경제의 핵심 대상이 될 수 있다. 앞으로 집은 소유에서 빌려 쓰는 것이라는 문화가 자리 잡는다. 집뿐 아니라 자동차, 가전, 의류 등 모든 자산이 월 단위 구독의 형태로 전환될 것이다.

개인 주택보다는 필요에 따라 다양한 크기와 기능을 갖춘 공유

주택 및 업무 공간을 활용하는 것도 주택의 변화에 큰 영향을 준다. AI가 개인의 라이프스타일과 필요에 맞춰 최적의 공유 주택이나 공간을 추천하고 예약, 관리해 주는 서비스가 활성화될 것이다. Z세대는 경험과 유연성을 우선시하며 주택도 더 이상 인생의 목표가 되지 않는다.

또 개인의 직업이나 생활 양식에 따라 쉽게 이동하거나 형태를 바꿀 수 있는 모듈형, 이동형 주택의 개념이 더욱 발전한다. AI 기반의 스마트 도시 시스템과 연동해 주거지를 자유롭게 옮겨 다니며 생활하는 것이 가능해질 것이다. 이동 가능한 모듈형 주택과 AI가 조율하는 거주지 전환이 일상화되면 '정착'이라는 개념은 약화된다. 이제 집은 소유의 대상이 아니라 필요할 때 구독해 쓰는 '주거 서비스'가 된다. AI가 개인의 생활 패턴·예산·위치 선호까지 파악해 최적의 주거 솔루션을 제안하고, 계약과 관리도 자동화된다.

AI와 로보틱스, 3D 프린팅이 결합하면 무료 주택 또는 최소 비용 주택이 등장할 가능성이 크다. AI 기반 설계 자동화·자재 최적화, 로봇 시공 등 신기술이 집값을 기존의 10~20% 수준까지 낮추고 있으며 미국, 두바이, 중국 등에서는 이미 1일 만에 시공이 완료되는 3D 프린팅 주택이 속속 등장하고 있다. AI가 모든 설계와 시공 과정을 전면 자동화하는 완전 자동 주택 생산 시스템이 자리 잡으면 인간의 손길이 거의 필요 없는 건설 현장이 표준이 된다.

AI와 AGI의 대두로 많은 일자리와 소득원이 사라지는 대신 사회 전체의 생산성이 AGI로 인해 비약적으로 증가하고, 그로 인해 창출된 부가 기본소득 형태로 분배된다면 의식주 중 주거의 부담이 크게 줄어들 수 있다. 정부나 공공기관이 AI를 활용한 건축 효율 극대화 및 자원 순환 시스템 구축으로 주택 공급 비용을 획기적으로 낮춰 기본적인 주거 공간을 사실상 무료에 가깝게 제공하거나 최소한의 관리비만으로 이용할 수 있는 모델이 등장하는 것이다. 이는 부동산이 부를 창출하는 수단이 아닌 보편적인 복지의 개념으로 전환됨을 의미한다. 공공주택도 그 정의가 달라진다. 전통 공공임대의 틀을 벗어나 '기본 주거권'을 인프라 서비스로 제공하며 AI 기반의 주거 배치, 디지털 주택 바우처, 1인 AI 셸터 등 다양한 공공 시스템이 도입된다.

집값 폭락의 사회적 전환점

2030년대에는 아파트 광풍의 시대가 막을 내리고 20대~30대는 3D프린트로 제작한 저가형 신축 주택, 공유주택, 원룸형 모듈러 하우스 등 다양한 형태의 미래형 거주 공간을 손쉽게 선택한다. 싱가포르처럼 전체 인구의 80%가 공공임대주택 또는 공유주거지에 거주하는 모델이 보편화될 것이다.

그리고 2030년대 미래 주택은 주거 공간의 개념을 넘어선다. 강력한 AI와 센서 네트워크, 피톤치드 시스템 등 자연 치유형 설비가 내장된 이른바 '치유 친환경 스마트홈'이 대세로 떠오를 것이다. 거실과 침실은 생활·업무·치료·휴식 등 복수의 목적을 겸한다. 의료진과 연결된 AI 진단기, 환경 조절 시스템이 탑재돼 집 안에서 질병 예방과 관리, 심리 안정을 모두 누릴 수 있다.

한국 사회의 저출산·고령화, 8학군 붕괴 등의 변화는 주거 공간의 사회적 의미도 바꾼다. 자녀 교육과 학군 쟁탈이 의미 없어지며 학위 무용론과 기본소득화가 확산된다. 가족 중심의 거주 시스템은 동호회, 온라인 네트워크, 부트캠프, AI 학교 동문 등 취향과 가치관이 비슷한 사람들이 모여 사는 '선택적 공동체 주거'로 진화한다.

공유주택에서는 여행 중 맺은 인연, 스타트업 동업자, 취미·특기·목적 등에 따라 공동 관심사 기반의 집단생활이 보편화된다. AI 커뮤니티 매칭 서비스가 주택 선호와 라이프스타일을 분석해 가장 어울리는 이웃과 거실·주방·취미 공간을 함께 사용할 수 있다. 그리고 미래에는 집이 사적 공간에서 업무와 창업의 장으로도 변신한다. 주택 내에 마이크로 오피스와 부트캠프 룸 등을 설치해 집 안에서 동영상 제작, 개발, 온라인 미팅, 컨설팅 등을 처리하는 뉴노멀 노동 패턴이 펼쳐진다.

미래에 주택 가격이 폭락하면 독립의 문턱도 낮아진다. 청년들은 결혼·취업·학업과 관계없이 조기에 독립해 자유롭게 집을 사고 팔고 옮겨 다닌다. 이 덕분에 사회 전반에 걸쳐 가족구조의 다양성과 자율적 자립 노선이 보장되는 환경도 대거 확산될 것이다.

2030년대에 집은 재산이 아니다. 미니멀한 소유·공유·경험의 대상이자 건강 회복, 공동체, 창업, 자아실현의 기지 역할을 수행하는 공간이다. 앞으로 부동산 중심 패러다임에서 '누구와, 어떤 방식으로, 무엇을 이루며 사는가'에 가치를 두는 주거 혁명의 신시대가 열릴 것이다.

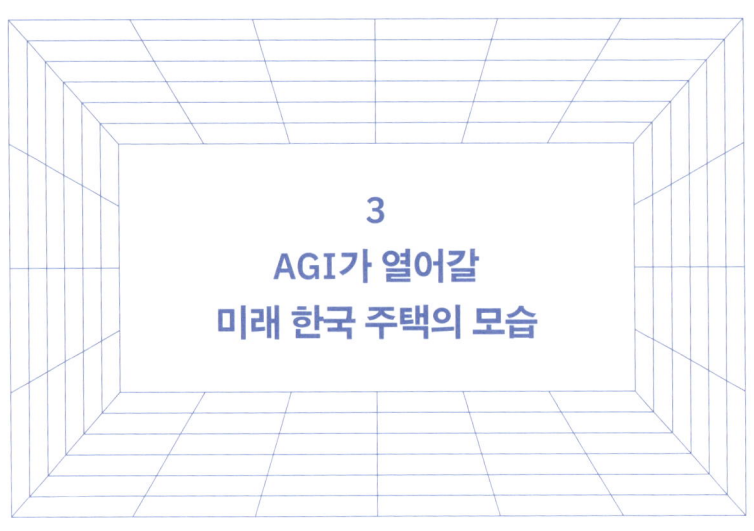

3
AGI가 열어갈
미래 한국 주택의 모습

전문가들은 AGI 도래 확률을 2027년 25%, 2030년까지 50%로 예측한다. 이는 3D 프린팅 주택부터 학군의 소멸까지 주거의 모든 것을 뒤바꿀 전망이다. 기술 혁신과 인구 감소, 교육혁명이 맞물리며 AGI가 열어갈 미래 한국 주택의 모습이 재정의되고 있다.

주거비 혁명과 청년 독립 가속화

2030년대에는 3D 프린팅 기술이 주택 건설 시장에 혁명적인 변화를 가져와 주거비 절감과 청년층의 독립을 가속화할 것으로 예측된다. 3D 프린팅 주택은 이미 시범 주택을 넘어 사람이 실제 거주하는 집으로 상용화 단계에 진입하고 있다. 미국 텍사스주 오스틴에서는 100채 규모의 3D 프린팅 주택 단지가 건설될 예정이다.

이 기술의 핵심 강점은 건설 비용과 시간을 획기적으로 줄일 수 있다는 점이다. 프랑스 낭트 대학교 연구진은 10년 내 3D 프린팅 주택이 전통적인 건축 방식보다 40% 이상 저렴해질 것으로 예측했으며, 실제 29평 규모의 주택이 54시간 만에 완성된 사례도 있다. 거푸집이 필요 없어 건설 폐기물이 90%까지 줄어들고 콘크리트 외 다양한 재료 사용이 가능해 친환경적이며 맞춤형 설계가 용이하다는 장점도 있다. 한국에서도 HN그룹이 세계 최대 크기의 3D 프린터(가로·세로·높이 12m)를 개발해 40평대 3층짜리 집을 출력할 수 있는 수준에 도달했으며, 황토 같은 건축 재료를 활용한 소형 주택도 공개되었다.

이러한 기술 발전은 주택 공급의 속도를 높이고 비용을 낮춰 청년층이 부모의 도움 없이도 주택을 소유하거나 안정적인 주거 공간을 확보하는 데 큰 기여를 할 것이다. 주거비 부담이 줄어들면서 자녀들의 독립이 더욱 용이해지고, 이는 사회 전반의 유연성과 역동성을 높이는 요인으로 작용할 것으로 기대된다.

집은 곧 치유의 공간

미래의 주택은 단순한 주거 공간을 넘어 거주자의 신체적, 정신적 건강을 적극적으로 관리하고 치유하는 웰니스 플랫폼으로 진화할 것이다. 이는 피톤치드, 아로마 향과 같은 자연 친화적 요소와 첨단 스마트 헬스케어 기술의 융합을 통해 구현된다.

피톤치드는 소나무, 편백나무 등 침엽수에서 배출되는 물질로 항균 및 항진균 효과가 있으며 심신 안정과 스트레스 경감에 도움을 준다. 미래 주택은 이러한 향을 실내 공간에 자동으로 분사하거나 식물을 활용한 실내 정원 등을 통해 자연 치유 환경을 조성할 것이다.

더 나아가 AGI 기반의 스마트 헬스케어 시스템이 주택 내에 통합되어 질병 예방 및 치료의 장소로도 기능하게 된다. 2030년까지 국내 AI 헬스케어 시장은 연평균 50.8% 성장할 것으로 전망되며, 이는 글로벌 및 아시아 평균 성장률을 상회하는 수치다. 스마트홈 헬스케어 시장은 2030년 769억 8,000만 달러에 달할 것으로 보이고 스마트 센서, 웨어러블 모니터, 원격 의료 플랫폼, AI 주도형 건강 애플리케이션 등이 포함된다.

고령화 사회가 가속화되면서 '지능형 케어 플랫폼 주택'의 필요성이 증대되고 있다. AI 기술은 이를 개인 맞춤 지능형 거주 모델로 진화시킨다. 경량화 AI는 스마트폰, TV 등 일상 기기에서 고령자의 일정 안내, 약 복용 알람, 낙상 감지 및 구조 요청 등을 자동으로 수행해 요양 시설 없이도 독립적인 생활을 가능하게 한다. 멀티모달 AI는 시청각 약자를 위한 음성 명령 가전 제어, 표정·손짓 인식 기반 인지 재활 콘텐츠 제공 등으로 소통의 문을 넓힌다. 마지막으로 에이전트형 AI는 병원 예약, 식사 주문, 실내 환경 조절, 정서적 돌봄까지 제공하는 집 안의 복지 매니저 역할을 수행하며 노년층의 삶의 질을 획기적으로 끌어올릴 것이다. 삼성물산 같은 건설사들은 이미 진단 키트 업체와 협업해 집 안에서 간단히 질병을 파악하고 모바일 앱이나 월패드로 솔루션을 제공하는 서비스를 준비하고 있다.

개인 맞춤형 주거 환경의 진화와 에이전트 AI의 역할

2030년대 한국의 주거 공간은 AGI 기술을 통해 초개인화된 스마트홈으로 진화할 것이다. 정부는 지능형 홈 프로젝트를 통해 삼성, LG, LH, 현대건설 등 국내 주요 기업들과 협력해 공동 주택에 AGI 기반 스마트홈 모델을 실증하고 글로벌 표준을 적용할 계획이다.

미래의 AGI 홈 어시스턴트는 단순히 명령에 반응하는 것을 넘어 사용자의 생활 패턴을 학습하고 예측해 능동적으로 서비스를 제공할 것이다. 이는 사용자의 모든 결정을 기억하고, 실수를 반복하지 않도록 돕거나, 근처 행사를 추천하는 등 개인에게 최적화된 경험을 제공한다. AGI는 24시간 내내 작동하며 사용자가 잠든 시간에도 요청 사항을 조사하고 미래의 관심사를 예측하는 등 끊임없이 학습하고 발전할 것이다.

스마트홈은 가전제품 제어는 물론 공간 자체를 사용자의 필요에 맞춰 변화시키는 수준에 도달한다. AI 기반 인테리어 디자인 도구는 사용자의 취향에 맞는 완벽한 공간 개조를 제안하며 거실 사진을 업로드하면 원하는 디자인 스타일과 객실 유형에 맞춰 이미지를 생성할 수 있다. 또한 AI는 기존 가구 배치가 비실용적일 경우 특정 영역을 마스킹하고 재생성하여 공간 활용도를 최적화하는 아이디어를 제공한다. 이러한 기술은 집을 업무 처리와 취미생활 등을 소화하는 다목적 플랫폼으로 변화시키며, 외부 공간의 여러 역할을 집 안으로 융화시키는 다중 플랫폼 주택의 시대를 열 것이다.

저출산이 바꿀 교육과 주거

한국의 심각한 저출산율은 2030년대 주거 및 교육 환경에 지대한 영향을 미칠 것이다. 인구 감소는 주택 시장에 가장 큰 영향을 주는데 특히 생산가능인구 감소와 고령층 비중 증가는 주택 수요의 변화를 가져온다.

전통적으로 한국에서 주택 선택의 중요한 기준이었던 학군의 개념은 점차 무의미해질 것으로 보인다. 아이들이 줄어들면서 강남 8학군 같은 특정 학군에 대한 수요가 감소하고, 대학 졸업장이나 석박사 학위의 가치가 상대적으로 낮아지는 현상이 나타날 수 있다. 대신 AGI 시대의 교육은 개별 맞춤형 학습과 자율성을 강조하는 방향으로 전환된다. 정부는 2025년부터 AI 기술을 활용한 교실 환경을 조성해 학생 개별 맞춤형 교육을 실현하고, AI 디지털 교과서를 도입할 계획이다. 이는 AI 영재학교 운영 등 핵심 인재 양성에도 기여할 것이다.

기본소득의 도입은 이러한 변화를 더욱 가속화할 수 있다. 기본소득이 보편화되면 경제적 독립에 대한 압박이 줄어들고 아이들은 더 이상 의무적으로 학교에 가지 않아도 된다. 대신 자신이 하고 싶은 의미 있는 일을 찾아 AI 학교에서 생활하게 될 가능성이 제기된다. AI 학교는 주거 공간과 연계되어 청년들이 AI 교육을 생활 속에서 익히고 문화 콘텐츠 창작 및 커뮤니티 활동을 할 수 있는 CT(Culture-Tech) 하우스 모델로 발전할 수 있다. 이는 단순한 주거 제공을 넘어 살면서 배우고 성장하는 환경을 제공하는 새로운 사회적 주택 실험이 될 것이다.

비혈연 공동체 주거의 확산과 다양한 가족 구성원

미래 한국의 주거 형태는 핵가족 중심에서 벗어나 여행에서 만난 사람, 동호인, 뜻을 같이하는 친구 등 다양한 비혈연 구성원이 함께 사는 공동체 주택 또는 코리빙(co-living) 형태로 확산될 것이다. 1인 가구의 급증은 코리빙 주거 유형의 성장을 이끌었으며, 2023년 국내 1인 가구 비중은 전체의 41%인 972만 가구에 달한다.

초기에는 경제적 이유로 인한 비자발적인 선택의 측면이 강했지만 2030년대에는 라이프스타일을 공유하고 공동체 의식을 함양하려는 자발적인 동기가 더욱 중요해질 것이다. 공동 주택 단지 내에 극장, 게임방, 체육관, 커뮤니티 라운지, 루프톱 정원 등 다양한 공유 공간이 마련되어 입주자들이 함께 시간을 보내고 교류할 수 있게 된다. 서울시의 '달팽이집'이나 '무지개집'과 같은 주택협동조합 사례는 이미 청년층, 성소수자 등 특정 대상에 맞춰 공동체 활동을 지원하며 성공적인 모델을 구축하고 있다.

이러한 공동체 주거는 단순히 주거비 절감을 넘어 사회적 연결망을 강화하고 고립감을 해소하며, 다양한 배경을 가진 사람들이 어울려 살아가는 새로운 사회 통합의 기반이 될 수 있다. 특히 저출산 고령화 시대에 소형 주택 선호 현상이 심화되면서 다세대 주택 등에서 1인 가구 및 다양한 가족 형태를 수용하는 공동체 주거 모델이 더욱 활성화될 것으로 전망된다.

홈 오피스를 넘어 기술 창업 공간으로

AGI 시대의 주택은 단순한 거주 공간에서 스타트업이나 기술 창업의 거점으로 그 의미가 확장될 것이다. 코로나19 팬데믹 이후 재택근무가 보편화되면서 홈 오피스 시장이 급성장했고, 가구 및 인테리어 업계는 물론 건설사들도 주택 설계에 홈 오피스 공간을 반영하기 시작했다.

2030년대에는 이러한 홈 오피스 개념이 더욱 발전해 주거와 업무, 그리고 기술 창업이 유기적으로 결합한 새로운 주거 모델이 등장할 것이다. 정부와 공공기관은 이미 청년 창업가를 위한 창업지원 주택을 공급하고 있으며, 판교 테크노밸리 등 주요 혁신 거점에서는 주거와 사무 공간이 복합된 소호형 주택이 제공되고 있다. 이러한 주택은 단순히 잠만 자는 공간이 아니라 연구하고, 개발하고, 네트워킹하며, 새로운 아이디어를 현실화하는 삶의 실험실이 될 것이다.

또한 리빙랩(living lab) 개념이 주택에 적용되어 거주자들이 직접 스마트 도시 기술 및 주거 솔루션 개발에 참여하고 실증하는 공간으로 활용될 수 있다. 이는 주택을 기술 혁신의 전진 기지로 만들고 스타트업 생태계의 활성화를 촉진하며 주거 공간의 가치를 다각적으로 높이는 데 기여할 것이다.

2030, 한국 주거의 새로운 지평을 열다

2030년대 한국의 주택과 주거 생활은 AGI 기술의 발전, 정부의 강력한 주거 정책 의지, 그리고 사회 구조의 근본적인 변화가 복합적으로 작용하며 새로운 지평을 열 것으로 예측된다. 부동산은 더 이상 투기의 대상이 아닌 인간 중심의 삶의 공간으로서 본연의 가치를 회복할 것이다. AGI는 부동산 시장의 투명성을 극대화하고, 주거 공간을 개인의 건강과 웰니스를 책임지는 치유의 장소로 변화시키며, 효율적이고 초개인화된 스마트홈 환경을 제공할 것이다.

저출산에 따른 인구 구조 변화는 교육 시스템과 주거 선택에 영향을 미쳐 학군 중심의 주거 문화가 약화되고 AI 기반의 자율 학습 및 기본소득이 주거 형태의 변화를 이끌 것이다. 또한 혈연 중심의 가족 개념을 넘어선 다양한 형태의 비혈연 공동체 주거가 확산해 주택이 창업과 기술 혁신의 거점으로 기능하는 다목적 공간으로 진화할 것이다.

    이러한 미래 주거 환경은 기술과 사회적 가치가 조화롭게 어우러진 형태로 발전하며 모든 시민이 안정적이고 질 높은 주거 생활을 누릴 수 있는 기회를 제공할 것이다. 정부와 민간은 AGI 기술 발전에 대한 책임 있는 접근과 함께 변화하는 사회적 요구에 부응하는 유연하고 혁신적인 주거 정책을 지속적으로 모색해야 할 것이다. 이는 2030년대 한국 사회가 직면할 도전 과제를 극복하고 더욱 풍요롭고 지속 가능한 주거 미래를 건설하는 데 필수적인 요소다.

4
의류 산업 지형도 변화

AGI는 이론적 논의를 넘어 현실로 빠르게 다가오고 있다. 구글 딥마인드가 초보(emerging)부터 초인(superhuman)까지 5단계로 분류한 AGI의 개념은 GPT-4가 튜링 테스트에서 인간의 54% 수준의 놀라운 성능을 보이거나 딥마인드의 제미나이가 2025년 국제 수학 올림피아드에서 금메달 수준의 추론 능력을 입증하는 등 실제 AI 역량의 비약적인 발전으로 그 실현 가능성을 더하고 있다.

AGI의 도래 시점에 대한 전문가들의 예측은 더욱 빨라지는 추세다. 불과 몇 년 전만 해도 2060년경으로 예상되던 AGI의 중위값 예측치는 이제 2040년에서 2050년 사이로 앞당겨졌으며 일부 저명한 인사들은 훨씬 더 낙관적인 전망을 내놓고 있다. 일론 머스크와 앤스로픽 CEO 다리오 아모데이 같은 기업가들은 AGI가 2026년에 등장할 수 있다고 예측했고, 엔비디아 CEO 젠슨 황은 2029년까지 AI가 모든 테스트에서 인간의 성능을 능가하거나 필적할 것으로 내다봤다. 이러한 예측의 가속화는 주로 처리 능력, 메모리, 그리고 LLM을 포함한 알고리즘의 기하급수적인 발전에 기인한다.

이처럼 미래의 시간대가 압축되고 있다는 점은 중요한 의미를 지닌다. AGI의 등장이 더 이상 먼 미래의 개념이 아니라 임박한 현실이라는 것을 시사하며 이는 의류 산업을 포함한 모든 산업 분야에 즉각적인 전략적 통찰과 선제적인 적응을 요구한다. 과거에는 점진적인 변화에 대응할 시간이 있었지만 이제는 훨씬 더 짧은 시간 안에 급진적인 변혁에 대비해야 한다.

동시에 AGI는 단순한 파괴자가 아닌 강력한 가능성의 촉매제 역할을 한다. AGI를 가능하게 하는 처리 능력, 메모리, 알고리즘의 기하급수적인 성장은 3D 프린팅, 수요 예측을 위한 고급 분석, 개인 맞춤형 디자인 등 의류 산업을 혁신할 핵심 기술들을 강화할 것이다. 즉 AGI의 발전은 의류 산업에 영향을 미치는 독립적인 요소를 넘어 산업 전반의 변화를 이끄는 근본적인 동력으로 작용한다.

쓰레기 없는 패션 시대

역사적으로 급진적인 기술 변화에 대한 적응이 더뎠던 의류 산업은 AGI의 도래와 함께 심오한 변혁의 기로에 서 있다. 이는 단순히 점진적 개선을 넘어 디자인, 생산, 소비 방식, 심지어 의류의 개념 자체에 대한 근본적인 변화를 의미한다.

가장 주목받는 변화는 3D 프린터의 보편화다. 몇 년 뒤 미래는 누구든 집이나 지역 커뮤니티 센터에서 몇 분 만에 입고 싶은 옷을 출력할 수 있는 시대다. 옷은 더 이상 대량 생산되지 않으며 남는 원단도 없다. 입다가 낡은 옷은 재해체나 재가공을 거쳐 다시 프린트하는 방식이다. 이로써 패션 폐기물 문제와 저가 패스트패션이 야기한 환경 훼손 문제가 크게 완화될 전망이다.

의류 소재 역시 AGI와 로봇 공학의 융합으로 초경량·접이식·다목적 화이버, 생분해성 원단 등이 주류를 이룬다. 옷은 필요에 따라 변형되거나, 날씨나 신체 사이즈 변화에 맞춰 즉시 조정 가능한 '지능형 의류'가 크게 확산될 것으로 보인다.

미래에는 패션 시장의 유행이 사라지고 초개인화 시대가 본격화된다. 누구나 자신의 취향과 생활 패턴에 따라 AI가 추천한 맞춤형 디자인을 프린트할 수 있기 때문이다. 한정된 트렌드와 획일화된 디자인은 역사 속으로 사라질 것이며 글로벌 패션 브랜드보다는 플랫폼 기반의 디자인과 오픈소스 의류 디자인 등이 대중화된다.

인구 감소와 고령화, 그리고 계절의 소멸

인구 감소와 고령화도 의류 시장 패러다임을 뒤흔든다. 새로운 옷을 선호하지 않는 고령 인구의 증가로 기존 의류업체들은 신규 수요 창출에 한계를 맞이하고 기존 대량 생산 공장은 대폭 축소된다. 또 지구 온난화로 4계절이 뚜렷한 의류 판매 구조가 해체되며, 여름용 의류 비중이 급격히 증가하는 반면 겨울 의류와 계절별 전용 상품들은 점점 자취를 감출 전망이다. 시장에 남는 옷의 종류는 단순해지고 통풍성과 방수성 등 실용적인 다기능을 극대화한 디자인이 각광 받을 것으로 보인다.

대부분의 직장 및 사회 영역에서 드레스코드는 캐주얼 중심으로 전환된다. 동시에 화려한 정장, 셔츠, 다림질이 필요한 의류는 점차 자취를 감춘다. 오랜 시간 유지관리가 필요한 소재보다는 구김이 없고 세탁이 간편한 신소재 의류가 기본이 된다.

의류업체는 대기업-브랜드 중심에서 소규모 맞춤 생산, 디자인 플랫폼, AI 기반 원단 관리 등 서비스 업체로 재편된다. 생산은 소비 지역 중심의 분산형 마이크로 공장 체제로 전환된다. 공급망 혁신과 친환경 규제가 강화되면서 의류 산업 전체의 생산량은 감소하지만 고부가가치 및 맞춤형 서비스 시장은 크게 성장할 전망이다.

궁극적으로 AGI 시대는 옷의 의미까지 새롭게 정의한다. 단순한 보호와 장식 기능을 넘어 웨어러블 센서 내장, 건강 관리, 미세기후 조절 등 첨단 기능을 포함한 스마트 의류가 확대될 것으로 기대된다. 정체성·자율성·효용성 중심의 '슬기로운 의생활'이 AGI가 만들어낼 미래 패션의 표준이 될 전망이다.

AGI의 도래는 의복의 의미까지 바꿀 전망이다. 단순한 신체 보호와 외적 치장에 머물렀던 옷의 개념이 건강·정체성·환경 적응 기능까지 아우르는 '지능형 의생활'로 대전환을 맞이하고 있다.

몸과 옷의 경계가 허물어진다

미래에 옷은 단순한 패브릭이 아니다. AGI와 결합한 첨단 웨어러블 의류는 다중 센서와 AI 모듈을 내장해 사용자의 심박수·체온·혈압·수면 상태 등 건강 데이터를 실시간 모니터링할 것이다. 스마트 섬유와 감지 칩은 사용자의 움직임과 자세, 감정 변화까지 탐지해 피드백을 제공한다.

옷의 새로운 기능은 공간과 계절의 경계조차 옅어지게 만든다. AI가 실시간으로 외부 기온·습도·오염도를 인식해 의류 안쪽의 마이크로 시스템이 열을 조절하고 땀 배출·냉방·난방까지 자동 조정한다. 예컨대 사무실에서 쌀쌀하게 느껴질 때 옷이 발열 모드로 전환되고, 밖으로 나가면 즉시 쿨링 기능이 활성화되는 시대가 현실이 되고 있다.

AGI 덕분에 옷은 점점 '확장된 자아'의 매개체로 진화한다. 사용자는 매일 아침 취향과 감정 상태, 일정에 따라 디자인·색상·소재·패턴까지 즉석에서 바꿔 입을 수 있다. AI가 소셜 네트워크·날씨 정보·심리 데이터 등으로 착용자에게 딱 맞는 스타일을 추천하고, 3D 프린터와 스마트 재봉 시스템이 실시간으로 옷을 구현한다.

이 과정에서 옷은 더 이상 획일적 소비재가 아니라 '나다움'을 구체화하는 디지털 캔버스로 탈바꿈한다. 사용자의 감정과 계획에 따라 문자, 아트워크, 디지털 효과가 표면에 순간적으로 적용되며 중요한 프레젠테이션, 파티, 산책 등 상황별로 스타일이 스스로 변화한다.

효용성 중심의 '슬기로운 의생활'

AGI 시대의 의류는 '편리함'을 넘어 '슬기로움'이 핵심 키워드다. 세탁과 관리 과정은 거의 사라지고 오염 방지, 자가 복원 소재 덕분에 반영구적으로 쓸 수 있는 옷이 주를 이룬다. 의류는 입는 즉시 사용자의 정보를 인식해 건강 이상 신호를 본인과 의료진에게 전달하며, 재난이나 위험 상황에서 자동으로 알림이나 구조 신호를 송출하기도 한다.

환경 문제 역시 AGI가 지배하는 미래 의류의 중요한 틀이다. 스마트 재료와 순환식 프린트 시스템으로 자원 낭비를 최소화하고, 사용하지 않는 옷은 AI가 자동 회수·분해·재활용해 '옷 쓰레기 제로' 패션 생태계가 완성된다.

궁극적으로 이러한 AGI와 융합된 미래 지능형 의류는 "의복은 곧 삶의 질"이라는 철학으로 귀결된다. 옷이 신체 건강, 정신 안정, 사회 표현, 환경 보호까지 두루 책임지는 미래 패션의 새 패러다임이 창조되고 있다. AGI 시대 '의(衣)'의 본질은 이제 단지 입고 벗는 차원을 넘어 나 자신의 확장, 슬기로운 생존, 그리고 모두를 위한 지속가능한 미래까지 담아내는 혁신 그 자체라는 평가다.

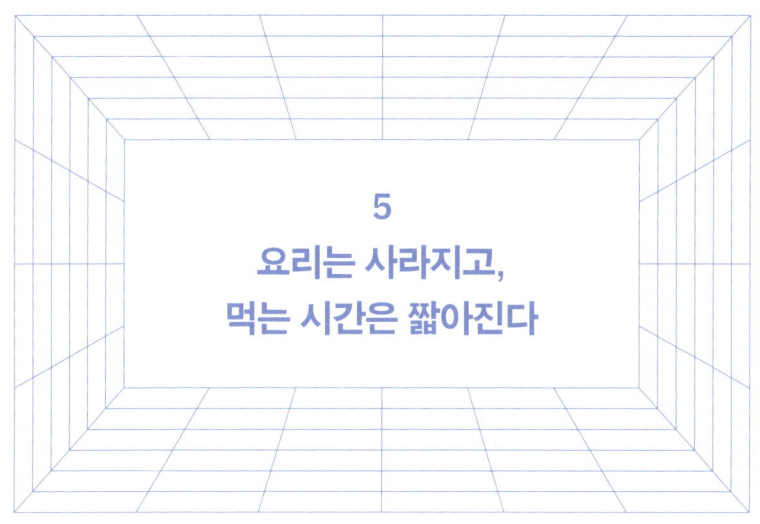

5
요리는 사라지고, 먹는 시간은 짧아진다

2038년 서울 강남의 한 스타트업 사무실. 오전 9시, 개발자 김민준(32)은 책상 위의 알약 디스펜서에서 개인 맞춤형 영양제 7개를 꺼내 삼킨다. AGI가 그의 유전자 정보, 실시간 생체 신호, 그날의 일정을 분석해 최적화한 조합이다. 점심시간에는 동료들과 식사 대신 와이 콤비네이터Y Combinator 서울 지부에서 열리는 네트워킹 이벤트에 참석한다. 손에는 3세대 완전 영양식 음료가 들려있다. 저녁? 그런 개념은 이미 사라진 지 오래다.

이는 SF 소설이 아니다. 2030년대 말 한국 사회가 직면할 식생활 혁명의 현실적 전망이다. AGI의 등장과 함께 인류의 가장 기본 활동인 '먹기'가 근본적으로 재정의되고 있다. 하루 세 끼의 전통적 식사 패턴은 빠르게 해체 중이며 식사는 '단순한 끼니'에서 '최적의 영양', '질병 관리', 그리고 '사회적 네트워킹 도구'로 의미를 확장하고 있다.

사라지는 식사와 최적화 영양 공급

수세기 동안 인간 사회의 초석이었던 하루 세 끼 식사의 전통적인 리듬은 이미 쇠퇴하고 있으며 AGI는 그 소멸을 가속화할 것이다. 2030년대 후반이 되면 식사는 대부분 온디맨드(공급자 중심이 아닌 수요자가 모든것을 결정하는 시스템) 방식으로 변모해 고도로 생산적이고 업무 중심적인 생활 방식에 통합될 전망이다.

한때 "오늘 밥 먹었느냐"로 인사를 나누던 시대에서, 이제 "뭘 하고 있느냐", "어떤 프로젝트를 진행 중인가"가 일상적 대화로 자리 잡고 있다. 대부분의 현대 직장, 특히 스타트업과 IT 업계에서는 세 끼를 엄격히 챙기는 문화가 빠르게 축소됐다. 대신 짧은 휴식시간 혹은 협업 중간중간에 영양바나 프로틴 음료, 기능성 간편식 등을 간단히 섭취하는 패턴이 일상화됐다. 공간 역시 변화한다. 큰 밥상에 둘러앉아 격식을 차리는 식사는 점점 줄고 서서 먹거나 이동 중에 샌드위치나 김밥 등 패스트푸드를 즐기는 것이 기본값이 됐다. 심지어 해외에서는 일하면서, 걷다가, 대화 중에 에너지바로 끼니를 대신하는 풍경도 흔해졌다.

2030년대 말이면 전통적인 세끼 식사 개념은 완전히 사라질 것이다. AGI가 개인의 유전체, 마이크로바이옴, 실시간 대사 데이터를 분석해 시간대별로 필요한 영양소를 정확히 계산해 주므로 굳이 정해진 시간에 앉아서 식사할 이유가 없어지는 것이다. 하루 세 끼를 먹는 사람들의 비율은 지난 수십 년 동안 크게 감소했다. 1970년대부터 2010년까지 남성은 73%에서 59%로, 여성은 75%에서 63%로 줄었다. 전문가들은 하루에 세끼를 먹어야 할 과학적인 이유는 없으며 개인의 필요와 패턴은 매우 다양하다고 말한다.

실제로 한국의 개발자 커뮤니티에서는 이미 이런 변화가 시작됐음을 포착할 수 있다. 판교 테크노밸리의 한 AI 스타트업 조사에 따르면 개발자의 74%가 하루 한 끼 이상을 완전 영양식으로 대체하고 있으며, 23%는 아예 고형 음식을 일주일에 2~3회만 섭취한다고 응답했다.

식생활의 변화는 주로 현대의 빠르게 진행되는 생활 방식과 원격 근무의 증가, 그리고 다양한 역할의 필요성에서 비롯했다. 많은 이들이 식탁에 앉아 식사할 시간이 부족하다고 느끼며 바쁜 일정에 맞는 빠르고 휴대 가능하며 섭취하기 쉬운 식품을 찾는 경향이 눈에 띄게 증가하고 있다. 2024년 미국인의 56%가 전통적인 식사를 간식이나 더 작고 잦은 식사로 대체했다. 미국인의 3분의 1은 식사를 준비하고 섭취하는 데 하루 30분 미만을 할애한다고 보고했다. 이러한 흐름을 따라 스무디, 기능성 음료, 영양바, 즉석식품 등 편의식품 시장은 2030년까지 8,609억 8,000만 달러로 성장할 것으로 예상된다.

음식은 이제 약이다

2030년대 후반이 되면 '음식은 약이다'라는 개념이 틈새 트렌드에서 주류로 전환될 것이다. 이는 AGI가 복잡한 생물학적 데이터를 분석하고 초개인화된 영양을 제공하는 전례 없는 능력에 따른 것이다. 음식은 앞으로 단순히 허기를 채우는 것이 아니라 개인의 생리적 필요, 유전적 소인, 실시간 건강 지표에 맞춰 세심하게 조정되는 정밀한 치료 도구 역할을 할 것이다.

음식의 본질적 목적도 바뀌고 있다. 맛과 배부름이 아니라 정확한 영양 공급과 질병 예방 및 건강 유지가 우선이 된다. AGI는 개인의 유전자와 건강 데이터, 라이프로그를 분석해 오늘 필요한 영양소는 무엇인지, 과로 상태에서 어떤 음식이 최적화된 해결책인지를 실시간으로 추천한다. 이에 따른 기능성 식품이 시장의 대세로 자리 잡을 것이다. 일부 계층은 하루 필요한 칼로리와 영양소를 모두 충족시키는 알약 한두 개 혹은 AGI가 실시간 배합한 맞춤 셰이크로 식사를 대신한다. 이는 노령 인구, 만성질환자, 극한 업무 종사자 등에 특히 환영받고 있다.

식생활과 의료의 경계도 무너진다. 식사는 단순한 영양 섭취가 아니라 면역력 강화, 특정 질병의 예방 및 관리, 심신 회복 기능까지 수행한다. AGI와 연동된 웨어러블 기기가 혈당 상승, 부족 영양소, 식품 알레르기 등을 자동 측정해 맞춤 메뉴를 제안하는 것은 이미 확산되고 있다.

문제는 격차다. AGI 기반 개인 맞춤 영양 서비스는 월 30만

~50만 원이 든다. 유전자 검사, 실시간 모니터링 기기, 맞춤형 영양제 비용을 합치면 일반 서민들에게는 부담스러운 금액이다. 이러한 영양 양극화는 건강 양극화로, 다시 계층 양극화로 이어질 위험이 크다. 따라서 정부 차원의 '기초 영양 보장제' 같은 정책이 필요하다.

새로운 사회적 미식

AGI가 식사의 실용적인 측면을 재편함에 따라 2030년대 후반이 되면 음식의 사회적 역할 또한 심오한 변화를 겪을 것이다. 격식 있는 식사는 계속 감소할 수 있지만 자동화가 증강하는 세상에서 진정한 연결과 독특한 경험에 대한 인간의 욕구에 의해 새로운 형태의 공동 식사와 음식 관련 여가 활동이 등장할 것이다. 그 결과 사회 전반적으로 레스토랑과 고급 요리 전문점의 방문객이 급감하고 있다. 시간과 비용 대비 효율성을 고려했을 때 맞춤 영양식의 편리성이 크게 앞서면서 정찬에 투자하는 문화는 점차 특별한 경험으로 대체된 것이다. 일부 계층에서는 사라지지 않겠지만 다수는 일상에서 극소량의 핑거푸드, 디저트류, 에너지바를 간단히 집어 먹는 방식을 선택한다.

2030년대의 식생활은 더 이상 가족 간의 유대 강화와 일상적 의례에 머무르지 않는다. 업무와 정보 탐색을 최우선 순위로 두는 사회에서는 식사란 그저 에너지를 보충하는 짧은 보급 행위 그 이상도 이하도 아니다. 업무 중 식사는 회의와 네트워킹의 짧은 틈에 간단히 이뤄진다. 집에서도 식탁보다 각자 개인 업무공간에서 빠르고 간편한 영양 보충이 일상화될 것이다.

업무 현장에서 식사는 단순히 끼니가 아니라 동업자를 찾고 취미와 연애 상대까지 만나는 소셜 플랫폼의 기능까지 수행한다. 실제로 데이트 문화도 변했다. 과거 '한 끼 식사와 영화 관람' 공식에서 최근에는 개발자 파티, 컨퍼런스, 온라인 네트워킹 플랫폼에서의 만남과 식사가 일상화됐다. 오프라인에서는 짧은 다과, 이브닝 파티, 즉석 요리와 먹거리 공유가 트렌드로 자리 잡는 중이다.

이러한 현상은 '무엇을 함께 먹느냐'보다는 '얼마나 생산적으로 살아가느냐'가 사회 가치의 기준이 된 데 따른 변화다. 요리 문화의 중심도 공동체와 정성이 아니라 기계화와 최적화로 무게추가 완전히 옮겨갔다. 미래학자들은 조리의 종말과 식문화의 미니멀화는 식사의 소셜 기능까지 바꾼다며, 함께 밥을 먹고 친분을 쌓던 관습에서 앞으로는 짧은 간식과 후식으로 네트워킹과 커뮤니케이션을 나누는 문화가 확산될 것이라고 내다봤다.

자동화된 주방, 연구실에서 식탁까지

AGI와 첨단 자동화 기술이 결합하며 '요리 없는 식탁'이라는 혁명적 변화가 현실로 다가오고 있다. 2030년대 후반이 되면 AGI는 1차 생산부터 가정 주방에 이르기까지 전체 식품 가치 사슬을 혁신해 전례 없는 효율성의 시대를 열 것이다. 식품은 첨단 로봇공학과 예측 분석 및 스마트 시스템을 활용해 최소한의 인간 개입으로 재배부터 가공까지 자동으로 준비될 것이다.

이제 대부분의 가정에서 요리는 더 이상 인간의 일이 아니다. AI 기반 요리 로봇이 신선 식재료를 실시간으로 인식해 사용자의 기호와 영양 상태에 맞춰 자동 조리하는 풍경이 일상이 된다. 버튼 하나로 완성되는 한 끼 식사, 1분 내 제공되는 기능성 간편식, 실시간 배송 조리식품까지, 전통적인 레시피와 수작업 조리는 급속히 사라진다. 이 과정에서 인간의 조리 시간은 개인의 자기 계발과 신기술 습득 등 생산적인 용도로 대체된다. 실제로 2030년대 직장인과 지식노동자, 개발자 등은 하루 수천~수억 개에 달하는 정보 기술을 탐구하는 데 대부분의 시간을 할애할 것이다. 듣기만 하면 되는 크리에이터의 요리방송은 남겠지만 직접 요리를 즐기던 취미 인구도 크게 감소한다.

글로벌 스마트 키친 시장은 2030년까지 140억 달러 이상으로 성장할 것으로 예상되며, 아시아가 채택을 주도할 것으로 전망된다. 2035년까지 선진국 도시 가구의 60% 이상이 최소 하나의 AI 통합 주방 가전제품을 보유할 것이다. AI 기반 식사 및 스마트 키친 비서는 2028년까지 가구 식품 폐기물을 30% 줄일 것으로 예상된다. 산업 전반의 식품 폐기물 관리에서 AI는 연간 최대 1,500억 달러를 절약할 수 있다. 로봇 주방은 이미 상업 환경에서 인력 부족, 식품 일관성 및 운영 효율성을 해결하고 있으며, 글로벌 주방 로봇 시장은 2030년까지 90억 달러에 이를 것으로 보인다.

AGI 식품 시대의 윤리적 문제

맞춤형 영양 데이터는 유전 및 생리 정보와 결합될 때 매우 개인적이고 민감한 특성을 가지므로 상당한 프라이버시 문제를 야기한다. 이 데이터의 오용은 심각한 프라이버시 침해, 차별, 심지어 개인 행동 조작으로 이어질 수 있다. 이러한 피해를 방지하기 위해서는 강력한 데이터 보호 메커니즘과 정보 동의의 엄격한 규제가 필수적이다. 알고리즘 편향은 해결되지 않으면 특정 인구 집단에 덜 효과적인 권장 사항을 제공함으로써 기존의 건강 불평등을 악화시킬 수 있다.

첨단 식품 기술에 대한 공평한 접근도 문제가 된다. 배양육 같은 첨단 식품의 높은 개발 비용은 시장 가격 상승으로 이어질 수 있다. 이는 특히 취약 계층이 개인 맞춤형 식품을 제공받지 못하는 형평성 문제로 이어진다. 식품 분야에서 AGI의 이점은 공정하게 분배되어 이중 식품 시스템이 생성되는 것을 방지해야 한다.

또 AGI는 작물 수확량을 늘리고 폐기물을 줄이며 지속 가능한 농업 관행을 촉진할 잠재력을 가지고 있지만, 그 빠른 채택은 전통 농업 부문에서 일자리 대체 및 경제적 불평등에 대한 우려를 제기한다. 대규모 농업 기업이 AGI 기술을 독점하여 소규모 농민을 소외시키고 환경 지속 가능성보다 단기 이익을 우선시하여 토양 황폐화 및 생물 다양성 감소로 이어지는 공포 시나리오가 예상된다. 윤리적인 식품 기술은 공평한 접근을 보장하고 전통적인 농업 관행을 존중해야 한다.

동물 복지 문제도 고려해야 할 사항이다. 지속 가능하고 윤리적인 육류 대체품에 대한 수요 증가는 배양육 시장에서 AI 성장의 주요 요인이다. 이는 동물 고통으로 인해 널리 비판받는 전통적인 공장식 축산 관행에 대한 의존도를 잠재적으로 줄일 수 있다. 배양육 생산 최적화에서 AGI의 역할은 동물 복지에 대한 이러한 윤리적 우려를 해결하는 데 크게 기여할 것이다.

AGI 기반 식품 시스템은 전례 없는 효율성과 건강상의 이점을 약속한다. 그러나 이러한 기술은 개발 및 구현에 비용이 많이 들고 상당한 데이터 인프라와 전문 지식이 필요하다. 동시에 전 세계 여러 지역, 특히 아프리카에서 심각한 식량 불안정을 야기한다. AGI가 의도치 않게 심각한 디지털 식품 격차를 만드는 것이다. 선진국과 부유한 인구는 초개인화되고 지속 가능하게 생산되며 의학적으로 최적화된 식품 시스템을 누리는 반면, 인프라와 투자 및 규제 프레임워크가 부족한 지역은 더욱 뒤처질 수 있다. 이는 기존의 식량 불안정과 영양 불균형을 전 세계적으로 악화시켜 최적의 영양에 대한 접근이 기술 발전과 경제적 특권의 기능이 되는 이중 식품 시스템으로 이어질 수 있다. 이 같은 불평등이 심화되는 것을 방지하기 위한 국제 정책과 윤리적 프레임워크가 사전에 정립되어야 한다.

변화의 시대, 미래의 식탁

이로써 AGI 시대의 식생활은 '요리 없는 조리', '효율적 에너지 보충', '행위로서의 식사 미니멀리즘'으로 재정의되고 있다. 이는 더 많은 시간과 에너지가 개인의 정보와 기술 습득이나 창조적 네트워킹에 투입되는 새로운 사회문화의 도래를 의미한다.

2030년대 후반이 되면 AGI는 식생활과의 관계에 혁신적인 시대를 열 것이다. 과거 식습관의 경직된 구조는 사라지고 유연하고 고도로 개인화되며 종종 자동화된 영양 섭취 방식이 그 자리를 대신할 것이다. 음식은 AI에 의해 개인의 생물학적 청사진에 맞춰 세심하게 조정되는 건강과 웰빙을 위한 정밀한 도구가 된다. 생산은 지능형 농장과 실험실에 의해 혁신되어 지속 가능하고 풍부한 자원을 산출할 것이다. 그러나 이러한 기술적 경이로움 속에서도 연결에 대한 인간의 끊임없는 필요는 음식의 사회적 역할을 재정의하며 함께하는 식사와 요리 탐험을 프리미엄의 소중한 경험으로 격상시킬 것이다.

이러한 미래를 헤쳐 나가기 위해서는 사전 예방적인 정책과 윤리적 거버넌스, 그리고 AGI 식단의 이점이 모두에게 공평하게 주어지는 사회적 노력이 필요하다. 이를 통해 음식은 진정으로 몸과 영혼의 성장을 돕는 미래를 형성할 수 있을 것이다.

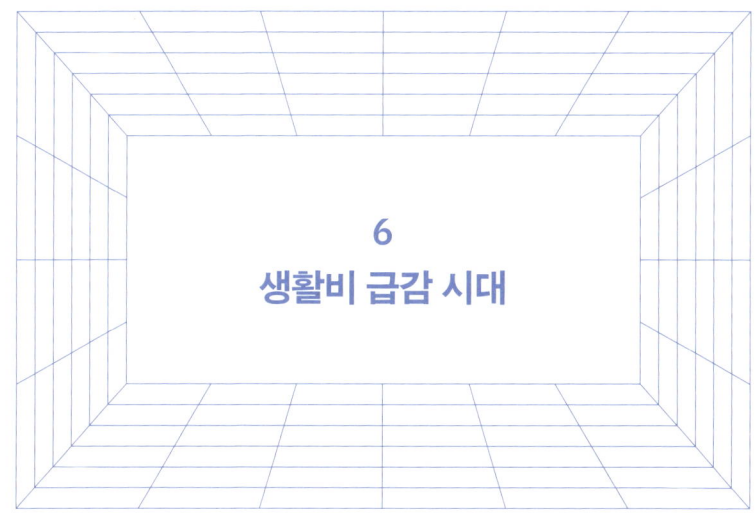

6
생활비 급감 시대

신기술에 대한 사회적 영향을 분석하는 싱크탱크 리싱크X RethinkX의 보고서는 미래 사회의 파괴적 혁신을 예측한다. 특히 2030년경부터 생활비가 급감할 것이라는 주장을 펼쳤다. 과연 지금으로부터 10년 뒤인 2035년에는 생활비가 대폭 줄어들고 의식주가 크게 부담되지 않는 시대가 올까? 리싱크 창립자이자 미래학자, 에너지 전문가인 토니 세바는 미래 사회의 변화를 예측하며 다음과 같은 주요 주장을 내세웠다.

• 의류: 의복비가 저렴해지고 청바지나 티셔츠 같은 간편한 의류가 주를 이룰 것이다. 또 대부분의 의류는 3D 프린터로 쓰레기 발생 없이 간단하게 프린트된다고 예측했다. 이는 개인 맞춤형 의류

생산이 가능해지면서 대량 생산 및 유통 과정의 비용이 절감되고 폐기물도 줄어드는 효과를 가져올 것으로 봤다.

• 음식: 식품 생산 방식이 혁신적으로 변화하여 음식물 프린팅이 보편화되고 단세포 단백질 같은 미생물 기반의 대체 식품 생산 기술이 발전해 전통적인 농업 방식이 붕괴할 것으로 예측했다. Z세대가 편의점 음식을 즐기는 것처럼 미래에는 3D 프린팅된 개인 맞춤형 식품이나 저렴한 대체 식품이 주류가 될 것이라는 전망이다. 이로 인해 식료품 생산 및 유통 비용이 크게 줄어들 수 있다고 했다.

• 주택: 3D 프린팅 기술의 발전으로 주택 건축 비용이 크게 줄어 저렴한 주택 공급이 가능하다고 예측했다. 또한 Z세대를 중심으로 물질적 소유보다 경험과 자유를 중시하는 '무소유주의'가 확산돼 대여 생활에 만족하는 경향이 강해질 것으로 봤다. 이는 주택 구매 부담을 줄이고 주거의 유연성을 높이는 방향으로 작용할 수 있다.

• 에너지 및 운송: 토니 세바는 특히 청정에너지(태양광, 풍력 등)와 전기차, 자율주행차 기술의 발전이 에너지 및 운송 비용을 획기적으로 낮출 것이라고 강조했다. 이는 생활비 전반에 걸쳐 큰 영향을 미칠 핵심 요소로 지목됐다.

생활비 급감의 낙관적 전망

토니 세바의 예측은 매우 낙관적이며 파괴적인 변화를 전제로 한다. 지금으로부터 10년 뒤인 2035년에 이러한 급진적인 변화가 과연 현실화될 수 있을지 여러 보고서와 전문가들의 의견을 종합해 볼 필요가 있다.

가장 큰 가능성은 3D 프린팅 기술의 발전과 영향력이다. 특히 3D 프린팅 건축 기술은 빠르게 발전하고 있으며, 이미 세계 여러 곳에서 3D 프린팅 주택이 건설되고 있다. 기존 건축 방식 대비 공사 기간을 최대 70% 이상 단축하고 노동력 및 재료 낭비를 최소화하여 비용을 크게 절감할 수 있다는 장점이 있다. 일부 사례에서는 건축 비용을 50% 이상 절감할 수 있다고 보고됐다. 특히 재난 복구나 저소득층 주택 부족 문제 해결에 유용하다는 평가를 받는다. 국내에서도 관련 기술 개발 및 사업화 노력이 활발하다. 2035년까지 3D 프린팅 주택이 상용화 문턱을 넘어 주택 시장의 중요한 한 축을 담당할 가능성은 충분하다.

식품 3D 프린팅 기술은 맞춤형 영양 식단, 일상에서 스스로 건강을 챙기는 셀프메디케이션(self-medication), 식품의 디지털화 등 다양한 가능성을 보여준다. 과거에는 한 가지 재료만 가능했지만 이제는 여러 재료를 복합적으로 사용하는 기술이 발전하고 있다. NASA에서는 우주 비행사를 위한 3D 음식 프린터 시스템을 개발 중이며 개인 맞춤형 식품 산업 활성화에 기여할 것으로 보인다. 다만 기술 상용화와 대중화를 위해서는 식품 안전 기준 마련과 규제 환경 정비, 맛과 질감 개선 등 해결해야 할 과제가 많다. 2035년까지 일상 생활에서 3D 프린팅 식품이 보편화되기보다는 특정 목적(환자식, 특수 영양식, 맞춤형 디저트 등)의 니치 마켓에서 성장할 가능성이 더 크다.

　3D 프린팅은 맞춤 의상 대중화, 소비자의 디자인 참여 확대, 전문 3D 패션 디자이너 직업 등장 등을 가져올 수 있다. 재활용 플라스틱이나 생분해성 소재를 사용한 지속 가능한 패션 혁명도 기대된다. 하지만 현재 기술은 주로 신발, 장신구 등 특정 품목이나 패션쇼와 같은 실험적인 분야에서 활용되고 있다. 대중화된 일상 의복의 개발까지는 소재 및 기술 개발에 더 많은 시간이 소요될 것으로 예상된다. 2035년에는 3D 프린팅 의류가 주류가 되기보다 맞춤형 또는 특수 목적 의류 시장에서 점유율을 늘려갈 것으로 보인다.

　2035년에 생활비가 급감하는 두 번째 가능성은 Z세대의 주거 및 소비 인식 변화다. Z세대의 주택 소유 인식은 복합적이다. 일부 연구에서는 밀레니얼 세대와 Z세대가 물질적 소유보다 경험과 자아실현을 중시해 소유하지 않고 행복해지는 구독 경제 문화를 선호한다고 분석했다. 이는 대여 생활에 대한 만족도로 이어질 수 있다. 하지만 최근 보고서에 따르면 미국 Z세대 성인의 주택 소유율이 과거 밀레니얼 및 X세대 같은 연령대보다 높은 것으로 나타나기도 했다. 이는 코로나19 팬데믹 이후 원격근무의 확산으로 더 저렴한 지역에서 주택을 구매했거나 부모의 경제적 지원을 받은 경우가 많기 때문이다. 또한 인플레이션과 높은 주거비로 인해 젊은 세대들이 오히려 조기에 주택을 소유해 자산을 형성해야 한다는 압박감을 느끼는 경향도 있다.

　따라서 2035년에는 Z세대의 '무소유주의' 경향이 주거 형태에 영향을 미치겠지만, 동시에 경제적 현실과 자산 형성의 욕구가 상충하며 다양한 주거 형태가 공존할 것으로 보인다. 3D 프린팅으로 저렴한 주택이 보급된다면 이는 무소유주의보다는 오히려 합리적인 내 집 마련을 유도할 수도 있다고 분석했다.

생활비 급감의 현실적 전망

그렇다면 미래에 생활비는 어떻게 변화할까? 토니 세바의 예측처럼 에너지, 운송, 식품 부문의 기술 파괴가 2035년까지 전 세계 온실가스 배출량을 90% 줄이고 상품의 생태 발자국을 극적으로 줄이는 등 비용 절감 및 환경 복원 기회를 확대할 것이라는 분석은 여러 보고서에서 동의하는 부분이다. 전기차 및 자율주행 기술의 발전은 운송비를 크게 절감시킬 가능성이 있다.

그러나 생활비는 의식주뿐만 아니라 의료비, 교육비, 통신비 등 다양한 요소로 구성된다. 의료 기술 발전은 질병 예방에 기여할 수 있지만 동시에 첨단 치료의 비용 상승을 초래할 수도 있다. 교육비 또한 미래 사회에서는 AI 기반 맞춤 교육이 등장할 수 있으나 그 비용 구조는 아직 불확실하다.

통계청의 사회조사 결과에 따르면 가구 재정 악화 시 우선적으로 줄일 지출 항목으로 외식비, 식료품비, 의류비가 꼽힌다. 이는 생활비에서 해당 항목들이 차지하는 비중이 크고 유동적으로 조절이 가능하기 때문이다. 만약 3D 프린팅 기술이 이러한 항목들의 비용을 실제로 크게 절감한다면 전반적인 생활비 감소에 기여할 것이라고 봤다.

　토니 세바는 미래 기술이 가져올 파괴적인 변화의 가능성을 제시하며, 생활비가 크게 줄어 의식주가 전혀 부담되지 않는 유토피아적인 시대가 올 것이라고 단정한다. 그의 주장처럼 의식주 비용이 전반적으로 감소할 수 있는 잠재력은 분명히 존재한다. 그러나 이러한 변화가 모든 사람에게 일률적으로 적용될지는 미지수다. 기술 상용화의 속도, 규제 환경, 사회경제적 요인 등 다양한 변수에 따라 실제 생활비 감소 폭과 시기도 달라질 것이다. 2035년에는 의식주 비용 부담이 현재보다 완화될 가능성이 크지만 생활비가 급감하는 시대가 오기까지는 여전히 많은 도전 과제가 남아있다.

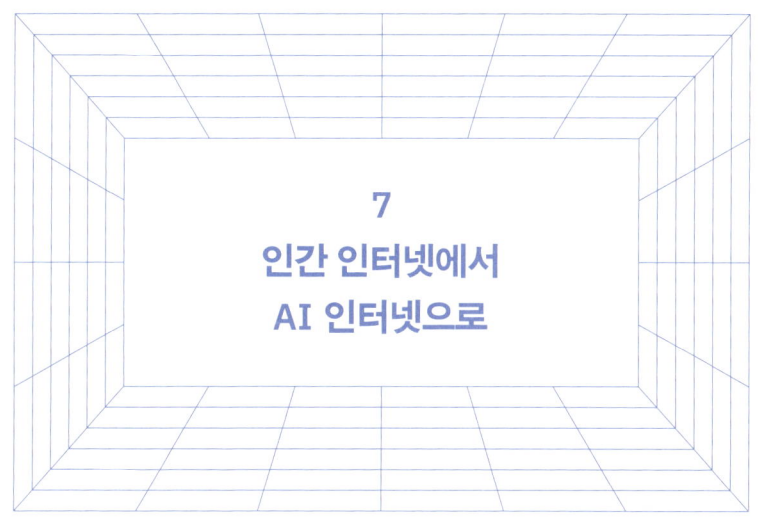

7
인간 인터넷에서 AI 인터넷으로

다가오는 시대, 인터넷은 인간의 도구가 아닌 AI 자체의 생태계로 진화하고 있다. AI의 분산형 웹을 구축하는 기업 하이퍼사이클 HyperCycle이 주도하는 'AI 인터넷'의 구상은 우리가 알고 있는 정보통신 체계를 근본부터 바꿔놓을 게임 체인저로 평가된다.

지금의 인터넷은 사람이 명령해야만 작동하는 이른바 '인간 인터넷'이다. 사용자가 검색어를 입력하면 시스템은 그 명령을 수행해 정보를 가져오는 구조다. 그러나 AI 인터넷은 인간의 명령 없이도 AI가 AI와 대화하고 협업해 사용자가 원하는 결과물을 스스로 도출해내는 자율적 정보망이다.

AI 인터넷은 정보 검색의 효율화 수준을 넘어 AI들이 실시간으로 과제를 정의하고 도구를 선택해 데이터 정리와 실행, 검증까지 모든 과정을 자율적으로 처리하는 실시간 지능경제 네트워크다. 이 네트워크에서는 중개자나 중앙 관리 시스템이 필요 없으며 각 AI가 독립된 존재로서 지식을 교환하고 가치를 생산한다. AI 인터넷을 기업에 적용하면 다수의 AI 에이전트가 분업하고 협업해 일정·예산·품질을 동시에 최적화한다.

하이퍼사이클 창립자들은 이를 단순한 기술 혁신이 아닌 '문명적 변화'라고 표현한다. 지금까지는 인간이 AI를 사용했다면, 이제는 AI가 인간의 목표를 실현하기 위해 상호 협업하는 공동 창조자가 되는 것이다.

에너지 99% 절감, 국제 송금 0.3초

하이퍼사이클이 설계한 AI 인터넷은 기존 인터넷과 차원이 다른 효율성과 경제성을 자랑한다. 현재 은행을 통한 국제 송금에는 약 5일의 시간이 필요하고 평균 50달러의 수수료가 든다. 그러나 AI 인터넷에서는 동일한 거래를 0.3초 만에 완료하며 비용은 0.01달러 수준에 불과하다.

에너지 효율성 또한 비약적으로 향상된다. 기존 인터넷이 사용하는 에너지의 단 1%로 동일한 연산량을 처리하는 친환경 네트워크로 설계돼 있다. 이 같은 압도적 속도와 효율성은 금융은 물론 산업 전반을 뒤흔들 잠재력을 지닌다.

특히 금융 산업에서는 송금·결제·청산 과정이 거의 실시간으로 진행되면서 '은행 없는 은행 시대'가 도래할 가능성이 거론된다. 의료 분야에서는 수십만 명의 환자 데이터를 동시에 분석해 AI 의사들이 즉시 진단과 처방을 내릴 수 있고, 교육 산업에서는 AI 교사들이 지식을 조합하고 재구성하며 맞춤형 학습 커리큘럼을 실시간으로 제공할 수 있다.

제조업에서도 변화가 뚜렷하다. AI 인터넷 기반의 공급망은 재고 관리·부품 이동·생산 일정 예측을 실시간으로 공유하며 공장 간 협업이 사람의 개입 없이 자율적으로 조정된다. 생산·운송·판매가 하나의 알고리즘처럼 연결되는 초지능 제조 생태계가 현실로 다가오는 것이다.

AI 인터넷의 첫 단추, 노드 팩토리

이 모든 변화를 가능케 하는 기반에는 노드 팩토리Node Factory가 있다. 노드 팩토리는 AI 에이전트들을 호스팅하고 연결하는 AI 인터넷의 핵심이다. 하이퍼사이클은 노드 팩토리를 통해 수많은 참여자가 각자의 AI 노드를 생성하고 네트워크에 직접 참여하게 만든다. 결과적으로 AI 인터넷은 특정 기업의 독점 체제가 아닌 전 세계가 공동으로 구축하는 분산형 지능 생태계로 발전하게 된다. 인간은 인터넷을 만든 첫 세대지만 이제는 AI들이 스스로 인터넷을 확장하고 지배하는 시대가 열린 것이다.

AI 인터넷은 기술의 진보만 의미하지 않는다. 인류가 만든 정보망을 인류를 넘어선 존재인 인공지능에 확장시킨 새로운 문명의 전환점이다. 인간이 만든 기존의 인터넷이 사람의 생각을 연결했다면, AI 인터넷은 지능의 의도를 연결하는 네트워크다.

다가올 시대, 이 거대한 지능망 속에서 인간은 창조자로서의 위치를 잃지 않고 AI와 공존할 수 있을까. 하이퍼사이클이 시작한 실험은 어쩌면 인류의 두 번째 인터넷 혁명의 서막일지도 모른다.

8
마음을 읽는 AI

    2020년대 초반, 생성 AI는 인류에게 경이로움 그 자체였다. 텍스트 명령어 몇 줄로 순식간에 전문가 수준의 이미지, 영상, 음악, 코드를 만들어내는 능력은 창작의 민주화 시대를 예고하는 듯했다. 디자이너가 아니어도, 작곡가가 아니어도 아이디어만 있다면 누구나 창작자가 될 수 있다는 가능성에 모두가 열광했다. 생성 AI 시장은 기하급수적으로 팽창했고 특히 숏폼 콘텐츠는 잘파(zalpha) 세대를 중심으로 폭발적 소비와 생산을 이끌며 새로운 디지털 문화의 중심이 되었다. 독일의 데이터 플랫폼 기업 스태티스타Statista에 따르면 2030년 디지털 콘텐츠 시장은 약 3.7조 달러까지 성장할 것으로 예측된다.

    하지만 이 눈부신 기술 발전의 이면에는 깊은 그림자가 드리워

져 있었다. 챗GPT를 필두로 한 거대 언어 모델(LLM)은 방대한 텍스트 데이터를 학습해 인간과 유사한 대화 능력을 보여주었으나 정작 사용자의 마음, 즉 취향과 진짜 의도를 이해하는 데는 명백한 한계를 드러냈다. LLM은 사용자가 좋아하는 드라마나 영화를 나열할 수는 있어도 그 이유는 알지 못했다. 인간은 같은 콘텐츠를 소비하더라도 각자의 경험, 감정, 지식, 관계 등 복합적인 경험의 총합으로서의 취향에 따라 서로 다른 이유로 좋아하고 기억한다. 하지만 현재의 AI는 이러한 미묘하고 다층적인 맥락을 읽어내지 못했다.

LLM 기반 AI의 근본적인 한계는 대화형과 명령 기반이라는 작동 방식에 있다. 사용자가 명확하게 질문하거나 요청해야만 반응하며 주로 언어 데이터에 의존한다. 때문에 비언어적 신호, 즉 사용자의 행동 패턴이나 감정 변화, 사회적 관계 같은 암묵적인 맥락 정보를 파악하는 데 어려움을 겪는다. 이는 AI가 사용자의 잠재된 욕구나 진정한 의도를 파악해 선제적으로 대응하는 것이 어렵다는 뜻이자 진정한 의미의 AGI로 나아가는 길을 가로막는 결정적인 장벽이었다. AI가 아무리 많은 데이터를 학습해도 사용자 마음의 방향을 읽지 못하면 반쪽짜리 지능에 불과하다는 자성이 기술계 전반에 확산된 것이다.

언어를 넘어 마음을 캐다

기존 AI의 한계를 극복하기 위해 대한민국 스타트업 애딥Addeep은 대화형 AI에서 비대화형 AI로, 반응형 AI에서 예측형 AI로의 패러다임 전환을 선언했다. 애딥이 제시하는 미래 AI는 사용자의 명령을 기다리는 수동적인 존재가 아니라 사용자의 다차원 데이터를 실시간으로 관찰하고 분석해 진짜 의도를 파악한 다음 필요한 콘텐츠나 서비스를 먼저 생성하고 제안하는 능동적인 존재다.

이 혁신적 비전의 중심에는 애딥이 독자적으로 개발한 AI 모델 GPR(Generative Pre-trained Recommender)이 있다. GPR은 '생성 사전 학습 추천기'라는 이름에서 알 수 있듯이 추천 시스템에 생성 AI의 능력을 결합한 모델이다. 애딥은 인간의 마인드셋을 이해하고 추론하는 데 특화된 LMM(Large Mind-mining Model)을 개발했다.

LMM은 텍스트 데이터만 학습하는 LLM과 근본적으로 다르다. 사용자의 언어뿐 아니라 활동 패턴(클릭, 시청 시간, 스크롤 속도 등), 소통 지수(댓글, 공유, 좋아요, 친구와의 상호작용 등), 인구 통계(연령, 성별, 지역 등 비식별 정보), 콘텐츠 분류(소비 또는 생산 콘텐츠의 주제, 스타일, 감성 등) 등 다차원 개인화 데이터를 통합적으로 분석한다.

이처럼 데이터 마인드 마이닝(mind mining) 과정을 통해 사용자의 표면적인 행동 이면에 숨은 의도(스트레스 해소, 정보 탐색, 쇼핑 욕구 등)와 정서(피곤함, 즐거움, 호기심 등), 관심사(장르, 브랜드, 취미 등)를 종합적으로 추론한다. 이는 마치 데이터에서 사용자의 마음속 보석을 캐내는 것과 같다. GPR-LMM 아키텍처는 AI가 비로소 사용자의 '왜?'라는 질문에 답할 수 있게 만드는 핵심 기술이다.

참여가 가치가 되는 생태계, S2E 혁명

유튜브, 인스타그램, 틱톡 등 웹 2.0 소셜 미디어 플랫폼은 사용자들의 참여와 콘텐츠를 기반으로 막대한 가치를 창출했다. 그러나 그 과실은 대부분 플랫폼 기업의 몫이었다. 상위 1%의 극소수 인플루언서를 제외한 대다수 크리에이터와 일반 사용자들은 자신의 데이터와 창작 활동에 대한 정당한 보상을 받지 못했다. 사용자는 플랫폼에 이익을 가져다주는 콘텐츠 제공자이자 무료 노동자로 전락했고, 플랫폼은 사용자를 자사 생태계에 묶어두는 잠금 전략을 통해 독점적 지위를 강화했다. 이는 불공정한 구조다.

애딥은 이 문제점을 해결하기 위해 S2E(Social-to-Earn)이라는 보상 모델을 제시했다. S2E의 핵심 철학은 플랫폼 생태계에 기여하는 모든 참여자에게 활동에 대한 공정한 보상을 제공하는 것이다. 소셜 앱에서 한 단계 더 나아가 사용자의 사회적 활동(Social)이 직접적인 수익(Earn)으로 이어지는 새로운 경제 생태계를 구축하고자 한다.

애딥 플랫폼에서 발생하는 광고 수익은 투명한 규칙에 따라 생태계 참여자들에게 분배된다. 전체 광고 수익의 40~50%를 사용자와 크리에이터 보상에 할당하는 것을 목표로 하며 시청 보상, 참여 보상, 추천 보상, 창작 보상, 공유 보상 등 다양한 방식으로 참여자의 기여도를 기록하고 그에 따른 보상이 이루어지도록 설계할 예정이다.

S2E 모델은 새로운 보상 시스템뿐 아니라 플랫폼의 성장을 가속하는 플라이휠(flywheel) 효과를 만들어낸다. 보상에 동기 부여된

사용자들은 더 적극적으로 콘텐츠를 소비하고, 창작하고, 공유하게 된다. 이는 더 많은 양질의 콘텐츠와 사용자 활동 데이터를 생성하고 플랫폼의 매력도를 높여 신규 사용자와 광고주를 유입시킨다. 늘어난 광고 수익은 다시 보상으로 환원되고 이는 다시 참여를 촉진하는 선순환 구조를 만든다.

더 나아가 S2E 생태계는 사용자에게 데이터 주권을 돌려주는 것을 목표로 한다. 사용자는 자신의 활동 데이터가 어떻게 활용되고 그로 인해 어떤 가치가 창출되는지 투명하게 인지하며, 그 가치 창출에 대한 정당한 몫을 보상으로 돌려받는다. 이는 웹 3.0 시대의 핵심 가치인 탈중앙화와 개인화를 구현하는 중요한 발걸음이다. 애딥은 참여자로부터 가치를 일방적으로 추출하는 것이 아니라 생태계 전체의 총수익을 키우고 그 성장의 과실을 모든 참여자와 함께 나누는 포지티브섬 게임(positive-sum game) 모델을 추구한다.

애딥이 제시하는 2026~2036년의 미래는 기술이 인간을 대체하는 것이 아니라 인간의 잠재력을 증강시키고 개개인의 마음을 더 깊이 이해하며, 모든 기여가 정당하게 보상받는 사회다. 단순한 기술 발전을 뛰어넘는, 인간과 AI가 공존하며 함께 가치를 창출하는 새로운 디지털 문명의 시작을 알리고자 한다. 마음을 읽는 AI가 열어갈 미래는 이미 우리 곁에 다가오고 있다.

9
AGI 시대
한반도 시나리오

AGI 개발과 한반도 평화의 융합은 21세기 가장 혁명적인 지정학적 변화를 예고하고 있다. 군사, 경제, 기술, 사회 전 분야에 걸친 광범위한 연구 결과 2035년부터 2045년까지 동북아시아가 근본적으로 재편되며 그 영향이 지역을 넘어 전 세계로 확산될 것으로 확인됐다.

AGI, 권력을 재편하다

전문가들은 AGI 등장 시기를 2032년 6월로 앞당겨 예측하고 있다. 오픈AI의 샘 올트먼은 2035년까지 AGI 실현을 예상하며, 앤스로픽의 다리오 아모데이는 2026~2027년에도 획기적 기술이 나타날 수 있다고 전망했다. 이렇게 빨라진 변화는 한반도 역사상 가장 중대한 기술적 도약이 전개됨을 의미한다. 2035년까지 초기 AGI 시스템은 특정 분야에서 인간 전문가 수준에 도달하고, 2045년에는 초지능이 출현해 거버넌스, 경제, 국제관계를 근본적으로 변화시킬 가능성이 있다.

AI 인터넷(상호 연결된 AGI 시스템들이 계산 속도로 작동하는 개념)은 전통적 국경을 흐릿하게 만들 전망이다. 이러한 연합 AI 네트워크는 인간 개입 없이 시스템 간 직접 통신을 가능케 하며 지리적 제약을 초월하는 집단지성을 창출한다. 따라서 한반도 통일 시나리오는 주권 자체를 재정의할 이 변혁을 반드시 고려해야 한다.

2035년 한반도 시나리오

2035년 한반도는 불확실성 속에서 60% 확률로 현상 유지를 예측한다. 현재 추세를 보면 북한은 2024년 헌법에서 통일을 국가 목표로 삼는 조항을 삭제했고, 이는 전략적 지형을 근본적으로 바꿨다. 또한 김정은이 남한을 '적대국가'로 규정하고 남북 연결 인프라를 물리적으로 파괴한 것은 궁극적 통일에서 영구 분단으로의 패러다임 전환을 시사한다.

AGI 시대에는 군사력의 개념 자체가 바뀐다. 전통적인 재래식 전력보다는 AGI 기반의 사이버 방어망, 무인 드론 군사체계, AI 기반의 정보전 및 인지전 능력이 국방력의 핵심이 될 것이다. 평화가 정착된 한반도는 대규모 병력과 국방비를 AGI 기반의 '평화 인프라' 구축에 재투자할 수 있게 된다. 남북한은 군축을 통해 절감된 비용으로 AI 기반의 재난 관리 시스템, 스마트 국경 관리 체계 등을 공동으로 개발할 것이다.

이는 한반도를 중국 견제를 위한 최첨단 기술 방어막으로 만드는 동시에 미국에는 막대한 군사적 부담을 덜어주는 효과를 가져온다. AGI는 군사적 충돌의 무용성을 증명하고 군사력보다 기술력과 경제력이 국가 간 경쟁의 핵심임을 보여주는 새로운 지정학적 질서를 만들 것이다.

2035년까지 초기 AGI 시스템이 핵심 부문을 변화시키기 시작하는 가운데 전통적 지정학적 긴장은 지속될 전망이다. 현재 2만 8,500명 규모의 주한미군은 북한 억제에서 중국 견제로 점차 축을 이동시킬 것이다. 주한미군 사령관 자비에르 브런슨Xavier Bruson은 한국을 일본과 중국 본토 사이에 떠 있는 고정된 항공모함으로 묘사했다. 이러한 전략적 진화는 평화 전망을 복잡하게 만들면서 지역 군사 AI 경쟁을 가속화하고 있다.

2035년 한반도 경제는 한국의 AI 시장이 300억 달러(2024년 31.2억 달러에서 성장)에 도달하고 3만 개의 스마트팩토리가 운영될 것으로 예상된다. 제조 부문은 40~60% 자동화를 달성하되 중요 결정은 인간이 감독할 예정이다. 금융 시스템은 AGI가 일상 업무의 95%를 처리하지만 규제 프레임워크는 인간이 통제할 것으로 보인다.

2040년 한반도 시나리오

2040년 한반도 정세는 AGI 이후 40% 확률로 연방제나 연합제 모델이 출현할 것으로 예상된다. 이는 AGI가 기존 난제들에 대한 해결책을 제시함으로써 가능해진다. 특히 주한미군은 더 이상 한반도에 고정된 병력이 아닐 것이다. 이들은 대만 해협이나 남중국해와 같은 인도-태평양 지역의 다른 분쟁 발생 시 신속하게 투입될 수 있는 '신속 전개군'의 역할을 수행하게 된다. 이는 한국이 미국의 중국 견제 전략에 더욱 깊숙이 연루됨을 의미하며, 평화가 가져온 이점과 동시에 미중 갈등의 직접적인 영향을 받는 새로운 지정학적 위험에 직면하게 됨을 의미한다. 2045년까지 성숙한 AGI나 초기 ASI 역량은 10년간 1~2조 달러로 추정되는 한반도 통합 비용(독일 통일 비용의 약 2배)에 대한 기술적 해결책을 제공할 수 있다.

또한 AGI는 2040년까지 한반도의 인구학적 문제를 보완할 것으로 보인다. 한국은 세계 최저 출산율로 인한 인구 절벽에 직면해 있다. 통일은 이 문제에 대한 근본적인 해결책이 아니라 인구 감소 충격을 완화하고 지연시키는 변곡점 역할을 할 것이다. 그러나 AGI는 이 문제를 완전히 새로운 방식으로 해결할 가능성을 제시한다.

여성 1인당 0.72명의 한국 출생률은 심각한 노동력 부족을 초래하며, 생산가능인구는 73%에서 세기 중반까지 44%로 급락할 것으로 추정된다. 이때 AGI 기반 자동화와 생산성 향상은 적은 인력으로 더 큰 경제적 가치를 창출하는 새로운 패러다임을 가능하게 할 것이다. 통일은 이 전환을 위한 시간과 기회를 제공하는 중요한 사건이 된다. 상대적으로 젊은 북한의 인구 구조와 1,400만 노동자는 통합 경제에 필수적인 인적 자원을 제공할 수 있다. AGI 시스템은 이러한 통합을 최적화하여 200만~400만 북한 주민의 이주를 관리하면서 경제적 충격을 방지할 수 있다.

한반도 평화와 AGI 시대의 결합은 단순한 지역적 변화를 넘어 전 세계의 지정학, 경제, 사회, 문화를 근본적으로 재편할 거대한 변곡점이다. 도널드 트럼프Donald Trump 미국 대통령의 재집권 시기에 북미 수교라는 가정이 현실화되면 한반도는 더 이상 냉전의 마지막 유산이 아닌 AGI가 주도하는 미래 질서의 첫 번째 실험장이 될 것이다.

기술 패권 경쟁의 최전선이 된 한반도

AGI 시대의 한반도 평화는 단순히 남북한의 문제가 아니라 미중 기술 패권 경쟁의 핵심 변수가 된다. 미국은 한반도 평화를 통해 군사적 부담을 줄이고 절감된 자원을 중국과의 AGI 기술 경쟁에 집중할 수 있다. 평화로운 한반도는 미국의 대중국 전략을 지원하는 전략적 방어막이자 기술 허브 역할을 한다. 이때 중국은 한반도 평화가 미국의 영향력 확대로 이어질 것을 우려하며 북한과의 전통적 관계를 활용해 한반도에 대한 영향력을 유지하려 할 것이다. 그러나 AGI 기반의 경제 협력은 중국 역시 한반도에 대한 경제적 참여를 피할 수 없게 만들 것이다.

AGI는 국경의 의미를 희미하게 하고 무역과 교역의 역할을 재정의한다. 과거의 무력 충돌 대신 AI 기술력과 경제력 경쟁이 국가 간의 주요 갈등 요인이 될 것이다. 한반도는 평화를 통해 얻은 경제적, 기술적 우위를 바탕으로 군사적 긴장보다 상호 의존적 관계를 통한 평화 유지가 더 효율적임을 전 세계에 보여주는 선례가 될 것이다. 이는 AGI가 평화와 번영의 설계도가 될 수 있음을 증명하는 사건이 될 것이다. 결론적으로 한반도 평화는 단순히 냉전의 종식을 넘어 AGI 시대의 새로운 인류 문명을 여는 전환점이 될 것이다.

세계미래보고서 2026-2036

초판 1쇄 발행 2025년 11월 20일

지은이 박영숙·제롬 글렌
펴낸이 허정도
편집장 임세미
책임편집 정혜림   **디자인** 용석재
마케팅 신대섭 김수연 배태욱 김하은 이영조   **제작** 조화연

펴낸곳 주식회사 교보문고
등록 제406-2008-000090호(2008년 12월 5일)
주소 경기도 파주시 문발로 249(10881)
전화 대표전화 1544-1900   주문 02)3156-3665   팩스 0502)987-5725

ISBN 979-11-7061-332-9 03320
책값은 표지에 있습니다.

- 이 책의 내용에 대한 재사용은 저작권자와 교보문고의 서면 동의를 받아야만 가능합니다.
- 잘못된 책은 구입하신 곳에서 바꾸어 드립니다.